SOCIÉTÉ

DES

BIBLIOPHILES NORMANDS

N° 50

—

M. ÉMILE LESENS

LE GRAND ET VRAI ART
DE
PLEINE RHÉTORIQUE
De PIERRE FABRI

PUBLIÉ AVEC INTRODUCTION, NOTES ET GLOSSAIRE

Par A. HÉRON

PREMIER LIVRE. — RHÉTORIQUE

ROUEN
IMPRIMERIE ESPÉRANCE CAGNIARD

MDCCCLXXXIX

En lhonneur/gloire/et exultation de
tous amateurs de lettres et signamment de eloquence
❡ Cy ensuyt le grant et vray art de pleine Rhetorique. Utille/proffitable/et necessaire: a
toutes gens qui desirent a bien elegã-
ment parler et escrire. ❡ Com-
pille et composé par tres-
expert/scientifique/et
vray orateur Maistre
Pierre Fabri. En
son viuant curé
de Meray et
Natif de
Rouen
❡ Par lequel
ung chascun en
le lysant pourra fa-
cillement/et ornéement
cõposer/et faire toutes
descriptiõs: tãt en prose cõme en rithme. Cest assauoir
En prose: cõme Oraisõs/Let-
tres missiues/Epistres/Sermõs/
Recitz/collations et regstes. A toutes
gens/et de tous estatz. ❡ Et en Rithme/Chãtz
royaulx/Ballades/Rõdeaux/Virelays Chã-
sons. Et generallement de toutes sortes/tailles/et
manieres de cõpositiõ. Imprime a Rouã. Le xvij. iour
de Januier. Mil.cccccc.xxi. auant pasques. Pour Symon
Gruel libraire demeurãt au dict lieu au portail des Libraires.

Cum gratia et priuilegio regio.

FRANÇOYS, par la grace de Dieu Roy de France, aux preuost de Paris, bailly de Rouen, senechaulx de Lion et de Poictou et a tous noz aultres iusticiers ou a leurs lieutenans salut. Receu auons l'humble supplication de nostre cher et bien amé Symon Gruel, libraire, demourant en nostre bonne ville de Rouen, contenante que, pour le bien, proffit et vtilité de la chose publicque, il a faict dicter et corriger vng liure nommé la Rethorique tant prosaïque que rithmique de maistre Pierre le Feure, orateur tresexpert, lequel il feroit voluntiers imprimer, mais il doubte que, après qu'il l'auroit fait imprimer, que plusieurs aultres imprimeurs ou libraires le voulsissent semblablement faire imprimer, parquoy seroit led. suppliant en danger de ne les pouoir vendre ne recouurer les deniers qu'il luy a conuenu frayer et mectre a faire dicter et corriger led. liure, come dict est, et que d'iceulx il ne se peust rembourser, si par nous ne luy estoit sur ce donné terme competent pour iceluy liure imprimer ou faire imprimer, et icelluy imprimé vendre et adenerer, tant par luy que ses facteurs et entremecteurs. Parquoy vouldroit bien que ce pendant fust inhibé et deffendu a tous aultres libraires ou imprimeurs de ne pouoir imprimer ne faire imprimer led. liure durant le temps et terme de trois ans, s'il nous plaisoit sur ce luy octroyer noz congié, licence, permission, octroy, grace et liberalité. Pourquoy nous, ces choses considerees, desirans led. liure estre communiqué a vng chacun et aulcunement led. suppliant estre recompensé de ses fraiz et mises a icell., pour ces causes et autres a ce nous mouuans, auons donné et octroyé, donnons et octroyons de grace especial par ces presentes congié, licence, permission et octroy qu'il puisse et luy loise imprimer ou faire imprimer led. liure et icelluy vendre et adenerer ou faire vendre et adenerer, tant par luy que ses facteurs et entremetteurs, iusques aud. temps et terme de trois ans prochainement venans. Si vous mandons et commectons par ces presentes et a chascun de vous, si come a luy appartiendra, que de noz presens grace, congié, permission et privillege, vous faictes et souffrez led. suppliant iouyr et vser paisiblement led. temps de troys ans durant, sans luy faire ne souffrir estre fait, mis ou doné aulcun destourbier ou empeschement au contraire, en faisant ou faisant faire inhibition et deffence de par nous a tous marchans libraires, imprimeurs et autres de nostre royaulme de ne imprimer ou faire imprimer, vendre ne faire vendre ne achapter aultres liures telz que dessus que ceulx que led. suppliant aura fait imprimer led. temps de trois ans durant, sur peine de confiscation de ce qui auroit esté fait au contraire, et de cent marcz d'argent a nous a appliquer. Et a ce faire et souffrir contraignez tous ceulx qu'il appartiendra par toutes voyes et manieres deues et raisonnables. Et en cas de debat lesd. inhibitions, deffences et contrainctes tenans nonobstant oppositions ou appel. quelzconques et sans preiudice d'icell., faictes aux parties oyes bon et brief droit. Car ainsi nous plaist il estre fait nonobstant comme dessus, et quelzconques lettres subreptices a ce contraires. Donné à Paris le. xxi. iour de septembre, l'an de grace. mil. ccccc. xx., et de nostre regne le vi.

    Par le Roy a vostre relation

Ainsy signé   BORDEL

Il est a notter que, en la rhetorique de prose, par tout ou l'en trouuera *compte*, il fault entendre *oraison*, et la ou l'en trouuerra *facteur*, il fault entendre *orateur*, car c'est l'intention de l'acteur de ce present liure.

LA RETHORIQVE

prosaïque de maistre Pierre LE FEVRE, orateur tres renommé, de plusieurs excellens orateurs et rethoriciens, corrigee et emmendee, a tous amateurs de lettres tres vtille et proffitable. Et signamment de eloquence. Laquelle demonstrera et enseignera a facillement et aornement composer et faire de toutes sortes de oraisons, requestes, procez, sermons, lettres missiues, epistres, etc., a toutes gens de tous estatz.

Cy commence le Prologue.

Tulles, en son premier liure *De Officiis,* dit que le lyen qui tient les hommes conioinctz en benigne communité, c'est raison auec oraison ou eloquence, laquelle eloquence conduite de raison enseigne, apprent, communique, dispute, iuge entre les hommes et les conjoint en naturelle compaignie. C'est pourquoy qu'entre les dons de grace diuine, raison, prudence et eloquence sont donnees a l'homme, sans lesquelles les royaulmes et chose publique ne peuent estre maintenuz et l'homme n'a maniere de viure. Mais aucuns ont prudence et raison, lesquelz n'ont point don de eloquence, parquoy ilz en sont moins prisez, et aulcuns ont eloquence et pou de prudence et raison, mais de ce sont ilz contempnez, et est leur beau langaige sans fondement semblable a celuy d'vng papegay qui soymesmes n'entent point ce qu'il dit.

Parquoy Tardif dit au prohesme de sa rethorique que sapience sans eloquence proffite pou en une cité, et eloquence sans prudence y nuyt beaucoup, pource que l'homme ne peult jamais dire bien se prudentement il n'entent. Et qui apprent a prudentement parler, il se fonde en sagesse qui est fondement de toute honnesteté et rectitude, et se arme pour propugner les malucillans de la chose publique. Car il en est plusieurs literez qui alleguent droictz, loyz, saincte escripture, et ont beau boute hors, et par dedens sont fondez en bien particulier, flaterie ou deception qui sont tresnuysans et dommageables pour le pays, contre lesquelz fault sagement et eloquentement descouurir leur fraulde. Et pourtant celuy a qui Dieu donne raison, prudence et eloquence, il les doit anoblir de science en acquerant vertus et aornant sagement ses parolles. Car eloquence est la royne des hommes, laquelle conioincte auec sapience et science, peult enflammer les paresseux a tous honorables perilz, restraindre les furieux courages, pacifficr guerres de princes et seditions populaires et reduire tout en bonne paix et tranquilité. Elle peult la fraulde des mauuais descouurir et les conduire jusques a pugnition ; elle peult inciter les princes a misericorde ; elle a pouoir de preseruer innocente impuissance à l'encontre de faueur, oultrage et iniustice; c'est celle qui descript les loix, les droictz et les iugemens, et est le plus grant tresor qui puisse estre a la chose publique que d'auoir de bons zelateurs d'icelle, orateurs bien eloquens, aornez de bonne sapience et de profonde science, car Tulles dit que rethorique est telle que sans elle loix ne citez ne peuent estre iustement maintenues.

Tout homme donc amy de bien publicque doibt estudier a bien et prudentement parler, pour lequel il acquerra louenge, honneur et dignité ; il sera certain refuge de sage conseil. Et combien que l'homme ayt beaucoup de conuenience auec bestes brustes, si y a Dieu donné grande difference pour le langage, par lequel l'home peult exprimer le concept de sa pensee, et qui mieulx le sçait exprimer, il a excellence sur les aultres hommes, desquelz il peult tourner les courages ou il veult, les admonnester a vertu, reuoquer des vices, vituperer les mauuais, louer les bons, et secourir a vng chascun. Et qu'est il chose plus magnifique que les peuples, les iuges, senateurs et princes, par la grauité et prudence de une oraison, reduire et conuertir a raison, car chascun prent plaisir a ouir parler elegamment de graues sentences ou de petites et ioyeuses matieres ?

Parquoy, après ce qui est dit, il est a presupposer quattre manieres de gens : les vngz ont grant sens et bon parler, et ceulx la c'est la fleur et en est pou ; les aultres n'ont sens ne parler, et est dommage et en est trop ; les autres n'ont point de sens et parlent bien, et c'est danger trop grant ; les autres ont bon sens et ne sçaiuent parler et leur fault aide, et c'est par art. Parquoy toute parolle est frivolle, s'elle n'est decoree par les rigles des orateurs et enrichie de substance de diverses doctrines. Ia soit ce que aulcuns ignorans desdictes rigles et sentences escriuent et composent aulcune chose par la diuinité de leur entendement et moralle acoustumance, ainsi que Platon les appelle parleurs naturelz, nonobstant ce, tout homme est aueugle, se la lumiere de l'art et science de rethorique ne le conduit. C'est pourquoy Tulles dit que a bien parler il fault nature, usage et art. Et pource que de present plusieurs liures sont translatez en françoys ou plusieurs se delectent a lyre pour concepuoir science, i'ay proposé de reduire en nostre langage vulgaire aucunes rigles et ordonnances de rethorique tant en prose qu'en rithme, lesquelles ont esté eu parauant fort celees par les auoir tenues secrettes, ou n'en auoir que l'vsage pour tous liures, a celle fin que ceulx a qui il viendra a plaisir de composer en françoys, en prose ou en rithme, en puissent plus facillement ouurer auec l'aide de nature et vsage et des autres sciences, sans lesquelles ne sera que papegay.

Aulcuns ignorans, qui n'ont que leur oppinion pour toutes raisons et leur fantasie auec commune apprehension pour toutes loix, ausquelz semble que rien ne doibt estre bien dit ou bien faict s'il n'est a leur oppinion conforme, se veullent efforcer en leur ignorance de soustenir que il n'est point de rethorique aultre que la naturelle acoustumance, et que l'en doit parler en françoys ainsi comme il vient a la bouche, sans y garder ordre.

Je ne vueil pas souldre leur argument, car il n'y en a point; mais soustiennent telle faulse oppinion pource qu'ilz n'en sçaiuent point d'aultre. Ausquelz on peult dire qu'il y a grande difference entre science et ignorance. Et pour le faire entendre, conuient congnoistre que, aprés la diuision des langages faicte en la tour de Babel, nature prudente, voulant multiplier ses secretz aux hommes par le moyen de necessité, trouua trois langages uniuersez conseruateurs de tout art.

Nota que Babilone fut edifiee par Semiramis sur le fleuve d'Eufrates qui auoit de longueur de mur ccc.lxv stades, qui sont xlvi. mil, environ vingt lieues, et cc.l. tours, et dedens fut edifié la tour de Babel, pour laquelle Dieu fit la confusion des langages. Et toutes sciences sont escriptes en ces trois principaulx langages, c'est assauoir hebrieu, grec et latin. Et l'art de rethorique y est escript entre les autres bien au long. Et doibuent oultre sçauoir que le langage vulgaire françoys, espaignol et tous aultres langages, se nourrissent et prennent leur substance des trois premiers artificiellement composez. Parquoy l'on doibt ensuiuir en nostre langage vulgaire la doctrine et science contenuz en iceulx langages. Et tout ainsi que les parolles françoyses, tant plus sont doulcement couchees, de tant plus sont ilz entendibles et mieulx que s'ilz estoient entremeslees ou dictes au contraire; ainsi est il de la substance et matiere dequoy l'on doibt parler quant elle est mise en ordre selon la science de rethoricque en latin escripte. Ia soit ce que le latin contienne en soy science uniuerselle, si est elle applicable en tous langages. Parquoy telz ignorans se deussent taire, mais debueroient considerer que rethorique est science, comme i'ay dit deuant, de noblesse royalle, de magnifique auctorité et de tresgrande antiquité entre les hommes practiquee. Et premierement Adam, Eue, Abel, etc., en faisant leurs sacrifices, oblations et prieres a Dieu, ilz usoient en toute leur possibilité de honnestes requestes, suasions et prieres enuers Dieu pour obtenir sa misericorde, et s'efforçoient de trouuer quelques beaux motz et belles raisons pour soy plus fort humilier deuant Dieu. Et combien qu'elle ait esté bien longuement celee dedens les engins des hommes, touteffois l'en treuue que Job Ydumee, lequel fut quasi trois aages après Israel, escriuist en vers elegiaques sa consolation.

Moyses, qui fut homme de discipline militaire, remply de merueilleuse doctrine et deliura les Hebrieux des Egiptiens, lequel pource qu'il fut inuenteur des letres et de l'art d'escripture, il fut des Egiptiens appellé Mercurius Trimegistus, se monstre vng grant orateur et poete, et si est homme tant ancien que, quant il tira le peuple Israel d'Egipte, Cicrops regnoit en Athenes, et toutes les choses excellentes faictes en Grece sont aduenues depuis le temps de Cicrops. Après, David, prophete royal, escriuist en vers son psaultier, qui fut du temps que Codrus regnoit en Athenes, qui est deuant l'edification de Romme plus de iiij. cens ans. Mais encore les oeuures de Salomon son filz, et les cantiques de Esaye et Deuteronomie, ainsi que afferme Iosephus, furent escriptes en vers. Ce nonobstant que les anciens peres de saincte escripture ayent esté rethoriciens et poetes, si trouue l'en quasi tous les clercz de Grece estre poetes et orateurs, entre lesquelz sont nommez orateurs Pitagoras, Empedocles, Eraclitus, le diuin Platon et Aristote, etc., et les anciens poetes Orpheus, Homerus, Esiodus et Pindarus, desquelz les sciences sont translatez par diuers acteurs de grec en latin, et par Tulles sommairement recueilliz, et par Vergille diuinement practiquez, et par plusieurs aultres tresdifficilles a reciter. Mais ces deux la sont au plus hault du tribunal de rethorique latine colloquez.

Par ce qui est dit, est entendu que la science est tresantique et par chascun siecle maintenue, iusques a nostre vulgaire françoys descendue, et de noz peres tresnotablement retenue, ainsi que l'en voyons par de Lorris et de Meun, tresanciens compositeurs du Romant de la Rose, et de plusieurs aultres desquelz escripre les noms vne main de papier ne suffiroit pas; mais il me suffit de dire que, depuis pou de temps, la science a esté amplement magnifiee en nostre langage de plusieurs et grans orateurs, et mesmes de nostre temps, de maistre Arnault Grebon, de Hurion, imitateur de Georges Castelain, maistre Guillaume le Munier, Moulinet, Alexis, le moyne de Lyre, lesquelz tous ensemble donnent le lieu de triumphe a maistre Alain Charestier, normant, lequel a passé en beau langage elegant et substancieux tous ses predecesseurs. Et depuis, homme ne s'est faict second a luy, ainsy comme ceulx qui verroient ses oeuures qui sont plusieurs, pourront congnoistre la doulceur de son langage. Et conseille a tous facteurs qu'ilz ensuiuent sa doctrine tant en prose qu'en rithme pour tous docteurs.

Et combien qu'il fust necessaire de mettre en françoys toutes les rigles de rethorique, touteffoys ie m'en passeray aux plus communes et necessaires, priant aux clercz de auoir recours aux liures de latin la ou ilz trouueront la difference des termes latins qui confuseement sont mis en nostre langaige vulgaire, comme il y a difference entre poete, orateur et rethoricien, lesquelles ne sont point en nostre françoys, mais confuseement nostre vulgaire mect l'vng pour l'autre, combien que l'orateur doit estre poete, car rethorique presuppose toultes les aultres sciences estre sceuez et especiallement poesie qui contient toultes les fleurs de elegante composition. Et a ceulx qui dient mal des poetes en les appellant menteurs, Bocasse au premier de sa *Genealogie des Dieux* leur en donne responce. Et pour le present me suffit de dire que toute saincte escripture est plaine de poesie, comme au psaultier : *Inebriabo sagittas meas sanguine, et gladius meus devorabit carnes.* Et qui plus fort est, Iesuchrist a le plus souuent parlé par parabolles, soubz lesquelles parolles couuertes sont les grandes substances contenues. Ainsi est il des poesies. — Exemple : Les anciens ont dit que le dieu Apolo et les neuf muses ont la tutelle de poetes. Apolo en grec signifie *vnicus Deus* en latin, qui est a dire vng seul Dieu, et Macrobius *in Saturnalibus,* voulant demonstrer la singularité diuine et confuter la pluralité des Dieux, toutes puissances diuines remect a Apolo. Les poetes donc sont bien soubz la tutelle de Apolo, c'est soubz vng Dieu, et les neuf ordres hierarchiques, ou selon aulcuns, les poetes, sont soubz la tutelle de Phebus, lequel est Dieu de lumiere, ou ilz sont a la garde de Iupiter qui est dit *quasi iuuans pater,* que l'en pourroit attribuer a la personne du filz. *Vnde dicitur : A Ioue principium Muse, Iouis omnia plena.* Et sainct Hierosme dit que es parolles n'est pas l'euangille, mais au sens, et soubz l'escorche est la mouelle. Encore a la saincte escripture tout le texte est exposé en quatre manieres : la premiere literalement, comme Hierusalem au sens literal signifie cité de Hierusalem qui est en terre de Iudee ; la seconde moralement, il signifie ame loyalle et chrestienne ; la tierce maniere alegoriquement, et adonc Hierusalem signifie l'eglise militante ; la quarte maniere anagogiquement, et ainsi Hierusalem signifie l'eglise triumphante. Et en telle maniere debuons nous entendre noz graues et substancieuses propositions. Si est il encor bien requis de congnoistre que toutes propositions significatiues se doiuent entendre, ou au propre sens en quoy ilz sont faictes et aucuneffois sonnent mal, ou au sens pourquoy ilz sont faictes et l'entendement en est bon, comme i'ay dit soubz les couuertures des poetes sont muscez les grandes substances. Aussi a propos, sans prendre grandes exemples, l'en dit en commun langage : « Ie tire a vous de l'erbalestre », ou « Ie iecte la pierre a vous », lesquelles prepositions sonnent mal ainsi qu'ilz sont faictes, car iamais l'en ne vouldroit tirer par ieu au corps de son compaignon, et iecter la pierre a luy ; mais en tout bon iugement l'on les doit prendre au propre sens pourquoy ilz sont faictes, et se reduyre en la commune interpretation, come : « Ie tire a vous de l'erbalestre, » c'est a dire : « Ie tireray auec vous de l'erbalestre. » Ie recite a propos d'aulcuns mecanicques qui cuident faire leurs gageures seurement de equiuoquer les entendemens soubz la couleur des parolles entendues communeement, non point au sens comme ilz sont faictes, mais au sens pourquoy ilz sont faictes, les voullans reduire au sens euquel ilz sont, et ignorent que tout iugement se fait des choses entendues tant soient bien ou mal proferees du propre ou impropre langage, par quoy *Loquendum ut plures,* en ensuiuant le commun langage, et *Sapiendum ut pauci,* en considerant la substance et signification.

[RETHORIQVE]

Rethorique. — Inuention. — Disposition. — Elocution. — Memore. — Pronunciation. — Termes extraictz de latin. — Termes non dependans du latin. — Termes signifiant aultrement que le latin ne sonne. — ij. negations en françois ne vallent une affirmation. — Changement de langage impropre. — Ordre de termes. — De ordre.

Rethorique donc est science politique, qui est appenseement bien dire et parler selon l'enseignement de l'art pour suader ou dissuader en sa matiere, et la disposer par parties, et chascune aorner par beaux termes, et la retenir par ordre en memore, et bien la pronuncer. Et tout ainsi comme le phisicien fait ses ongnemens pour apenseement guarir son patient et ne le guarist pas, tout ainsi n'est ia requis que tousiours l'en obtienne ce que l'en demande en suadant ou dissuadant, mais suffit qu'en gardant les rigles, le langaige soit aorneement ordonné. Lequel art se part en cinq parties, c'est assauoir *inuention, disposition, elocution, memore,* et *pronunciation.*

Item, il est assauoir que nostre langage vulgaire est composé de motz ou termes qui sont de deux manieres. Les vngz sont termes extraitz et dependans du latin, comme *auctorité, clemence, domi-*

nation, excellence, etc.; les aultres tiennent du latin auec bien pou de mutation, comme *pain, vin, terre, mer,* etc., desquelz le latin c'est *panem, vinum, terra, mare,* etc.; les aultres en sont bien loing qui nous furent ainsi imposez par nos premiers peres, comme *drap* ne conuient point a *pannum,* ne *pennier* a *canistrum,* ne *rue* a *vicum ;* et soubz ceste maniere, sont contenuz tous termes des aultres langages empruntez, come nous disons, la *bru* et le *brumen,* en lieu de *fiancee* et de *fiancé ;* car *bruth* en flament, c'est *fiancé,* et *man,* c'est *homme* en françoys.

Encor est a entendre que aulcuns des termes dependans du latin ont aultre signification que le latin ne sonne, comme de *oratio* vient *oraison.* Et *oratio* en latin signifie toulte *proposition* ou *sermon* ou *dicté,* ou *lettres missiues,* mais *oraison* en françoys n'entent que *priere,* et *sermo* en latin signifie *parolle,* et *sermon* en françoys n'entent que *preschement,* et *fortitudo* en latin signifie *vertu,* et en françoys *force* signifie *vice* aulcuneffoys, et *habitus* en latin ne signifie point *vestement,* mais en langaige vulgaire.

Et comme i'ay dit deuant : *Loquendum ut plures, sapiendum ut pauci,* affin que les clercz ne me reprennent point de improprement parler, si ie ne metz point de difference entre *oraison* et *proposition, epistre, collation, littera, carta,* etc., et en cent mille aultres passages ou l'vsage est encor impropre que ie ne pourroye ne sçauroye corriger, comme en logique deux negations vallent vne affirmatiue et en francoys non. — Exemple : « Nul ne osera contredire, et ie n'en feray rien », ou l'en deburoit dire : « Nul osera contredire et ie n'en feray rien. » Le substantif ne ressemble point a son adiectif, comme : bonne amour, vne orguës, il est bien malade, il a malle santé, iamais santé n'est mauluaise, ne maladie bonne, et en cent aultres manieres. Mais i'ay esperance que, au temps aduenir, petit a petit honnestement se conduira tout impropre langage a sepulture et bonne acoustumance enseignera a parler honnestement et elegamment.

Item, l'en doit auoir recours aux termes generaulx, especiaulx et individues, et les congnoistre pour les mettre en ordre, affin que soubz le general l'en resume l'especial, et non pas soubz l'especial mettre le general, ainsi que l'en voirra au chapitre de diuision.

Tout langage doncques se faict de motz ou termes mis en ordre, lesquelz assembleement composez font vne proposition, et plusieurs propositions ordonneement disposees font vne oraison.

Et nota ordonneement disposees, car ainsi comme vng masson auroit taillé en vingt pierres vng pillier singulierement bien fait, touteffoys s'ilz n'estoient assises chascune en son lieu sans varier l'ordre, l'ouvrage seroit diffamee ; tout ainsi est il de plusieurs belles propositions, ou auctoritez, ou exemples mal appropriez en vne oraison. Et tout ainsi que tout bon latin n'est pas tousiours couché par les couleurs de rethorique, aussi tout bon vulgaire françoys n'est pas tousiours elegant (1).

(1) *Vide* de elegance, folio vi (p. 22).

[DE INVENTION]

Inuention, principalle condition. — Ordre de matieres. — Continuation en matiere.

Combien que plusieurs conditions soient requises a vng facteur, la principalle c'est inuention, car sans inuention subtille, plaisante et nouuelle, le facteur ne sçaura deduire sa matiere plaisante ou utille, et est principalle et necessaire pour trouuer ses raisons, prouuer ses faitz, pour suader et dissuader. Et après les matieres trouuees, il fault disposer par ordre, mettre les foibles raisons au milieu, les fortes au commencement, et les tresfortes a la fin. Et de deux termes elegantz le plus entendible soit mis desriere, comme en insinuant et desclarant la stature et semblance, etc., diuulguer et communiquer les publiques gestes et faictz des Françoys.

Et doit considerer de laquelle matiere il parle, pour qui et en quel stille, si elle est precieuse ou vile, regarde les circonstances, voye le lieu deuant qui il parle, le temps, comment, quelles deffences, et quelle est l'oppinion des escoutans ; puis eslire ce qui peult proffiter ou nuyre, sercher ses raisons ou suasions etc., affin qu'il rende son engin abille a quelque nouuelle inuention.

. Item, il conuient a tout orateur en parlant sagement deuant gens, tant aux procez que aux aultres actes, inuention, comme il est ia dict, et, par la perspicacité de son entendement, il doit non seullement les choses ou dictes ou faictes reciter, mais il doibt aultres matieres vraies ou vraysemblables et ioyeuses selon l'exigence de la matiere entremesler, et doibt matureement penser de sa matiere, regarder les conueniences et disconueniences de sa matiere, et se transferer es aultres matieres vrayes ou vraysemblables s'il en est besoing, regarder aussi les probations, argumens, raisons, persuasions et les solutions des argumens de partie et les autres circonstances. Et ne luy ennuye point se facillement et soudain il ne trouue en son entendement ce qu'il demande; mais, en continuant songneusement, il trouuera ou tout ou partie. L'en ne se doit pas seullement resiouir des inuentions antiques de noz peres, mais de soy l'en doibt adiouster, muer, changer plus plaisamment, plus nouuellement et selon le temps mieulx conforme aux auditeurs.

[DE DISPOSITION]

Disposition. — Nota des rigles de ce present liure.

Après, il conuient des choses dessusdictes bien digerees les mettre en bien ordonnee disposition et distribuer les raisons aux lieux plus conueniens, regarder quelle sera sa premiere partie, sa seconde, sa tierce, etc., que il applique a son exorde, a sa narration, confirmation, etc., ses raisons telles que bon luy semblera, et tout mettre par ordre, car sans tenir ordre l'on repelle plusieurs foys une chose qui ennuye, l'on taist tout ce qui est necessaire a dire et ne sçait l'on commencer ne finer. Et tout ainsy que multitude de gens d'armes sans ordre s'entrenuisent, aussy font multitude de bonnes raisons confuseement dictes ou en silence passeez. Parquoy il est deux manieres de disposer sa matiere, l'une est artificielle, et l'aultre commutatiue.

L'artificielle disposition est quant, en‧disant son oraison, l'en garde ordre tel que en son inuention a esté ordonné. Premierement, il esluyt le gerre de la cause, c'est a dire le fondement et neu de la matiere. Secondement, sa narration bien prepensee, il part en la balence de son entendement tant de parties qu'il luy plaist; il mect a part d'vng costé ce qu'il veult confermer et d'aultre costé ce qu'il veult confuter et les moyens. Tiercement, il esluyt sa conclusion, et puis il considere la maniere de faire son exorde.

La disposition commutatiue se faict quant l'orateur comminue, change ou mect a sa voulenté sùs l'artificielle disposition, ainsy comme il sera dit en parlant de insinuation. Et est a noter que les loix ou rigles en ce liure escriptes ne sont pas si necessairement mises par ordre que a la voulenté du facteur et par bon conseil ilz ne se puissent changer et muer, selon que le cas le requiert. Car aulcunesfoys, selon le temps, le lieu, l'occasion, la necessité, il fault muer, croistre ou diminuer l'ordre et la disposition ia dessus ordonnee.

[DE ELOQVENCE]

Eloquence. — Force d'eloquence. — Langaige nud. — Reuestement de langage nud. — Trois manieres d'elocution. — Elegance. — Langaige elegant approuué. — Auctorité prouuee. — Composition de elegance. — Ordre en composition. — Ordre naturel. — Ordre augmentatif. — Induction. — Ordre assemblé. — Comparayson. — Accroissement. — Par diminution. — Exornation.

Eloquence est appropriation de suffisant langaige a sa substance, laquelle fait donner louenge a l'orateur de gens entenduz et de langaige vulgaire, sans laquelle l'orateur pert son nom, combien que beau parler sans sentence n'est que vent sans science, et parler par sentence sans mettre ordre en son langaige, c'est puerillement faict. Parquoy il conuient auoir soing et de sentences et de parolles, car la force de eloquence n'est point seullement a mener les auditeurs a croire la chose comme elle est, mais a ce qui est et qui n'est mie, a le agrauer ou deprimer, et a conduire les auditeurs a croire qu'il peult estre vray ; combien que langaige nud est aulcunes fois aorné, mais c'est par singuliere affection de partie, comme de enfans, de femmes, etc.

Parquoy doncques, pour estre eloquent, il conuient les matieres nues reuestir de couleurs de rethoricque ioyeuses et delectables comme par transsumption de parolles ou substance, ou des aultres couleurs telz qu'ilz viendront a l'appetit du facteur, ainsy comme cy aprez seront desclarees en ce present liure.

Mais garde soy que en reuestant sa matiere de plusieurs couleurs, que il garde ordre a son abit, que la teste n'en soit point nue, les cheueulx mal dressez, ne les piedz sans souliers, ou que il y ait difformité au corps de sa substance, ne qu'il y mette tant de couleurs que l'en perde la face de sa rethoricque, mais les substances deuiennent aornees. Il doibt par elocution considerer la qualité de sa matiere, si elle est digne ou non, forte ou foible, belle ou laide, etc., et les plus foybles renforcer, les laides recouurir, les deshonnestes musser et cetera. Il doibt aussy considerer la qualité des personnes et parler selon les gens que ce sont : comme si ce sont laboureurs, il doit vser de termes communs a eulx intelligibles, et autrement aux clercz, etc.

Et est elocution ou beau parler. Aprés par art aussi est inuention et disposition ia deuantdictes, mais memore et pronunciation cy après sont par nature.

Encor fault il dire que elocution a trois parties : c'est elegance, composition et exornation.

Elegance est, quant on dit purement et clerement en beaux termes son intention, et, comme il est ia dit, c'est aultre chose de parler intelligiblement ou de parler elegantement, car en parlant intelligiblement, il peult auoir des vices, mais en parlant elegantement, il n'y en doit point auoir; parquoy l'en ne doibt point composer termes nouueaulx, ne de vielz termes barbares, ne de termes communs et vsitez a tous enseignez.

Tout langaige elegant est approuué par l'antiquité du temps qui fut dict, pour l'auctorité de celuy qui l'a dit, pour la raison ou sentence qu'il contient, et pour la commune acoustumance de parler de gens entendus.

L'auctorité se prouue par les orateurs et acteurs auctorisez qui l'ont dict, combien que rithme excuse aucuneffoys impropre langaige quant la sentence contrainct.

Parquoy, pour elegantement parler, il conuient auoir science pour approprier leurs termes a la chose selon son propre significat.

L'en doibt eschiuer toute ambiguité qui rent l'entendement incertain, et multitude de vain langaige.

L'en ne doibt point sercher par circunlocution et superfluité de termes ce qui brief et droit se peult dire, ne ce qui est assez dict pour vne foys ne doibt point plus estre chargé de parolles. Mais fault vser de propos termes, garder droict ordre, venir brief en sa conclusion, qu'il n'y ayt rien qu'il deffaille ne aussi superflu.

De la composition de elegance, c'est poly assembleement des parolles a la sentence ; car celuy qui rudement compose, il assemble multitude de langaige, et parle d'esperit et non point de art ; mais l'orateur assemble tellement ses parolles a sa sentence qu'il n'y a rien diminué ne rien superflu, mais par vne armonieuse et doulce composition, il lye estroict et lache ses parolles a la sentence sans aucune disconueniencc et tout par ordre.

Ordre en composition elegante de parolles et sentence, ou il est naturel ou augmentatif.

Le naturel ordre, c'est quant l'en parle des choses contemporanees, et qui en vne substance se referent. L'on mect premierement les plus dignes, comme l'homme deuant la femme, l'honnesteté deuant l'humilité, le iour deuant la nuyt, etc.

Ordre augmentatif, quant de la sentence, et des parolles, si se raportent en vne chose, il s'en ensuit vne oraison en plusieurs manieres. Premierement, par induction, comme auant que l'en die la substance, nous disons : « La matiere est de importance ; la matiere vault bien que l'on y entende ; c'est moins que rien ; elle ne vault pas le parler. »

Par assembleement, quant les parolles ou les substances sont quasi tout vng, comme : « Le iuge condemna Titus a estre decollé, la ou estoit le geolier qui le liura, le bourreau le prist, les sergeans le conduisoient, il faisoit paour a tous les presens et a tous ceulx de la ville. » Ou : « Que faisoys tu dedens le boys, ta iaveline a ta main, ton espee a ton costé ? de quoy te seruoient tes armes ? a quoy pensoys tu ? que desiroys tu ? qu'atendoys tu ? »

Par comparaison, comme : « Se Publius Scipio iniurié pour la chose publique tua Tyberius Grachus, et Cathilina voulant nostre cité et tout le monde brusler et occire nos senateurs, pardonnerons nous a Cathilina ? Grachus ne blessa que la chose publicque et fut occis. Cathilina a toute la monarchie offensé ; qu'en ferons nous ? »

Item : « La force des Françoys est de merueilleuse admiration ; parquoy c'est plus grant gloire a Cesar de les auoir subinguez. »

Par accroissement, en augmentant la chose, comme : « C'est mal faict de lyer vng citatin rommain ; c'est peché de le batre, c'est execrable dommaige de le tuer ; que diray ie se l'on le mect au gibet ? » ou : « Tu as tué ta mere, que diray ie plus ? Horrestes, tu as tué celle qui te porta. » Autant s'en faict par diminution.

Item, l'en se doibt garder de Siloe et barbare elocution, comme il sera dit au chapitre des figures et es vices.

La composition doncques doibt estre faicte en telle maniere comment on la veult prununcer, especiallement es gerres iuridicial et deliberatif, la ou le pié sert avec la pippe. Car aucuneffoys l'en parle plus ioyeusement, aucuneffoys plus rudement, plus hault, plus bas, plus fermement, plus humblement, plus couroucé, plus mal content, plus aggreablement, plus grauement, etc.

Exornation se faict, quant le propre et naturel langaige est mué elegantement de son significat en aultre, ainsi que sera veu au chapitre des couleurs de rethorique en ce present liure.

[DE MEMORE]

Le quart point necessaire, c'est auoir memore pour retenir les substances ainsi trouuees, mises par ordre, et aornees chascun en son endroit. Et n'est point requise memore, si non que a ceulx qui veullent parler deuant princes en iuriditions, preschemens, et cetera, en faisant le moins de parties qu'ilz pourront, et chascune partie diuiser et subdiuiser a leur volunté, et les mettre a memore les vgnes aprés les aultres par ordre, ainsy que ilz auront les parties ordonnees.

[DE PRONVNCIATION]

La derniere chose qu'il affiert a vng orateur, c'est prununciation, qui est selon la qualité de la chose tenir semblable maniere, comme se la matiere est piteuse, face le piteux, se elle est ioyeuse, face le ioyeux, et generallement monstre soy d'affection et maniere d'estre tel comme il veult que soient les auditeurs; car s'il les veult faire plourer, se il ne ploure, il ne faict rien; et doibt monstrer son affection a l'exorde, mais a la conclusion il doibt du tout soy declarer affecté, et en toutes choses modereement, constantement et honnestement, pronunçant distinctement et intelligiblement, ne trop tost ne trop en paix, mais modereement, ne trop hault ne trop bas, mais a tous intelligiblement; et sert beaucoup a bien proferer bonne langue bien diserte, auec voix doulce et bien proporcionnee.

*
* *

Enrichir la matiere. — ij. gerres de parler. — Trois manieres de parler. — Haultes substances. — Basses substances. — Haultz motz. — Moyens termes. — Bas termes. — Ordre de comparaison. — Ordre de composition de termes. — Termes apliquez a la substance. — Langaige françois. — Diminution de louenge. — Ne vser point de diminutifz ia haultement magnifiez : Gauffridus dixit : *Da pondera verbis equa suis humeris.* — iij. gerres de parler : demonstratif, concional, iuridicial. — Prudence. — Justice. — Coustume. — Equalité et fait iugé. — Loy escripte. — Patience. — Perseuerance. — Temperance. — Continence. — Clemence. — Modestie ou maniere. — De louenge et blasme. — Louer des biens de fortune. — Maniere de parler en controversie. — Espece disputatiue. — Espece dispositiue. — Espece narratiue. — Deux manieres d'oraison. — Eloquence. — Gerre deliberatif. — Gerre demonstratif et iuridique. — Exorde ou salutation ou prohesme ou commencement. — Narration. — Diuision. — Confirmation. — Confutation. — Conclusion. — Peticion. — Commencer par narration.

L'en peult assez entendre par ce qui est dit que, après l'inuention de sa matiere, l'en se doibt enrichir de prouerbes, de auctoritez, de hystoires, de suasions ou dissuasions, de raisons pour applicquer a son propos et commencer son epistre ; combien que aulcuns dient que rethorique n'a lieu si non ou il y a contention et debat de partie en aultre, comme en arguant, plaidant, conseillant, etc., et que epistres et lettres missiues et monologues ne sont point tenus soubz cest art, mais sauf la reuerence de eulx, car l'en suade ou dissuade de bouche, et par lettres missiues en matiere de non contemps, etc., et suffit.

Il est deux gerres ou deux manieres de parler : l'vng est prose, l'autre est rithme. Le parler en prose est assez congneu, c'est quant l'en ne garde point de mesure de piez, de longueur es lignes ne es clauses. Mais le parler en rithme est quant la fin des lignes en vne ou plusieurs syllabes sont leonimes ou en consonance leonimes, auec certaine mesure de syllabes et en bon accent, les lignes sont composees comme plus a plain sera desclaré. Et combien que le latin face difference entre *metrum, dictamen, versus, carmen*, etc., toutteffoys en nostre vulgaire, nous prenons confusecment l'vng pour l'autre, et si n'auons point de rigles de brefues ou longues, si non autant que nostre accent et maniere de parler nous donne, laquelle se doibt distinctement prononcer et grauement, ou d'aultre maintien, selon la leesse ou le couroult ou aultre chose dequoy l'en parle.

Il est trois manieres de parler de toutes matieres ou de toutes substances, ainsi comme l'en peult reduire toutes substances ou matieres en trois especes : la premiere haulte et graue ; la seconde moyenne et familiaire ; la tierce basse et humilice.

Les haultes et graues substances sont quant on parle de theologie, des sept ars liberaulx, du regime des princes et la chose publique.

Les moyennes et familiaires substances sont quant on traicte des choses mecaniques, de yconomique et gouuernement de sa maison, de rentes, de marchandise et de tout proffit singulier et honneste.

Les basses et humiliees substances, est quant l'en parle de basses et petites matieres ; combien qu'ilz soient utilles, honnestes et necessaires, touteffois l'exercitation en est vng pou deiectee, comme de famille, de maison, de petis enfans, de quelongnies, de fleurettes, de bergers, vaschers, etc.

Et tout ainsi qu'il est de graues, moyennes et basses substances, seullement est il de haultz termes, de moyens et de petis.

Les haultz motz ou termes sont ceulx qui se approprient a haultes et graues matieres, et se humilient iusques aux termes moyens et moyenne substance, come auctorité, puissance, seigneurie, et ne doibuent estre abessez pour estre aplicquez en basse et humiliee substance, si ce n'est par figure yronicque ou aultre. Combien que ilz se peuent attribuer aux moyennes matieres et non aux basses, touteffoys, aultrement sera dict des parfaictes propositions qu'il n'est dict des parolles ; et se doibt l'en garder de ne vser de langaige enflé.

Les moyens termes sont ceulx qui sont communs et applicquables tant aux haultes que aux moyennes et basses substances, sans lesquelz termes on ne sçauroit assembler motz ou termes intelligibles ou substancieux, et sont quasi semblables a copulatiue conionction, ou vulgairement a vng marteau qui est commun a plusieurs mestiers, ce que vne tariere ou vne balence ne faict pas. Ainsy tout langaige commun est celuy qui n'est pas hault esleué ne trop bas humilié, applicable touteffoys a exalter sa substance ou deprimer. Et se doibt bien garder que le langaige soit dissolu ou fluctuant.

Les bas et humiliez termes sont ceulx qui sont appropriez a deduire basse substance. Exemple, comme : « I'ay faict porter de l'estable de mes brebis trois charestees de fiens, et ay faict rapporter trois penniers. » Et se peuent esleuer iusques aux moyennes substances, comme en parlant de yconomicque ou d'aultres choses. Exemple : « I'ay pour ma despence ordinaire dix soulz pour iour, six chappons, vne mine de blé. » Et se doibt l'en garder que le langaige ne soit trop mesgre et friuolle.

Item, tous suppellatifz et comparatifz sont des haultz termes, positifz et comparatifz des moyens, positifz et diminutifz des bas. Ie laisse aux gramairiens a exposer positif, comparatif, et cetera.

Et est necessaire a retenir que cil qui vouldra composer par substance haulte et graue, qu'il vse de termes haultz et graues et a ce imposez par noz peres pour la substance de quoy il veult parler, comme de theologie termes theologaulx, de astrologie astrologaux, et ainsy doibt estre entendu de toultes choses. Car le philosophe dict que chascune science a ses propres termes, et ainsy le voyons nous es moyennes et basses substances que les instrumens et moins de vng art mecquanique different à l'aultre, comme les mariniers ont aultres termes en leur art que n'ont drappiers, et par semblable de toulte aultre substance. Parquoy nous debuons appliquer noz termes a nostre substance, et non point nostre substance a noz termes.

Et qu'il soit vray le langaige françoys est si ample et abundant en termes que, combien soit que l'en puisse parler de toultes sciences sans vser de propres termes de icelles comme par circunlocutions, toulteffoys le plus elegant et le plus abregé est de vser de propres termes ia par noz peres imposez, ie entens des termes honnestes, car les deshonnestes se doibuent dire par circunlocution, comme il sera dict cy après.

Ainsy donc, comme il a esté dict deuant que les motz ou termes mis en ordre assembleement composez, sont les propositions lesquelles contiennent sentence parfaicte et desquelles se faict toulte oraison, il n'est ia requis que en parlant de haulte et graue matiere, que toultes les propositions parfaictes ou clauses soient faictes de haultz termes, mais doibuent estre meslees a la voulenté du facteur.

Exemple de haulte matiere et de haultz termes : « Sire, vous estes nostre souuerain roy tresredoubté par le monde vniuersel, pour les tresgrandes et rigoureuses batailles esquelles vous auez victorieusement triumphé de voz ennemis. La loyaulté de voz inuincibles cheualiers, la meure deliberation et ordonnance de voz chefz de guerre promptement executee et la diuine iustice florissante en vostre sceptre, vous donnent nom de gloire a perpetuité. »

L'en diminue de louenge a vng prince, quant, aux haultz faictz qu'il a faictz, on luy adiouxte quasi vng compaignon de parler en plurier, qui ne veult entendre que luy, son conseil, ses capitaines et gens d'armes ne font que vng, qui est mal dict; mais l'vsaige le veult, ainsy qu'il sera veu en parlant de la figure ou vice de soloecisme au liure de rithme.

Exemple de haulte matiere en termes communs : « Quelle plus grande ioye pourroit il plus aduenir a voz subiectz que d'estre en paix mainteneus, en droicte iustice gouuernez, soubz prince liberal, plain de clemence et misericorde. »

Exemple de haulte matiere en bas termes : « Doresnauant, marchandise affluera de toutes regions en ce royaulme. Les gens se reposeront, qui par cy deuant ont esté longuement molestez; les pastoureaulx dormiront seurement aux champs auec les brebiettes; les belles et mignonnes bergieres danseront au son de la musette, diront plaisantes chansonnettes; les amoureux feront balades et rondeaux pour leurs dames; et brief, ce ne seront pas les petitz oyseaux qui en leur endroit ne prendront plaisir de sy amyable temps et paisible gouuernement. »

Par ce qui est dict, l'en peult entendre que, en parlant de haulte substance et de haultz termes, l'en ne doibt vser de diminutifz qui ne seruent que de diminuer ou la substance de la matiere, ou la dignité de la personne, lesquelz par les premiers termes ilz estoient ia haultement magnifiez; parquoy sont a reprendre tous ceulx qui, en puy ou ailleurs, en parlant en hault stille de la vierge mere de Iesuchrist, pour cercher leur rithme, ilz la nomment *pucellotte* en lieu de *pucelle*, et la font royne des cielx, et puis *bergerette* tout en vng mesme stille de parler, en saillant du plus haut au plus bas.

Tulles dict qu'il est troys gerres essenciaulx ou generalles manieres de parler de toutes choses : le premier gerre est demonstratif ou sermosignatif; le second est concional ou deliberatif ; le tiers est iuridicial.

Soubz le gerre demonstratif ou sermosignatif, est licite de parler de aulcune où de plusieurs personnes presens ou absens et de toute autre chose pour les louer ou vituperer generallement ou particulierement; et a lieu en parlant des choses passees, presentes et aduenir.

Exemple de louenge generalle : « L'excellente beaulté des femmes qui sont d'angelicque figure, de regard d'ardante poincture et de parler gracieulx, resiouyssent l'homme tresplaisamment. »

Exemple de vitupere general : « La beaulté des femmes intocciquee de ardante libidinité, corruptiue de toute vertu et attractiue a tout peché, destruisent l'homme miserablement. »

Exemple de louenge particuliaire : « Iulles Cesar, homme de grant prouidence, par sa valentureuse proesse, bonne iustice et discipline militaire, fut empereur de Romme tresobay. »

Exemple de vitupere particulier : « Iulles Cesar, homme de grant astusse, par sa trahison et cautelle acquist beaucoup de coniurés, destruisist tant de gens et de pays que par force il fut plus craint que nul autre. »

Soubz le gerre deliberatif ou concional — et est dict concional pource que plusieurs gens sont assemblez a conseiller, — est licite de suader toute chose iuste, licite et honneste ou proffitable, et de dissuader toute chose iniuste, illicite, inutille ou deshonneste, tant en general comme en particulier; et a lieu en parlant des choses presentes et aduenir.

Exemple de conseil utille, etc., en suadant paix en general : « Proffitable chose a tous humains et tranquil temps seroit, se tout le monde par rigueur de iustice estoit maintenu en paix. »

Exemple en dissuadant en general : Trop grant dommaige aduiendroit et deshonneur irrecuperable aux vaillans cheualiers, se guerre n'estoit pour exercer leurs haultains et inuincibles courages. »

Exemple en dissuadant en particulier : « O bons Françoys! quel dommaige inestimable et quelle desolation miserable c'est de voz pays françoys qui pour vostre orgueil et fierté sont tumbez en ruyne! La ou paix les auoit enrichis, guerre les a desolez. O bons Françoys! faictes paix, etc. »

Exemple en dissuadant en particulier : « C'est vng tresgrant bien incomparable que la fureur des Françoys est sus eulxmesmes exercee et ne s'estent point iusques a leurs prochaines nations qui viuent en bonne paix. Parquoy est plus licite qu'ilz soient en guerre que en paix. »

Et pource que ces deux gerres ont aulcune couuenience, des deux il conuient parler ensemble. Et premierement pour sçauoir ordonner sa proposition.

Et quant on est en conseil, l'en demande qu'il est de faire de vne, ou de deux, ou plusieurs choses, et laquelle partie est a tenir. Et est a noter que toute suasion doibt estre, ou de proffit, ou honneur, ou seureté.

Se l'en conseille de seureté, l'en doibt se garder de force et violence, de fraulde et de tromperie, et donner remede pour y obuier en considerant la fortune et le temps.

Se l'en conseille de honnesteté, l'en considere les meurs, les fortunes et les vertus, en considerant prudence qui est science de bien et de mal et a deux parties, intelligence pour congnoistre, et prudence pour resister au mal aduenir ; en considerant aussi iustice par rendre droit a vng chascun, laquelle a commencement a nature; foy, loy, coustume, pitié, vengeance, verité, grace, loy de nature, auec foy, pitié, etc., le laisse a declarer aux plus sciens a cause de briefueté. Coustume est droit que nature commença et que vsage a nourry, et que antiquité nous produit, soubz lequel sont contenus pact, ou marché qui se faict entre plusieurs.

Equalité qui est d'estre esgaulx ou en seigneurie ou force, etc. Fait iugé, c'est duquel sentence est pronuncee. Loy escripte, c'est que le prince expose au peuple, et par le peuple obseruee. L'en doibt aussi considerer force pour resister a tous perilz, qui a soubz soy magnificence, qui est de haultes, graues et choses excellentes tresample administration a la pensee. Elle a aussi confidence, par laquelle es choses iustes, raisonnables et honnestes, la pensee de l'homme se confie. Elle a aussi patience qui est cause honneste et utile des choses ardues et difficiles par endurer voluntaire et dure opression. Elle a encore perseuerance qui est de raison bien consideree estable et perpetuelle consideration. L'en doibt aussi considerer temperance qui est contre toutes passions de courage ferme et moderee resistence et domination, laquelle a soubz soy continence, par laquelle tout regime doibt estre conseillé et goüuerné, clemence aussi, par laquelle le courage enflammé en hayne contre aulcun benignement est retiré, et *modestia* ou maniere, c'est vne honneste honte, par laquelle l'on acquiert louable auctorité.

Se l'on conseille de proffit en ciuile deliberation, ou l'on conseille du proffit du corps, et de la chose en deux manieres, c'est assauoir en santé, et en puissance. Si en santé, l'on conseille la vie seure et le lieu seur et entiere conseruation. Si en puissance, ou a garder ce que on a, ou a augmenter ou acquerir ce que on n'a point.

Et, selon les manieres dessusdictes, l'on prent lieu ou a suader, ou a dissuader ce dequoy l'on veult conseiller. Les louenges aussi en les attribuant, ou a la noblesse du courage, ou a la fortune, ou au bon gouuernement et conseil. Pour louer les biens du corps, l'on dira n'estre point venus a nous naturellement, mais par nostre diligence et bon gouuernement auoir esté acquis en nostre beaulté, force et aultres dons de nature, par nostre industrie augmentez, en faisant comparaison a plus grans. Pour louer les biens de fortune, nous diron leur grandesse, leur gerre, leur qualité, la noualité ou la singularité, et par semblable et les mesmes lieux se font les vituperations, et est a noter que, en ces deux gerres, ciuilles questions l'on doibt commencer, ou a la nature de la chose, ou a la personne de l'auditeur, ou a la chose mesmes, et la narration commencer a choses exterieures, car plus facillement se pourront conferrer et confuter, comme vous voirrez plus a plain en ce present liure.

Soubz le gerre iudicial est licite de parler en controuersie, comme en accusant ou excusant, demandant ou deffendant, tant en parolles generalles que particuliaires, et n'a lieu ceste maniere de parler que des choses passees et presentes.

Exemple en accusant generallement : « Les loix ont esté faictes pour pugnir tous malfaicteurs, parquoy, selon bonne iustice, en les gardant, tous malfaicteurs, meurdriers et larrons doibuent estre rigoureusement pugnis ou pendus. »

Exemple en excusant generallement : « Les loix sont plus instituez comminatores que rigoureuses, parquoy iustice doibt plus se incliner a misericorde que monter a rigueur. »

Exemple en demandant particulierement : « Les droictz et loix veullent que iustice premie les bons, especiallement ceulx qui ont longuement serui au bien publique, et chascun de vous congnoist les granz perilz ou Porcius s'est mis par plusieurs foys pour garder iustice et maintenir police ; et n'a esté aucunement remuneré, parquoy il me semble que amplement il doibt estre enrichy et prisé. »

Exemple en deffendant particulierement : « Porcius, duquel vous parlez, en son temps a esté vng grant larron et exacteur, vendeur de iustice, seminateur de zizanie, et du bien commun destructeur ; parquoy, pour toutes remunerations, il debueroit auoir de grandes pugnitions et pour tous salaires doibt rendre tout ce qu'il a eu. » Et nota que les lieux parquoy l'en doibt vser selon ce gerre, seront practiquez cy après a la deduction de narration.

Soubz l'vng de ces gerres et vng chascun d'iceulx, sont trois aultres especes ou manieres de parler, tant en prose qu'en rithme : la premiere est disputatiue ou argumentatiue ; la seconde est socratique ou expositiue, et la tierce est narratiue.

Soubz l'espece disputatiue est contenue la maniere de disputer, comme aux estudes de plaidoyer, comme practique de aduocatz, et generallement toutes manieres de querelles et disputations.

Soubz l'espece expositiue est contenue la maniere de parler par interrogant et respondant, par introduction de deux ou plusieurs personnages, comme Platon en ses oeuures, et le Donnest, et Bonneaduanture a son traictié *De Spiritu et Anima,* et saint Gregore en son dialogue, et en françoys, maistre Alain Charetier en la pluspart de tous ses oeuures, et en toutes farces, moralitez, hystores, mysteres, et aultres introduisans pluralitez de personnages.

Soubz l'espece narratiue sont contenues les manieres de epistres, de lettres missiues, compositions de liures, de croniques, de collations, de sermons, de hystores, et de toutes choses dignes de narration. Et combien que le gerre demonstratif n'est point aucuneffoys sans le deliberatif, ou le iuridicial, ou *e contra,* ainsi aucuneffois l'espece narratiue n'est point sans la disputatiue ou expositiue; touteffois le nom principal demeure au gerre ou a l'espece, lequel deduict plus le subiect de la matiere; comme voluntiers tous dialogues qui sont de l'espece expositiue, s'ilz sont de taille disputatiue et narratiue en toute leur deduction, ce nonobstant ilz sont ditz de l'espece expositiue, pource que le subiect en est en dyalogue.

Tulles en son second liure *De Officiis* dit qu'il n'est que deux manieres de oraison : l'vne est parler par raison et l'autre par contention, qui contient disputatiue et expositiue, laquelle faict plus apparoistre l'homme que celle qui parle de raison, car quant vng bon et affable orateur parle de contention, les auditeurs estiment de luy grande science, se il se maintient en parlant en modeste grauité, et especiallement quant cil qui parle est ieusne ; et des parties de contention, c'est accuser et deffendre, et est plus louable deffendre que accuser, especiallement de mort, car eloquence est donnee a nature a la conseruation des hommes et non point a la destruction ; mais est a congnoistre que la fin de parler en gerre deliberatif, c'est honnesteté et vtilité ; la fin de parler en gerre demonstratif, c'est dignité ; de parler en gerre iuridique, c'est equité. Et de chascun cy après sera parlé plus amplement.

Pour entrer en matiere de toutes compositions de comptes, d'epistres, preschemens, collations, etc., selon Tulles ilz se partent en six branches du plus, mais la matiere peult estre telle que l'on se peult passer a vne, a deux, a trois, a quattre, a cinq, ou iusques a six, ainsi que la matiere requiert, et que il plaira au facteur. La premiere, c'est *salutation* ou *exorde,* ou *prohesme,* ou *commencement,* ainsi que l'on le veult nommer. La seconde est *narration,* compter les choses qui furent ou non furent, ainsi comme ilz se eussent esté ou fussent. La tierce, c'est *diuision* ou *particion* quant l'on deuise sa matiere et mect l'on par parties, en disant : « Ce fut faict en telle maniere, » et prent l'on les parties contraires a son aduersaire, et taist l'on les aultres en certain lieu ia diuisez. La quarte, c'est *confirmation* [qui] monstre les raisons et argumens pour approuuer son intention, et pour donner foy et creance a ses dictz. La quinte, c'est *confutation* quant les fors argumentz et raisons de parties sont anyenties par raisons ; la sixiesme, c'est *conclusion* qui mect a fin le compte. Et de chascune partie conuient parler par ordre, et en sera dict plus a plain en leurs especiaulx chapitres.

Item, en parlant logicallement, l'on les peult reduire en trois manieres en la forme de vng argument; c'est assauoir *maior, mineur* et *conclusion,* ou en deux en forme de *emplimeme,* c'est assauoir de *antecedent* et *consequent* en toutes ses manieres [qui] reuiennent en vng sens, car pour la *maieur* l'on dit *exorde, narration, diuision* ; soubz la *mineur* sont *confirmation, confutation,* etc., et la *conclusion* demeure terme commun applicable a tous.

Des especes ou branches dessusdictes, les vnes sont si substantielles que l'on ne sçauroit rien bien dire sinon par elles, comme est la narration et petition, car sans l'vne ne peult l'on dire ou escripre. Mais les aultres branches, comme salutation, prologue, diuision, confirmation, confutation et conclusion, ne sont point necessaires. Et peult l'on faire lettres sans salutation de paour d'estre veues, et suffit narration en disant : « Saschez que nous sommes en France. » Et aucuneffois suffit dire la petition, comme en disant : « Ie te pry que tu soyes preudhomme en ceste guerre. » Aucuneffoys les deux, comme cy : « Vous voyez que nous sommes en la bataille venuz, » c'est la narration. « Ie vous pry que vous soyez vaillans contre noz ennemys », c'est la petition, et ainsi croistre son compte des aultres especes a la volunté du facteur.

Item, il est assauoir que aulcunes des especes ou branches dessus dictes, se ilz sont mises au compte, ont propre lieu, comme salutation au commencement, et conclusion en la fin. Et les autres sont si muables que le facteur les peult remuer a sa volunté, selon le cas, comme se la matiere est de grande difficulté que l'en ne puisse ouyr le commencement, l'en doibt commencer par narration, et puis retourner au commencement de sa sentence qui veult. Et se la narration est foible et de petite probation, l'en doibt commencer par vng fort argument, et ainsy en tant de manieres que bon semble au facteur.

DE EXORDE EN GENERAL

Exorde en general. — Naturelle maniere de parler. — Maniere artificielle de parler. — Insinuation. — Exorde de commencer au meilleu de l'istoyre. — Exorde de commencer au commencement de l'istoyre. — Prouerbe. — Exemple par prouerbe et moyen de l'istoire. — Exemple par prouerbe, fin de l'istoyre. Exorde couuert, honneste, deshonneste, humble, doubteux, obscur. — Dissimulacion. — Matiere desprisee. — Exorde couuert. — Exorde par negation. — De chose doubteuse. — De chose obscure. — Adiointz des personnes. — Adiointz des choses. — Souuerain artifice. — Vices de exorde. — Parler de negoces. — Parler de personnes. — Exorde estrange. — Exorde diuers. — Exorde obscur. — Ne faire trop grant appareil. — L'effect de exorde. — Acquerir beniuolence. — Acquerir beniuolence par la matiere. — Acquerir beniuolence par nostre personne. — Acquerir beniuolence par purgation. — Acquerir beniuolence par necessité. — Acquerir beniuolence par condition. — Acquerir beniuolence par oraison. — Acquerir beniuolence par la personne de nostre aduersaire. — Acquerir beniuolence de louer l'aduersaire. — Acquerir beniuolence par la personne des auditeurs. — Acquiert beniuolence par eur. — Acquiert beniuolence par maleur. — De rendre les auditeurs attentifz. — Acquerir beniuolence par admiration. — Beniuolence par briefueté. — Beniuolence par communeration.

C'est le commencement de l'oraison par lequel l'en appareille le courage des auditeurs a ouyr en langaige general ou commun droictement tendant en la matiere dequoy l'en veult parler;

comme se la matiere est petitoire, l'en doibt persuader a execution de petition et ne doibt point estre long ne emphibologique, c'est a dire qu'il se puisse entendre en deux sens.

Et nota qu'il est vne maniere de parler que l'en dict naturelle, et se faict quant on parle ou l'en recite l'istoire pour le cas ainsy qu'il est aduenu, sans changer ne muer. Et de ceste maniere ne parle point rethoricque pource qu'elle ne parle point de petit effect. Mais il en est vne artificielle, et de ceste est a propos quant l'en mesle les raisons premises et conclusions, etc., mectant les fortes au commencement, comme il est dict, et les foibles au meilleu et les tresfortes en la fin; et quant on respond a son aduersaire, commencer a confondre la plus forte raison en quoy il se fie et son compte entremesle[r] affin qu'il semble plus beau, et garder a la fin ce qui plus plaist. Mais est a garder necessairement que le compte ne soit decouppé hors de son propre sens ne autrement peruerty.

Il est deux manieres de faire exorde : l'vn est par commencer appertement et clerement a tourner le courage des auditeurs pour estre escouté, et l'autre se faict par insinuation, c'est a dire couuertement par tournoyer emprés ou par aulcune dissimulation pour faire les auditeurs ententifz.

Exorde cler et descouuert par commencement se faict en plusieurs manieres. La premiere, quant l'en mect au commencement ce qui est la fin de l'istoire, comme : « Abraham quant il vouloit immoler son filz, l'ange le retira. » Ainsy a faict Vergille en ses Eneides, en recourant l'istoire de Troye qui commence par Eneas qui s'en fuyt aprez la destruction de Troye.

La seconde maniere, de commencer par le meilleu de l'ystoire, comme : « Abraham laissa son seruiteur au pied de la montaigne, quant il voulut faire a Dieu sacrifice de son filz. »

Les autres commencent au commencement de l'hystoire, comme : « Dieu commanda a Abraham qu'il luy fist sacrifice de son filz. En obeissant a son commandement, mena son filz sur la montaigne, le lya et le voulut tuer, mais l'ange le preserua. »

Les aultres commencent par vng prouerbe a propos ou auctorité, et au commencement de l'hystoire, comme : « Moult est digne et de grant merite que obayr aux commandemens de Dieu, ainsy que fist Abraham qui soubdain voulut faire de son filz sacrifice. » Et nota que prouerbe, c'est langaige general contenant la substance ou sentence semblable ou vray semblable de ce que l'en a dict ou que l'en veult dire. Et n'en doibt l'en vser que pou. Car toult prouerbe dit l'vn pourquoy l'en entend l'aultre, comme se ie vueil appeller vng homme poure ou impuissant, il suffist dire : « Tout ce qui reluyt n'est pas or. »

Les aultres commencent par prouerbe et moyen de l'hystoire, comme : « Serf ne doibt sçauoir le secret de son maistre. C'est pourquoy Abraham laissa son scruiteur, quant il voulut sacrifier, etc. »

Les aultres commencent par prouerbe et fin de l'hystoire, comme : « Dieu ne permist iamais iuste foy perdre son merite, parquoy il preserua Ysaac d'estre sacrifié. »

Maistre Brunet Latin, de Fleurence, en mect encores trois que ie laisse a cause de briefueté, mais toutes voyes sont ouuertes a tous compositeurs, pourueu que, en bref langaige et grande substance, ilz rendent les auditeurs ententifz a ce qu'il veult dire, a celle fin qu'ilz puissent trouuer plus facilement leur volunté a sa conclusion.

En après il est requis parler de exorde qui se faict par insinuation, c'est a dire couuertement. Et se fait en parlant des aultres cinq gerres accidentelz, c'est assauoir honneste, lait ou deshonnesté, humble ou desprisé, doubteux et obscur.

Quant la chose est honneste, iuste et raisonnable, il n'y fault point de couuerture, mais l'en doib[t] monstrer en brief la cause pourquoy elle est iuste par quelque loy ou auctorité ou aultre notable sentence. Et se l'en ne veult point faire de exorde, l'en peult commencer par narration ou de loy ou de vgne forte raison de la cause.

Exemple de Cathilina a ses gens d'armes : « Le bien publicque est si digne, nobles Cheualiers, que il conserue le bien de tous en general, parquoy il est licite et plus fort necessaire a tous de prendre armes a l'encontre de ceulx qui quierent sa destruction. La loy dict que force par force se doibt rebouter. La loy commande que l'en deffende son pays. Nature a ordonné soy garder de ses ennemys, parquoy licitement nous debuons prendre les armes, tant pour nostre deffence que pour les deiecter. »

La chose se dit deshonneste ou layde, quant l'en deffend ou soustient l'en quelquevilain cas, ou infame personne. Se le cas est vilain, et adonc l'en faict son exorde par insinuation du cas simplement en brief, et declarant la simplesse de la personne, remonstrant que le cas est plus aggraué, ou la personne parle mauuais langaige, et faulce inuention des gens, que du faict en soy, en appaisant les cueurs des maluueillans par doulces parolles. Et doibt estre faict brief ou point.

Quant la chose est deshonneste ou les auditeurs sont trauaillez, l'en doibt promectre de briefuement respondre aux argumens de son aduersaire, ou dire quelque chose pour rire, pour resueiller les auditeurs.

Et nota que nature, occasion, le lieu, le temps, la sentence, la personne, les mines, la contenance, moquerie pour moquerie, menterie pour menterie, font liberallement rire les gens.

Ou la personne est infamee, et alors on doibt auoir recours a la cause en soy, se elle est honneste; se l'vn et l'autre n'est honneste, il fault commuer le mal sur l'aduersaire, se aucun mal s'i peult trouuer, ou par muer matiere, comme qui demanderoit paix a vng courroucé, on l'enflamberoit; lors fault prendre cause pour cause, homme pour homme ou homme pour cause, affin que ce qu'il hait par commuer a ce qu'il ayme soit moderé.

Par dissimulacion aussi nous deffendrons ce que nous pourrons deffendre, et, ce qui desplaist a l'aduersaire, nous dirons qu'il nous desplaist, et mettrons nostre deffence incontinent, et quant nous l'auron adoulcy, nous diron que la matiere ne vault pas le parler ou aultre chose, etc.

Exemple de Cathilina au senat : « Il est commun a tous, discret senat, que nous auons voulu bouter le feu en ceste cité, tuer les habitans et la piller. Ie appelle Dieu et toutes les creatures a tesmoing que nous ne auons point eu de volunté de faire si execrable dommaige, et n'auons prins les armes contre le pays pour faire dommaige a personne, mais seullement pour plus seurement garder nostre corps de iniure, qui sommes infortunez et en poureté et misere par la crudelité d'aucuns des maieurs. Nous sommes zelateurs du pays, car nous en sommes des habitans, et aussi en sont nos parens. Croisriez vous bien que nous feusson si inhumains et hors du sens de vouloir destruire nostre pays et nousmesmes ? ie croy que non ; mais Cicero, seminateur de discorde, controuueur de mensonges, a multiplié que nous auons preparé le feu pour la bruler, pris les armes pour depopuler les bourgoys et mettre tout a sang inremissiblement. Il a paour de perdre ses offices ; l'orgueil de son magistrat luy a fait controuuer le faulx. Par quoy, noble senat, ne croyez pas de leger vng estranger pour eslongner et destruire voz concitatins. Car nous ne querons ne vous ne voz richesses ne l'empire, mais seullement liberté sans laquelle noble cueur ne doibt viure. »

Quant la matiere est desprisee ou humble, c'est pource qu'elle ne plaist pas aux auditeurs, ou qu'elle leur est contraire, ou elle est haye, pource que l'aduersaire a donné a entendre le contraire ou du tout ou partie, ou les auditeurs sont ia trauaillez de auoir escouté trop longuement.

Quant la matiere desplaist, il fault couurir son exorde en taisant la chose desplaisante et nommer aultre chose plaisante aux auditeurs, comme fist Cathilina quant il nommoit ses antecesseurs et leurs bonnes meurs deuant le senat pour soy couurir de la coniuration, en disant n'auoir point pris les armes pour mal, mais pour soy garder et subuenir aux impuissans, ainsi comme de tousiours il auoit acoustumé en ensuiuant ses peres et leurs meurs, qui ont plusieurs foys bataillé pour la chose publicque.

Item, il fault faindre que l'en ne veult point parler de ce que l'en cuide, comme fit Iulles Cesar : quant il voulut deffendre les coniurés de Cathilina que l'en ne les fit mourir, il donna conseil de les faire mourir en diuerses prisons comme vous verrez cy après ; et puis petit a petit entrer a sa matiere, en disant que tout ce qui plaist aux auditeurs te plaist et *e contra,* ou que tu ne veulx dire ou faire mal a ton aduersaire, ainsy que tel, etc. luy a faict, en recitant sommairement quelque desplaisir a luy faict, ainsy que fist l'amoureuse [de] Paris delaissée pour Helene qui disoit : « Ie ne quiers tes richesses et ioyaux pour mon corps embellir, ne pour mon loyer, » quasi disant que Helene le faict.

Item, exorde se faict par negation en disant que l'en ne daigneroit dire de luy aucun mal, en recitant le dict mal comme Tulles, etc. : « Ie ne dy pas que tu ayes rauy le cheual de ton compaignon ; ie ne te daigneroys dire que tu eusses robé les maisons de tes voysins. » Mais en ce faisant, fault garder de les dire contre la volunté descouuerte des auditeurs ou de ceulx qu'ilz ayment, mais ce doibt estre dict en eslongnant leur cueur de ce qu'ilz auoient proposé et la commuer a ton desir ; et puis conuient reciter exemple, prouerbe, auctorité ou sentence des sages, en remonstrant la tienne du tout estre semblable, ainsi que fait Cathon disant que Maulius Torquatus condempna son filz a mourir pour ce qu'il auoit combatu contre le commandement du capitaine, et [c]eulx cy de propos deliberé ont voulu destruire

Romme, qui est pirs de trop que de vng homme seul, parquoy il s'ensuyt que ilz doibuent tous mourir.

Exemple : Iulles Cesar voulant sauver les vies aux coniurez de Cathilina, qui estoit matiere contraire a Decius Sillanus qui les auoit condempnez a mourir, et que les auditeurs estoient comeuz contre son intention, il commença par acquerir leur beniuolence, en disant : « Seigneurs Peres conscrips, pour voz sagesses gouuerneurs de la chose publique. »

Ycy il faict sa couuerture en demonstrant qu'il veult conseiller, et par ce il rent les auditeurs actentifz de sçauoir et de ouyr.

« Sachez que tous ceulx qui veullent conseiller de matieres doubteuses, ne doibuent estre remplis de hayne, de amitié, de ire ne de misericorde, par lesquelz est desuoyé tout notable entendement, et le propre sens et conseil de l'homme ne doibt estre escouté qui delaisse les termes de raison. »

Ycy il haulse sa matiere en confermant par exemples mises en lieu de la chose qui desplaist pour retraire les couraiges.

« Ie pourroye reciter de plusieurs qui ont laissé le chemin d'equité et de raison en leurs iugemens pour ensuiuir la sente de ire ou d'aultre charnelle passion, dont s'en est ensuiuy mal ; mais ce n'ont pas faict noz anciens peres, lesquelz, après qu'ilz eurent victoire en la bataille macedonique constre le roy de Perse, delibererent par conseil, que l'en ne destruiroyt point ceulx de Rhodes, affin que il ne fust dict de eulx que les richesses des Rhodoys eussent enflambé les auarices des Rommains, et par ce furent laissez impugnis. Aussi ceulx de Cartage, lesquelz en temps de paix, de treues et de batailles puniques par plusieurs maulx se forfirent, non pourtant ne les voulurent exterminer, mais impugnis les laisserent. »

Icy de rechief il acquiert plus amplement leur beniuolence en les conseillant.

« A ce debuons nous pourueoir, Peres, que la mauuaistié et le forfaict de nos prisonniers ne surmonte nostre dignité, en gardant plus nostre renommee que nourrir noz courroux. »

Ycy fault estre de semblable opinion auec culx, en recitant en brief le cas.

« Et combien soit que les coniurés qui ont voulu faire tel force a nous et nostre cité, ont commis crime surmontant toute peine plus grande que de mort se faire se pouoit, ainsi comme ceulx qui par deuant moy ont oppiné en ont grandement conseillé monstrant le mal qui s'en peult ensuiuir, et de paour que ce mal n'auiengne, Decius Sillanus les a condampnez a mourir. »

Ycy acquiert la beniuolence de Decius en le contredisant.

« Ie croy bien ce que Decius Sillanus a dict, c'est pour le bien commun, et l'a dict sans hayne ne ire, tant congnois ie ses meurs et son attrempance, et n'est pas sa sentence si cruelle comme le cas le requiert, touteffois sa sentence n'est pas conuenable au commun. Pource que Sillanus est grant homme noble, et esleu conseul, il les a condampnez a mort de paour du mal qui s'en peult ensuiuir, et ie dy que paour ne doibt point icy auoir de lieu, car Marcus Tullius, nostre conseul, est si discret et garni d'armes et de cheualiers que nous ne debuons riens doubter. »

Ycy, en conseillant leur faire plus de mal, quiert le moyen de leur sauluer la vie.

« Mais il me semble que l'en ne doibt point mettre a mort si facillement, et que ilz ont desseruy plus grant tourment, et mort oste toute peinne terrienne. Parquoy ilz doibuent estre banis, enuoyez en exil en diuers lieux et diuerses et horribles prisons pour les faire languir plus songneusement. »

Ycy vse de confirmation en confutant leur oppinion deuant dicte.

« Or, regardons, se soubdain vous les faictes mourir, quel chose c'est que vous faictes, car l'en faict souuent tel chose dequoy grant mal en ensuyt et tout mal se faict soubz bien. Chacun dira que vous le faictes pour auoir leurs terres et possessions. Quant les Macedoniens eurent conquis Athenes, ilz constituerent trente juges qui au commencement mettoient a mort les maulais, et cela leur sembla bien institué, mais aprez par leur auarice tuerent les bons, dont grant mal s'ensuyuit. Aprez, encores de nostre temps, Scilla fist tuer Damasippus et d'autres qui alloient contre la chose publicque, et chacun l'approuua, et de ce s'en est ensuiuy des maulx infiniz. Car aprez, quant l'en vouloit auoir les biens et les places de quelque homme, il estoit a tort du nombre des proscrips et mis a mort. Et ne cessa l'en de tuer jusques a ce que Scilla eust remply de richesses tous ses affins. »

Ycy conclud.

« Que ferons nous donc ? Laisserons nous aller ces prisonniers pour accroistre l'ost de Cathilina ? nenny non. Mais mon oppinion est que leur auoir soit publié et mis a souldoyer gens d'armes, et leurs corps mis en diuerses prisons hors de Romme, en forteresses bien garnies, et que l'en ne parle pour eulx au senat ne au peuple sur peine de semblable prison. »

La chose se dict doubteuse, quant l'en se doubte de la sentence, ou que il y a partie deshonneste, et adonc l'en doibt faire son exorde de la partie honneste, en demonstrant comme elle est honneste, en attirant la beniuolence des auditeurs, ainsy qu'il est dict deuant, en taisant la partie deshonneste; ou, se tu demandes chose doubteuse pour la sentence, tu doibs commencer par la sentence que tu demandes, et par la raison en quoy tu as le plus de confidence. Et se la matiere est de grande difficulté, l'en doibt commencer a la narration et a confondre la plus forte raison de l'aduersaire.

Exemple : ycy Cathon parle en matiere doubteuse qui est d'une part honneste, en soustenant l'estat de Romme et du commun, et deshonneste aux vices, et doubteuse en sentence. Et premier praticque la beniuolence des auditeurs en les retirant de croire a Cesar : « Seigneurs Peres, ie regarde le peril ou nous sommes, ie contrepense la sentence de chacun qui ne touche tant seullement que de la peine aux coniurés de Cathilina, qui ont appareillé bataille en leurs pays a leurs parens et a leur temple, mais il me semble que nous auons greigneur besoing de conseiller comme l'en se gardera des perilz ia a nous appareillez que de prendre conseil comme ceulx cy seront a mort liurez. »

Ycy fault parler d'aultre chose.

« L'en doibt preuenir, a tart l'en se conseille quant le cas est aduenu. Se nostre cité est prinse, nous sommes tous perdus. O messieurs qui entendez si bien raison, qui desirez auoir villes, chasteaulx, tables d'or et d'argent plus que au proffit du commun, se voulez garder ces choses que tant aymez et vous endormir en delices et reposer en voz auarices et luxures, se vostre commun perit, comme en eschapperez vous ? Ceste matiere n'est point de treu payer, mais est de nostre franchise deffendre et noz corps qui sont en peril ; ceste matiere n'est point pour acquerir aultruy pays, mais nous conuient sçauoir sy ce que nous auons sera a nous ou a noz ennemys. Si ne doibt aulcun parler de misericorde et estre debonnaire pour mectre le peuple a l'aduanture, et ne debuez estre piteux a ceulx qui cuident le commun tresor rober, ne donner nostre sang pour mectre les bons hommes a destruction. Car en espargnant vng pou de malfaicteurs, vous destruysez vgne grant multitude de gent. Cesar a bien parlé que ilz soient mis en diuerses prisons hors de Romme. Doubtoit il que se l'en les gardoit a Romme, que ceulx de la coniuration ou aultres gens les iectassent hors de prison a force ? N'y a il mauluaises gens que en ceste cité ? certes il en est par tout. Et se luy seul n'a paour qu'ilz eschappent et n'a crainte de peril du commun, ie suis celuy qui ay paour de moy et de vous. Parquoy ce que vous iugerez de ces prisonniers doibt estre entendu de toult l'ost Cathilina. Car, se vous faictes aspre iustice, tous ceulx de l'ost en seront espouentez. Se vous la faictes mollement, vous les ferez plus cruelz et plus fiers et moins vous craindront. Ne croyez pas que noz antecesseurs aient acreu tant seullement nostre seigneurie par force d'armes ; car, se ainsy estoit, nous pourrions nous augmenter assez, car nous auons [adiousté] a ce qu'ilz nous ont acquis, et si 'auons plus de gens d'armes que ilz n'auoient. Mais ilz auoient aultre chose, parquoy ilz eurent renom et prix, et telz choses ne sont gueres en nous ; ilz estoient saiges et justes, leurs couraiges francz a donner iustice, conseil sans crainte ne aultre subiection de peché, en iustice non variables et en tous les faictz du bien commun louables; mais en lieu de ce, l'en peult trouuer en nous inobedience pour humilité, luxure pour chasteté, et auarice pour liberalité, commune poureté et priuee richesse. Nous louons les richesses qui par diligence et les aultres vertus se acquierent; et viuons en paresse et nous baignons es aultres vices, par lesquelz non seullement les richesses, mais les pays se perdent. Il n'y a en nous difference de bons aux mauluais. Couuoitise auiourd'huy est le loyer de vertu. Chascun tient sa voye et son conseil par soymesmes; chascun en sa maison sert a volupté et delices, et dehors a amasser or ou grace acquerir. Il n'y a celuy qui pense du commun que les coniurés veullent destruire, affin d'auoir domination de nous, car ilz ont iuré qu'ilz ardront la ville, et sy voyez Cathilina auec les Françoys qui n'ayment pas vostre Seigneurie, qui vient sur voz testes a toute sa puissance. Se vous laissez aller voz prisonniers a mercy, pource qu'ilz sont ieusnes, et que l'en faict souuent follies en ieunesse, gardez que telle pitié ne vous tourne a douleur. La chose est aspre, perilleuse et dangereuse, et la debuez craindre, mais la paresse et la crainte de voz cueurs vous faict actendre vostre inconuenient. Vous mectez vostre fiance en Dieu lequel vous a gardez par plusieurs foys. L'aide de Dieu ne vient pas a la volunté de ceulx qui viuent comme femmes, mais toutes choses aduiennent a ceulx qui veillent a bien faire par bon conseil. Pour neant appelle Dieu a son ayde celluy qui en paresse et mauuaistie se nourrist. Maulius Torquatus tua son filz pour vng deffault de son commandement, et vous demourrez a faire iustice de ces cruelz patricides qui veullent ceste cité destruire. Pardonnez a Lentullus pour l'amour de son lignaige, se il ayma oncq bonne renommee; laissez le aller; donnez grace a Cetugus, se iamais [ne] fit noyse en ceste ville. Pardonnez a tous les aultres, se iamais firent quelque bien en nostre cité. Et vous certifie que, se ie pouoye eschapper de leurs mains, ie seroye content de vous veoir en leur subiection, puis que vous ne voullez croire conseil. Vous voyez que nous sommes en deux grans perilz de toutes pars : Cathilina a son host dehors prest de nous assieger; les aultres sont en ceste cité qui luy rapportent noz secretz; parquoy nous debuons nous plus haster, affin qu'ilz ne puissent hastiuement obuier a noz entreprinses, et me semble que nous perdons trop a les occir comme traistres et patricides prouuez. »

La chose se dit obscure, quant la matiere n'est point bien entendue par les auditeurs, pource qu'elle est trop obscure en sa substance, ou les aduersaires ont ia donné a entendre le contraire.

Se la matiere est trop obscure, tu doibs commencer par parolles qui donnent aux auditeurs volunté de sçauoir, et puis partyr ta matiere en plusieurs poinctz et la declarer bien au long et intelligiblement sans redictes.

Quant les auditeurs croyent et sont ia persuadez de ce que ton aduersaire leur a dict, tu doibs promectre que tu veulx dire de ce mesmes en quoy ton aduersaire se fie le plus, et singulierement le plus de ce que les auditeurs ont creu, ou commencer par vgne des raysons de ton aduersaire, et principallement par sa conclusion, ou par doubte, en disant que tu ne sçays par quel bout commencer ou quelz raysons prendre, ou en qui toy confier, en faisant semblant comme d'vgne chose merueilleuse. Car les auditeurs par ce moyen entendront bien que tu es appareillé a bien respondre a ton aduersaire, car se narration est pou profitable, tu y doys commencer, et se il n'y a grande difficulté a ta cause que tu ne la puisses proprement dire, de la narration tu retourneras a la conclusion, en respondant aux raisons de l'aduersaire, en promettant respondre a tout ce qu'il a dict.

Item, aulcunneffoys les auditeurs sont ia trauaillez, ou pource que la matiere est douloureuse ou les aduersaires les ont tenus trop longuement.

Se la matiere est douloureuse, l'en doibt reciter vne aultre piteable ou aultre terrible nouuelle, puis tomber au propos.

Se les aduersaires les ont tenus trop longuement, adonc l'en commence son exorde par briefueté, comme commencer a sa narration ou aultre ferme argumentation, et aulcuneffoys, s'il est de besoing, mais non pas tousiours, de retourner au commencement de sa sentence ; se nous respondons, nous disons non ensuyuir l'ennuy de l'aduersaire, mais estre plus brief ; ou par vrbanité, comme par quelque chose qui les face rire, comme fascessie, ainsy que i'ay dict au chappitre de la chose deshonneste. Car tout entendement trauaille par ouyr de nouueau ou de admiration ou inciter a rire se renouuelle. Et puis contredire les principaulx poinctz sans repetition, parler plus nouuellement ou par aultre maniere, selon l'inuention du facteur, pour les faire plus actentifz d'escouter et leurs esperitz reueiller.

Et est encores a noter que exorde se faict tousiours des personnes ou des choses, ou de leurs adioinctz.

Les adioinctz des personnes, ce sont parens, affins, amys, pays, citez, maistres, science, escoliers, etc.

Les adioinctz des choses sont le temps, l'oppinion, la renommée, l'attente, le peuple, et de tout on ne peult pratiquer son exorde.

Plusieurs aultres manieres sont que ie laisse aux clercz a plus a plain les estudier, mais suffit par ce qui est dict de retenir que exorde n'est aultre chose que d'appareiller les courages des auditeurs a croire ou a faire ce que on veult, et soy mettre en leur grace.

Item, fault retenir que, [se] la matiere est deshonneste ou doubteuse, l'en doibt commencer son exorde pour auoir leur begniuolence; et quant elle est ville et desprisee, lors doibt estre talent de ouyr; et quant elle est obscure, il doibt donner talent de sçauoir.

Item, le souuerain artifice est de ne se monstrer point artificiel de paour que les auditeurs ne dient que c'est oraison pourpensee pour les mieulx decepuoir. Et doibt estre tout exorde simple sans grandes parolles ne grandes gestes, et quasy une chose non pourpensee, mais aprez, il fault estre fourny de graues sentences et profundes auctoritez a propos, en termes declairez et ouuers sans obscurité, sans vser de plusieurs termes de semblable commencement ou en fin de semblable consonance et aussi de plusieurs suppellatifz.

L'en peult commettre huit vices en faisant son exorde.

Le premier vice, c'est de exorde general, lequel se peult appliquer en diuers propos.

Le second, c'est exorde commun, lequel peult seruir aussi bien a ton aduersaire comme a toy.

Le tiers, c'est exorde muable, lequel, peu de termes muez, sert a ton aduersaire contre toy.

Le quart, c'est long exorde auquel ou il y a ou trop parolles ou trop sentences superflues en parlant de negoces ou de personnes. En parlant des negoces, c'est en parlant de argumentations en allegant histoyres, etc. ; et des personnes, en disant ce qui n'est de besoing. Et fault selon les causes faire diuers exordes, car cause clere le veult brief, et cause intrinquee et suspense le veult long. Et n'est pas besoing de ioindre tousiours sa narration a son exorde, et principallement quant la chose est assez exposee et qu'elle est notore aux auditeurs, et alors ne fault que briefue proposition.

Le quint, c'est exorde estrange ou separé, et est celuy qui rien ne sert a la matiere, mais est apliqué comme vng *preludium* aux menestrieux pour choir a la cadence de quelque chanson que ilz veullent iouer.

Le sixte, c'est exorde diuers ou mauldit, et est contumelieux pour blasmer aultruy, que l'en ne peult faire sans mettre les auditeurs a son indignation, qui ne peuent ouir mal dire de leur affin ou de quelque bon homme ; et est laide chose a vng colligitant de demander plustost vengeance que deffence ; ou qui conclut aultrement que sa matiere ne requiert, come en non parlant par couuerture quant la matiere le requiert, et en non acquerant la beniuolence des auditeurs comme l'en doibt.

Le septiesme, c'est exorde obscur et sans enseignement ; et est celuy qui rien ne fait de ce que l'en enseigne, et il n'aquiert la beniuolence, ou il ne rent les auditeurs attentifz, ou ne donne volunté de sçauoir, etc., mais faict le contraire, et ne parle point en cler ne intelligiblement, et de tout il se fault donner de garde.

Le huitiesme, l'en se doibt garder de faire trop grand appareil, comme il est ia dict, car les graues sentences et doulceur de langaige donnent louenge a l'orateur et la grande ostentation le blasme.

Et combien que l'effect de exorde est congratuler ou acquerir beniuolence, faire les auditeurs sçauoir son intention et les rendre ententifz, si se doibt il tousiours pratiquer en toutes les aultres parties de l'oraison, mais non pas si necessairement comme a l'exorde.

Et nota que acquerir beniuolence que l'en dit *captatio beniuolencie*, n'est aultre chose que vne suauité et doulceur de langaige plaisant a l'auditeur pour luy donner courage d'entendre ce que l'en veult dire pour louer ou blasmer celuy ou la chose de quoy l'en veult parler, et se faict en plusieurs manieres, par la matiere, par nostre personne, par la personne de nostre aduersaire et des auditeurs, par eur et maleur.

Par la matiere en soy l'en acquiert bien vueillance, se l'en dict en brief chose qui enforce son intention, ou se en doubte l'en dict estre incertain quel louenge ou vitupere il doibt dire de la dicte chose, tant est noble, etc.

Item, en la louant, l'en doibt dire nostre cause estre bonne, honneste, vtille, louable, delectable, et celle de nostre aduersaire inutille et deshonneste, en disant aucune raison, ou quant sommairement et en brief l'en expose ce que l'en veult dire, ou que l'en promect parler de grandes choses et de nouuelles matieres et incongneues, ou que l'en promect dire aucune chose tresutille pour le bien publicque ou de leurs consciences.

Exemple de Cathilina conspirateur Rommain. [Il] faisoit vne proposition a ses coniurés pour soy faire seigneur de Romme.

Cy en brief il dict la fin ou il veult tendre.

« O bons cheualiers, i'ay entreprins en ma pensee de me instituer gouuerneur de Romme par la force de vos armes. »

Cy promect parler de grandes matieres.

« Pour les grandes iniustices, corruptelles et abus de iour en iour par noz tirans a nous faictes comme plus a plain vous sera desclaré. »

Cy desclare l'utilité de sa cause :

« Affin de retourner en nostre liberté et viure en paix en nostre grande gloire et triumphant honneur. »

Par nostre personne en cinq manieres : par office, se nous ramenteuons nos dignitez sans orgueil, en nous excusant du blasme que l'en mect sur nous ou d'auoir entreprins ceste charge, en meslant parmy le bon vouloir que nous auons au bien des auditeurs et au zele du peuple, en desclarant les calamitez et solicitudes que nous auons.

Par purgation, en nous excusant des inhonnestes suspicions que l'en a sur nous, en monstrant que l'en se doibt plus deffendre par raison contre les armes que par follement frapper.

Par necessité, quant il ne se peult aultrement faire que blasmer l'aduersaire, en soy excusant que ce n'est point par ambition, hayne ou acoustumance de mal dire d'aultruy ou blesser son honneur; mais, en lieu de parler deshonnestement, il fault descouurir la fraude, affin que l'en croye son crime et que par ses demerites l'en est contraint de ainsi faire; et, en toutes accusations, on se doit excuser que on le faict par contrainte.

Par condition, se nous remonstrons nos pouretez ou ce qui nous est aduenu pour auoir soustenu verité ou aultre chose semblable.

Par oraison, se nous prions les auditeurs estre a nostre confort et conseil et que nous auons esperance a eulx et que ilz pardonnent nostre ignorance.

Cy Cathilina loue sa dignité :

« Il derrogueroit grandement a ma noblesse et a mes meurs, lesquelz de ma ieunesse ont esté nourris de vertus, se permettoye tousiours le bien publicque de gaster sans que ma force cheualeureuse et mon fier couraige ne repulsat la fierté de ses ennemis ; car, dès mon enfance, j'ay prins plaisir, en ensuyuant votre desliberé conseil, de auoir des miseres et pouretez pour iustement guerre maintenir. »

Par la personne de nostre aduersaire nous acquerrons bien veuillance par hayne, se nous ramenteuons de luy ses conditions deshonnestes et contraires a bonne meurs et a nature, come son orgueil, sa malice, etc.; ou qu'il est songeart non digne d'estre en compaignie ou non sachant, negligent, etc., par lesquelz moyens ilz soyent desprisez des auditeurs, ou les mectre que l'en ait enuie ou suspicion de leur estat, comme desclarer les iniustices [de] leurs intollerables extorcions, et de exposer leurs trahysons, leurs aliez, leurs richesses, leur force, etc.; ou en le desprisant, en disant les maulx qu'il a, c'est par luy et son meschant gouuernement, et que il ne craint point pour ses richesses tenir en cause le poure homme, en allegant plus mensonge que verité.

Item, l'en peult louer l'aduersaire, mais que la louenge retourne a notre proffit; comme par honnesteté alleguer sa dignité, comme : « Chascun le tenoit saige et honneste ; pource qu'il estoit officier du roy, l'en cuidoit qu'il gardast iustice ; pour ce qu'il se monstroit humble aux gens, il sembloit qu'il deust vser de misericorde ; il faisoit du deuot, et c'est vng ypocrite, vng homme cruel, etc. »

Exemple dudict Cathilina :

« Helas ! quand ie considere les iniquitez qui croissent de iour en iour, et pense que noz tirans nous feront encor pirs le temps aduenir, il n'y a remede que la fierté de nostre couraige ; par nostre force, il nous conuiendra recouurer liberté. Regardons comme nostre noblesse est par telz meschans gens abolie, comme nous sommes sans auctorité deiectez. Que se iustice auoit lieu et raison, nous serions crainctz et redoubtez. Or ont ilz maintenant les graces, les puissances, les honneurs, les cheuances et font ce qu'ilz veullent et nous laissent es perilz en pouretez conuaincus de iniustice. O gentilz cheualiers inexpugnables, serons nous tousiours en souffrance ? N'est il pas plus honneste et beauco[u]p meilleur mourir vertueusement que viure en deshonneur et misere, et que par estrange orgueil vostre honneur soit anichillé ? Par la foy que ie doy a Dieu, victore est a nostre main se nous voulons, puis que l'aage, la force et le courage y est. »

Cy expose leur impuissance :

« Mais a eulx ieunesse leur est faillie auec force et leur richesse est crue qui nous doibt commouuoir a hatiue bataille, et ne reste que commencer a les tuer facilement, toult sera bien. Et qui sont ceulx qui sçauront tousiours endurer, sans eulx mouuoir, de leur veoir faire tant de edifices, auoir tant de richesses, aornemens d'or et d'argent, tant de larcin et de noz biens, lesquelz nous pouuons facilement recouurer auec nostre liberté ? »

Par la personne des auditeurs en deux manieres :

La premiere, si nous disons leurs meurs et leurs qualitez nous estre congneuz comme humains, doulx, beningz, etc., en louant les bonnes et taire ou glacer par dessus les mauuaises.

L'autre, si nous les louons en monstrant l'estimation que l'en faict de eulx en leur auctorité sans flatterie, comme pour honnestes choses remonstrer leur dignité, pour humbles leur iustice, pour miserables gens leur misericorde ou dire que l'en veult parler pour leur proffit.

L'en acquiert bien beniuollence par eur, en exaltant en magnificence les faitz ou les ditz des auditeurs, en louant leur sens et noblesse, comme il promectra plus a plein desclarer, et louer leurs predecesseurs qui furent vaillans, etc. Et qu'ilz ensuyvent les meurs de leurs peres, parquoy leurs enfans seront tousiours en memore, en confondant les contradicteurs et detestant leur conseil, etc.

Cy exalte les auditeurs :

« Et n'estoit les grandes vertus, la foy et loyaulté auec la deliberee cheualerie que ie sçay qui est en vous, ie n'entreprendroye pas par ma folie les choses incertaines pour laisser les certaines, mais seroye du tout deiecté de l'esperance de domination. Et pource que en plusieurs batailles, rencontres et aultrez lieux perilleux, ie vous ay trouuez fort loyaulx, vaillans et bien deliberez, parquoy i'ay entreprins par vostre ayde de commencer une louable et tresutille guerre par laquelle seront occis les seducteurs, traistres et contaminateurs de bien public. »

Par mal eur il se faict en exposant ses necessitez a commouuoir les auditeurs a pitié.

Exemple : « N'esse pas grand pitié assés suffisante pour esmouuoir Dieu a vengeance de nous veoir ainsi depopulez en si miserable calamité sans aucune esperance de bien, n'auoir aultre chose que nostre poure ame languissante dedens nostre corps desolé ; ilz seroient beaucoup mieulx separez que d'estre tousiours ainsi. »

L'en doibt faire aussi les auditeurs docilles, c'est assauoir leur faire entendre ce que on veult dire, en leur exposant la cause et le point ou tient la controuersie le plus brief que faire se peult.

L'en rend les auditeurs ententifz en cinq manieres : premierement, se nous leur prions que il leur plaise entendre a la cause qui est de grande importance ou consequence.

Par admiration, se nous promettons leur dire choses nouuelles, grandes ou meruelleuses, incredibles et non acoustumees.

Par utilité, se nous disons que ce que nous voullons dire touche le bien de la foy de religion, du bien publicque ou de la cité, et qu'il appartient a tout homme de bien de le sçavoir.

Par briefueté, se nous promettons que en brief et sommairement nous dirons nostre cause.

Par communeration, se l'en disons de quantes choses nous voulons parler.

Il est encor de plusieurs aultres manieres qui seroient longues a reciter et me semblent de petite valeur, que ie laisse aux clercz a les pratiquer. Touteffoys, il n'est pas requis que [en] chascun prologue l'en les applicque toutes, mais vne suffit ou plusieurs a la volunté du facteur, lesquelles il pourra appliquer a sa matiere selon la noblesse de son entendement.

[DE NARRATION]

Narration.—Narration principalle.—Narration en saillant hors de la matiere. — Narration du corps de la matiere . histoire. — Narration brieue. — Narration facille a entendre. — Narration entendible. — Narration en fiction. — Narration aydante ou nuysante. — Quatre vices en narration. — Des choses requises a narration. — Quatre choses requises a narration. — De abreger son compte. — De croistre son compte. — Interpretation. — Circunlocution. — De honnestes termes. — De deshonnestes termes. — Comparaison en deux manieres. — Comparaison couuerte. — Comparaison descouuerte. — Declamation en apostrophe. — *Prosopeya* figure ou confirmation. — De saillir de son histoire. — Demonstration. — Redupplication. — Disgression. — De croistre aorneement son compte. — De abreger aorneement son compte.

Aprez que l'exorde est practiqué en briefz termes par l'vne des manieres dessusdictes, ou par plusieurs a la volunté du facteur, l'en vient a la seconde partie que l'en appelle narration, qui est de la propre chose ou matiere subiecte, ample et longue exposition du cas que l'en veult soustenir ou deffendre, en allegant hystoires, auctoritez, fait iugé, ou choses semblables aduenues ou fainctes estre aduenus, ou fables faictes a propos de la chose que l'en veult suader ou dissuader pour le proffit de la matiere. Et n'est ia besoing en matiere deshonneste ou inutille d'en narrer tout le cas come il a esté fait, mais suffit dire qu'il a esté fait, et glacer par dessus ce qui nuyt ou doulcement le coucher sans faire repetition, mais fort amplier ce qui fait pour soy, et souuent resumer es fins des suasions, hystores ou auctoritez, etc. Et la fault faire bien dilucidée sans emplage que a propos, clere, et, se l'en veult narrer plusieurs choses, l'en doibt mettre les plus fortes ou plus principalles et utiles les premieres, les foibles au moyen et les tresfortes a la fin.

La premiere maniere de narration s'appelle principalle, et est quant on dit le cas sans riens muer et la chose comme elle a esté faicte et les raisons pour quoy, en attirant a nostre utilité pour succumber nostre aduersaire.

La seconde maniere de narration est, quant l'en sault vng pou hors de sa matiere ou pour blasmer la chose ou la personne, ou pour accroistre le bien ou le mal, ou pour monstrer deux choses entre eulx estre semblables, ou pour resiouyr les auditeurs d'aucune ryrie ou farce qui soit appartenante a sa matiere.

La tierce maniere est, quant on deuise des proprietez du corps de sa matiere, ou en disant les proprietez d'une chose ou de la personne, se c'est du corps ou se c'est histoire ou vray semblable ou fable. Histoire, c'est de racompter chose vraye et aduenue; vray semblable, c'est de dire chose qui n'a point esté, mais eust bien peu estre; fable, de dire chose qui oncques ne fut ne sera; mais, en disant les proprietez de la chose et de la personne, il fault que par ses dictz l'en entende les differences ou conueniences, les louenges ou vituperes, comme se il est ieune ou vieil, beau ou laict, fol ou saige. Et est requis de bien aorner son langaige en parlant de courage, de fierté, d'esperance, de misericorde, etc., et de toutes aultres vertus et vices, car la personne prent sa narration a la cause ou au lieu ou au temps, ou toute la chose est pour la personne ou contre, ou partie, ou auec raison ou contre raison ou deuant la chose, ou aprez, ou de la chose mesmes, et par chacune de ses parties l'en peult commencer sa narratiue.

Se toute la chose est pour nous, il fault trois choses : premierement, qu'elle soit clerement et intelligiblement proferee ; secondement, qu'elle soit brefue, affin que les auditeurs le puissent retenir ; tiercement, qu'elle soit vraye ou vray semblable, affin que les auditeurs le puissent croire. Et ne sont pas seullement ces trois choses a garder en narration, mais en toutes les autres parties d'oraison.

La proposition se dit estre clere, se l'en distingue des personnes, du lieu, des causes, du temps et de ce qui auoit esté faict deuant, se il nous sert, et quelles parolles furent dictes, et de quel estomac, comme *animo irato,* etc.

Et combien que toutes les parties d'oraison doibuent estre cleres, touteffoys, se la narratiue n'est clere, elle obfusquera toult le demourant. La narration sera briefue, se nous commençons a narrer la ou il appartient sans rien dire de superflu ou extrauagant, ne riens moins qu'il est de besoing ; mais encore vault il mieulx plus dire que moins, combien que trop ennuye, mais trop peu perime le cas, et beaucoup sont deceupz par briefueté, a qui il suffist que ilz entendent le cas et dient plusieurs choses seulles a eulx et pou entendues ; parquoy l'en se doibt contenter, mais que la cause soit des auditeurs entenduc, car souuent elle est moins entendue par superflu langaige que aultrement.

La narration sera facile a entendre, se après le cas narré en brief, il s'en ensuit exposition, se nous prions aux auditeurs que ilz entendent a ce cas, se les principes sont congnus facillement, le demourant est plus entendible, se nous faisons plusieurs parties en disant ce qui fut deuant la cause, en la cause, et après la cause, se nous faisons plusieurs distinctions, et se nous faisons vne petite recapitulation pour les reduire en memore, se nous aornons de figures cuidant oster ennuy.

La narration est entendible, quant les termes sont ouuers et entendibles, propres et acoustumez sans estre terribles ne confus, et quant l'en ne entremesle point quelque autre matiere disconueniente, mais en brief dist ce qui luy est necessaire et ne laisse rien de ce qui luy fait besoing, car souuent aduient la narration estre plus confuse par l'obscurité du langaige mal couché que par longuement parler.

La naration doibt estre vray semblable ou possible, c'est a dire que [le] facteur doibt dire parolles et choses que les auditeurs puissent croire que il die verité. Et se peult faire en plusieurs manieres ou circonstances : premierement, en gardant la dignité de la personne et en declarant le cas ; secondement, en disant les causes pourquoy et comment le cas a esté ; tiercement, le temps conuenable a ce ; quartement, le lieu opportun ; quintement, se nous monstrons que c'est la nature de la chose, la coustume du peuple et l'oppinion des auditeurs ; et semer aucunes foys aucunes probations briefues conseruantes l'argument.

Item, il se faict en remonstrant que celuy qui a fait la chose de quoy il parle, auoit la puissance ou science ou la renommee de ce faire, ou la voix du peuple estre sur luy.

Et est assauoir qu'il est plusieurs choses vrayes qui sont fortes a croyre, et plusieurs faulses qui sont faciles a estre crues, parquoy l'en doibt faire croyre le vray difficille aussi bien que le vray semblable facille, etc.

La narration se dict en fiction, quant l'en dict ce ou il n'y a point de tesmoingz et qui n'y a viuant qui le seust nyer et qui seruent contre l'aduersaire. Se toute la narration est contre nous, il en fault aucune chose muer et adiouster, et en faire les nuysans pointz taire, les aultres nyer, les aultres confesser simplement, condampner sa simplicité, adoulcir de parolles, cercher faueur et obtenir misericorde.

Si [en] la narration il y a partie pour nous et partie pour nostre aduersaire, ou plusieurs nuysent et plusieurs proffittent, l'en ne doibt point mesler les parties nuysantes parmy les aydantes, mais on les doibt demonstrer estre incredibles et chacune par soy et puis les adoulcir par raison, affin que la hayne conceue des auditeurs soit mitiguee, en recouurant tousiours au profit de nostre cause ; et, comme il est ia dict, ce que l'en pourra taire et que ne se pourra taire sera dict obscurement et brief.

Quatre vices sont en faisant sa narration : le premier, c'est quant l'en a dommaige de compter le faict ; le second, quant il ne proffitte rien a dire le faict ; le tiers, quant le faict n'est point compté a son deu ; le quart, quant l'en ne dict pas ce qui est de besoing.

L'en faict son dommaige, quant l'en dict la chose qui desplaist aux auditeurs, et que pour ce ilz en sont esmeuz contre luy a hayne, et que il ne adoulcist point par bons argumens confermans sa cause ; car, quant la matiere desplaist, l'en doit dire vne partie seullement et puis adoulcir après l'autre, et faire semblant, sans les dire toutes ensemble, affin que petit a petit l'en puisse adoulcir la hayne des auditeurs.

Le second vice, c'est que il ne proffite rien a compter le faict, quant celuy qui a parlé deuant toy l'a desia compté en la maniere ou assez près comme l'en le dict, ou il ne proffite rien compter la chose deuant celuy ou ceulx qui sçaiuent le fait comme toy, et n'est ia besoing de leur faire entendre ou le prouuer aultrement que ilz le sçaiuent, se il ne sert a propos.

Le tiers vice, c'est quant le faict n'est pas compté a son deu, et se faict quant l'en compte ce qui sert a son aduersaire, ou quant l'en se test de ce qui peult proffiter, ou quant l'en compte troublement et obscurement ce qui doit estre clerement compté ; parquoy il est a entendre que l'en doibt saigement et subtillement toultes choses tourner a son proffit, et, se il est force dire quelque chose qui soit utille pour l'aduersaire, l'en doibt glacer dessus et passer legerement.

Le quart vice c'est quant l'en ne dict pas ce qui est de besoing au lieu ou il doibt seruir et que les raisons ne sont pas chascune second son ordre gardees ou disposees, car toutes bonnes raisons inordonneement proferees ne edifient point les auditeurs.

Quatre aultres choses se doibuent garder a narration : la premiere, se la matiere est longue ou obscure, l'en la doibt apeticer a mots briefz et entendibles ; la seconde, se la matiere est briefue et obscure, l'en la doibt croistre et clerement faire entendre ; la tierce, se la matiere est longue et clere, on la doibt abreger et couurir, glacer ou taire les parties nuysantes ; la quarte, quant la matiere est briefue et legiere, on la doibt allonger, faire graue et de importance, car toute matiere et maniere de parler est semblable a cyre qui se laisse duyre a la volunté du cirier. Et nota que, quant l'en parle a grans gens et clers, l'en doibt elegantement abreger quelque matiere que ce soit, et, quant l'en parle a simples gens, l'en doibt clerement et entendiblement croistre son compte et allonger.

L'en peult croistre son compte en plusieurs manieres :

La premiere se appelle interpretation ; c'est quant l'en pourroit dire en briefues parolles, il est amplé par aultres termes et de plus grande declaration. Exemple de ceste cy : « Jesuchrist nasquit de Marie », il sera creu en aultres termes plus longz ainsi : « Nostre saueur et redempteur Jesus pour nostre saluation est né de la tressacree glorieuse vierge Marie. »

L'aultre maniere se appelle circunlocution ; c'est quant le terme est deshonneste que l'en ne l'ose nommer, mais par plusieurs parolles on le donne a entendre, comme : « Monsieur saint Pol ne appelle pas les Rommains sodomittes, mais il dict que ilz ont mué l'vsaige de nature en deshonnestement habitant homme auec homme en tel usage qu'il est contre nature. » Ou l'en peult parler par circunlocution ou transumption.

Or est il a noter que il est plusieurs termes qui de soy sont honnestes a proferer et leurs significatz sont abhominables, comme l'en peult honnestement dire homicide, boutefeu, meurdrier, sacrilege, herese, etc. Et les aultres termes sont de soy deshonnestes a proferer et leurs significatz sont honnestes, *ymo* necessaires, comme des membres de nature sont cul, v.., c.., f....., chier, petter, etc. Et de ces termes icy, l'en doibt tousiours vser par honnesteté circunlocution, qui donnera semblable chose a entendre, comme l'en ne doibt pas dire : « Jenin a f.... Jennette, » mais : « Jenin a faict les nopces a Jennette, » ou aultres choses semblables, et de ce est traicté au chapitre de lait argument.

La tierce maniere se faict par comparation qui est tresbelle, et se faict en deux manieres : l'une par couuerte comparaison, quant on faict quelque similitude de deux choses couuertement, comme ie ne vueil pas apertement dire que Jehan soit vng paresseux, mais il me suffist a le comparoir a vne tortue ou lymart en disant au regard de Jehan : « C'est vne droicte tortue ou vng lymaçon en toutes ses affaires. » Au regard de Regnault : « Ce n'est que vent que de son faict, tant est diligent ; c'est droit vif argent, tant est mouuant. »

L'autre maniere de comparation descouuerte, c'est quant l'en fait les similitudes des deux choses clerement sans fiction, come : « Sanson est plus fort que vng lyon et mains couroussable que vng coullon, plus couart que vng lieure et plus saige que Salomon », et « Jehanne est de trop plus belle que Marion. » Et nota que toute comparaison se faict moyennant ces termes *plus, mains, pire, meilleur, petit, grant, egal*.

La quarte maniere se faict par desclamation en apostrophe ; c'est a dire pour exprimer son couraige ou par correction l'en laisse la personne dequoy l'en parle et dresse l'en son langaige a aultre tierce personne, comme en criant, en haulsant sa voix, par soy plaindre, par couroult ou desdaing, etc., comme l'en dit après ; comme l'en a compté de l'empereur Henry : « Haa ! fortune mauldicte, variable ennemie de toute nature ! pour quoy as tu deiecté Henry le saige empereur de son sceptre et contraint par necessité a mandier ? »

Item, après que l'on a parlé de maistre Alain, l'en dict : « O mort mortellement cruelle ! pourquoy as tu pris maistre Alain Charetier, le pere de l'eloquence françoyse, etc ? »

La quinte maniere se appelle *prosopeya* ou confirmation, pource que l'en faint vne chose parler qui n'a pouoir de ce faire, ainsi que l'en faict parler oyseaulx ; et de ce voyés plus a plain au chappitre de couleurs en la couleur de confirmation. Et se faict ou par ieu ou par correction ou par compassion.

La sixte maniere est de saillir de son histoyre a quelque aultre de semblable propos et de semblable matiere, comme fit Julles Cesar en deffendant la coniuration de Cathilina ; il saillist au pardon que les anciens auoient faict a ceulx de Cartage. Ainsy fit Cathon quant il les voulut iuger a mort. Il recita l'hystoire de Maulius Torquatus comme il auoit iugié son filz a mourir pour mendre delict. Et se doibt faire tousiours vers la fin et au meilleu de sa matiere pour renouueler ce qui sembloit estre viel.

La septiesme est appellee demonstration, et est quant l'en demonstre les proprietez, accidens, meurs ou conditions de la chose, ainsy come la saincte escripture dit : « Il y auoit en la terre Hus vng sainct homme nommé Job. simple, iuste et droict qui craingnoit Dieu, etc. »

La huytiesme est redupplication, et est deux foys dire son compte en deux manieres, comme : « Thobie estoit homme ieusne et non vieil ; il auoit en luy de tresdoulces et gratieuses parollés ; il n'estoit point rude ne rebelle ; ce nonobstant que Thobie fust ieusne, il n'estoit point pourtant fol, et si auoyt doulces parolles et bien substancieuses, il n'estoit point effrené langart. »

La neufuiesme est disgression, et est saillir de sa principalle matiere et entrer par incident en nouuelle de non semblable substance, puis retourner a son propos deuant [dit] et ne doibt point estre ladicte disgression longue, comme : « En parlant au roy de l'iniustice de son royaulme, monsieur de Bourbon vint qui rompit mon propos, et fist rire le Roy, et, après son retour, le Roy me accorda qu'il feroit garder bonne iustice a tous. »

Item, l'en croist aorneement son compte quant auec le substantif l'en mect son adiectif, comme « cheuallier hardi, prince puissant, belle femme, plaisant enfant, etc. »

Item, en vng substantif plusieurs adiectifz comme : « Le palais de Rouen est vng beau lieu, grant, spacieux, plaisamment situé, etc. »

L'art de abreger est auiourd'huy plus pl[a]isant, car les auditeurs se resiouyssent de ouyr brief et mieulx retiennent, et se fait en euitant les manieres dessusdictes de allonger et de garder ses principaulx poinctz de sa matiere sans vaguer.

[DE DIVISION]

Deux manieres de diuisions. — Distribution. — Terme absolut. — Terme bein ordonné. — Terme court. — Terme general.

Après la narration fault parler de division ou particion qui enrichist le compte et le faict plus entendible. Et combien que narration et diuision soient pour dire la cause, touteffoys il y a difference, car diuision dict tout certainement et especiallement le poinct ou les poinctz tant pour soy que pour son aduersaire que l'en veult nyer ou prouuer, mais narration vague plus long et plus generallement.

Diuision doncques, c'est partir sa narration en vng ou plusieurs poinctz iusques a quatre du plus, se ce n'estoit en responce ou requeste la ou il fault respondre a tout ou faire plusieurs requestes et tout par ordre, car l'en doibt ses requestes tellement ordonner que les plus petites et les plus facilles [a] obtenir soient premierement demandees, et aux responces les plus cleres solues, et les difficilles par ambages ou viues raisons ou apparentes determinees ; et en ce ne contredict ce qui est dit deuant que l'en doibt narrer les plus fortes et utilles raisons au commencement, les foibles au milleu, et les tresfortes a la fin, en rendant raison a son aduersaire, mais non en solution ou requeste, et n'est ia besoing de dire que : « Ie feray troys petis poinctz en ma narration », mais suffit les proferer ordonneement ou escripre.

Il est deux manieres de diuisions : l'une qui recite ce que l'aduersaire nye et ce qu'il confesse et le diuise [si] intelligiblement que chascun le puisse bien entendre pour mieulx venir a sa conclusion, et le doibt reciter a son utillité, c'est a dire tendant a la fin de la sentence que nous attendons. Comme quant Cathilina eust confessé auoir pris les armes pour seullement garder son corps en liberté et contre aucuns mal veuillans de la chose publicque, Caton en sa narration vsa de diuision, en disant ce que son aduersaire auoit confessé en aultres parolles plus aigres, en tournant le recongnoissant de Cathilina a son proffit, c'est qu'il auoit pris les armes par sa confession et que il ne les pouoit executer que contre ses peres, freres et aultrez gens et citatins, ardre la ville, violer filles, occire les greigneurs, etc. En semblable, l'accusant de Horrestes et le deffendant conuiennent que la mere a esté tuee du filz ; il demeure en controuersie a sçauoir se il le debuoit faire ou non, et le dict de Horrestes conuient auec l'accusant que Clitemestra auoit faict tuer Agamenon, et ne nye point que le filz ne puisse venger le pere.

Item, Horrestes confessa auoir tué Clitemestra simplement, mais le contredisant disoit ladicte confession plus affermant le cas estre enorme, en disant la mere auoir esté tuee des propres mains de son filz, ainsi comme il sera dict au chapitre de confirmation. Et pource, chascun doibt entendre a prendre la confession de son aduersaire et la croistre ou diminuer a son meilleur, et puis ce que l'aduersaire nye doibt estre clerement par raisons prouué, et puis laisser la question soubz iugement pour en sçauoir le droit come : « Horrestes recongnoissoit le meurdre, mais il disoit l'auoir iustement faict et sur ce fut le iugement. »

L'aultre maniere est appelee distribution : c'est quant on recite par parties et par nombre les poinctz que l'en ueult prouuer. [En] ce il conuient estre brief et court. L'en est brief quant on ne dict fors ce qu'il sert en non trauaillant les oyans de lyre, quant generallement l'en dict toutes choses a propos et les plus necessaires les premieres ; absolut, quant rien est obmis du principal, ne rien laissé que après soit besoing de recueillir ; bien ordonné, quand il ne transmue point l'ordre qui a esté gardee en la narration sans transmuer les raisons ou manieres de proceder. Court se faict en disant le mot general [sans que] l'en ne redie point l'espicial qui est comprins soubz le general.

Le general mot ou terme comprent maintes choses soubz son nom, comme *animal* comprent *hommes, bestes, poissons,* etc.

L'espicial est soubz le general comprins, comme *Pierres* ou *Jehan* est comprins soubz *homme*. Exemple : « Ie monstreray que par la couuoitise pour la luxure et pour l'auarice de nous, tous maulx sont aduenus a nostre commun, etc. » En ce est erreur, car couuoitise est general a luxure et auarice qui sont parties de luy, et ne doibt l'en point en disant le general resumer soubz luy ses termes espiciaulx, ainsi come se ce fussent choses estranges, mais a la confirmation l'en peult bien mettre l'espicial et puis après le general, come : « Horrestes occist Clitemestra et fist matricide. »

Il se fault garder de ne diuiser plus des parties qu'il n'est necessaire a la cause, comme : « Ie monstreray que mon aduersaire auoit le pouoir de ce faire et la volunté, et qu'il le fist. » Il suffist dire : « Ie monstreray qui le fist. » Parquoy la ou la chose est simple, il n'y fault point de diuision, mais suffist dire le point en le prouuant par vne ou plusieurs raisons, comme disant : « Je prouue vray ton cas, par raison, par lectre, et par tesmoingz. »

[DE CONFIRMATION]

Confirmation. — Dialetique. — Rethorique. — Troys choses conuenientes a confirmation. — Lieu. — Argument en lieu propre. — Argument en lieu commun et general. — Constitution. — Troys constitutions. — Loy de passer par dessus murs de la ville. — Loy pour les marchans. — Loy produit soubz signe d'autry. — Loy d'enqueste ou renommee. — Confirmation. — Constitution iuridi[ci]alle. — Exemple de constitution iuridicialle. — Confirmation. — Droict de coustume. — Constitution coniecturale. — Nourreture et cause sont ci a reprendre. — Declaration de maulnais couraige. — L'oppinion des hommes deceue. — Remonstrance d'atente de profit. — Remonstrance de la vie. — Confirmation. — Vlixes. — Confutation de apparences. — Confirmation de cas congneu. — Palamides. — L'en doit regarder la narration de son aduersaire. — Plusieurs proprietez a la personne. — Plusieurs appartenances aux hommes. — Pelamon. — Aage, bien, mal, nature. — Alexandre. —Aristote. — Fortune. — Homme mort. — Habit. — Deliberation. — Difference. — Acoustumance. — Cas. — Argument du cas. — Plusieurs proprietez de la chose. — Proprietez adherantes en toute la chose. — Somme du faict. — Preparation alors du faict. — Lieu de la chose. — Maniere de la chose. — Proprietez ioinctes a la chose. — Force en deux manieres. — Nombre de la chose. — Contraires choses. — Fin de la chose. — De proprieté. — Proprieté ensuyuante la chose. — Argument de la chose en trois manieres. — Argumentation pleine. — Ratiocination de argument. — Exposition. — Comprobation. — Exornation. — Complexion. — Exposition claire. — Exposition en cuitant vice. — Argument propre. — Argument par ordre. — Commoration de argument. — Variation de argument. — Complexion. — Enumeration. — Argument proffitable. — Exemple de vng roy et vng vacher. — Chose que l'en cuide qu'ilz soient. — Choses d'vne mesmes. — Argumens probabiles. — Signe demonstratif. — Argument creable. — Chose creable par loy. — Orace. — Argument semblable en trois manieres. — Argument par exemple. — Argument de loing et de prez. — Argument de loing. — Chose doubteuse. — Argument de près. — L'ost. — Confirmation par raisons. — Argumentation par sillogisme. — Les Angloys. — Le roy Henry; le roy Heduoart. Exemple, narration. Elect[r]a. — Egistus. — Namplius. — La mort de Egistus et Clithemestra. — Exemple. — Confession. — Amplification. — Exemple. — *Nullum malum impugnitum*. — Remotion de crime. — Sulpitius Publius. — Pompilius.

Après la diuision ensuit la confirmation, qui par argument ou raisons l'en accroist son auctorité en affermant la cause de son intention, car après le fait narré et les particions faictes, il fault que les raisons principales tendantes a la fin de ce que l'en veult suader ou dissuader, soient anoblies par confirmation ou confutation, aux quelles Tulles dict que toute esperance de vaincre et rayson de persuader doibt [estre], car après que l'en expose ce que l'en demande et allegue ses aydes, et solu les argumens contraires facilement par vne confirmation ou confutation, l'en tourne les auditeurs a consentir ou contredire en metant les fors argumens au commencement, les foibles au meilleu et les tresfors a la fin, come ia plusieu[r]s foys a esté dict, et n'est aultre chose confirmation que exposition de ce que l'en demande ou que l'en deffend auec certaine approbation, ou confirmation, et argument n'est aultre chose que vne raison ou plusieurs pour confermer son dit, ainsi que cy aprés sera dict.

Et sachez que il n'est science qui monstre a prouuer ses dictz, sinon dialetique et rethorique, mais differemment, car dialetique considere les generalles choses selon la signifiance du nom et de la voix, et rethorique regarde les choses especialles selon le sens du nom et selon la voix seullement. Et combien que les loix et theologie ou aultres ars font leurs prouues, ie di que c'est par dialetique ou rethorique.

Trois choses conuiennent a toute confirmation : lieu, constitution, argument.

Lieu est le siege ou la place que doibt auoir l'argument, et doibt estre mis en lieu propre et en lieu commun. En lieu propre sont mis les argumens, quant ilz sont ioinctz a la personne ou a la chose ; il se dict a la personne, de qui, de quoy, de par qui ou pour quoy la chose est faicte ; la chose s'entent de toute chose faicte, dicte ou pensee, de laquelle il est question ; les proprietez de la personne et de la chose. En lieu commun et general sont mis les argumens auec les graues sentences ou raisons militantes pour mieulx prouuer ou pour amplifier son dit.

Constitution se appelle le conflict ou bataille de l'intention de la cause qui est contre l'acteur et le deffendeur, et bataille s'appelle l'estat de la cause, et en est trois constitutions : l'vne coniecturalle, l'autre legitime, l'autre iuridicialle.

Legitime constitution est quant d'escriptures est controuersie, et se faict confirmation en cause legale ou confutation, c'est a dire que, quant il est controuersie de ce qui est porté par escript, ou l'en veult prouuer par tesmoingz ou par serment de partie, ou par enqueste, ce qui est porté par escript se contredict en plusieurs manieres.

L'vne, quant la volunté de l'escripuain ne conuient pas a l'escript. Comme se loy auoit esté ordonnee que tous mariniers et marchans qui laisseroient leur nauire en temps de tempeste de paour de peril de mort, seroient a tousiours frustrez de leur nauire et de leur marchandise, et fussent sailliz du nauire par le coquet, de paour de mourir de tempeste, tous mariniers et marchans, fors vng malade qui n'eust sceu s'en aller par necessité de maladie et s'en fust voluntiers allé, seroit il iugé par celle loy que le marinier après la tempeste passee debueroit estre a ce mallade.

Item, se la loy dict que tout estranger qui passe par dessus le mur de la ville doibt auoir la teste couppee; et, en temps de guerre, les ennemys assaillent les murs, et vng capitaine, amy des bourgoys, passe par dessus le mur et vient secourir les bourgoys a l'encontre des ennemys, doibt il auoir la teste couppee? L'interpretation en appartient a celuy qui constitua l'escript.

Celuy qui deffendra l'escript, il louera grandement l'escript, disant grant danger et perilleux corrumpre l'escripture. Celuy qui deffendra la volunté de l'escriuant, dira l'escript est difforme a tout droit, et que l'en doibt plustost ensuiuir la volunté que l'escripture mal couchee.

L'autre, quant les loix, coustumes ou ordonnances sont contraires, comme le roy a ordonné que tous marchans puissent aller au Lendit sans paier aucun tribut, et puis a ordonné que tous marchans passans par Paris payeront tribut. Les confirmations et confutations s'en font facillement, en regardant la plus ancienne, la plus iuste, la plus vtille, etc., et la loy a nous contraire sera amplement desclaree et a nostre profficit tournee.

L'autre, quant le texte se peult prendre en double sens. Exemple : « Ma femme et mon filz partent mes biens, l'vng cent escus, l'autre le demourant, lequel que vous vouldrez »; mais l'interpretation de nostre part doibt faire conforme a droit, et celuy de l'aduersaire desclarer contre droit.

L'autre se faict quant l'en amaine tesmoingz pour prouuer son intention, desquelz l'en doibt considerer l'auctorité, la dignité, leur bonne renommee, leurs meurs, leur foy, leurs conditions, leurs fortunes et aultres circonstances pour les louer ; pour les confuter, fault dire que ilz se offrent voluntairement a porter faulx temoingnage, ou que ilz le font par craincte, par hayne, par argent, par inconstance ou par poureté ou honte et aultres passions, ou que il y a trop peu de tesmoingz loyaulx, et en conclusion les saiges sont pour raisons a refuser, et les poures et aultres par vice sur eulx imposé, a deiecter.

L'autre est quant on s'en rapporte au serment de partie, lequel serment est de plus grande auctorité que faict iugé, lequel se peult offrir ou reiecter selon l'exigence du cas en disant : « C'est vng homme de bien, ie m'en croy a son serment qu'il est ainsi »; ou : « Ie crains qu'il n'aist la conscience trop large, il est bon a voir qu'il a tort, quant de sa cause ie le fais iuge, ie ne suis point tenu d'attandre le iurement pour cause, etc. »

L'autre, c'est quant l'en produit les signes des parties, en disant la chose estre plus seure que prouuee par sentence de iuge ne que par tesmaingz, pource que il[z] peuuent varier comme il est dict, et ainsi fault après exposer au long ce qui est contenu soubz le signe. Au contraire, l'en dit le signe n'estre pas grant chose, lequel a esté contrefaict, ou cil qui l'a faict a esté circonuenu et deceu, ou de sa cautelle il l'a faict sans tesmoingz pour decepuoir partie : « Voyez comme il vacille et inconstamment respond, il blanchist, il rougist, il a honte de son mal; aucun de mauuaise conscience luy a faict faire, ou il ne voit goutte, ou il ne sçauroit lire, ou par entregecter on luy a baillé lettre pour lettre a signer. »

Item, quant l'en s'en croist a l'enqueste et a la renommee en disant : « l'en croy toute la ville, chascun le sçait, et, s'il n'estoit ainsi, iamais on n'en parleroit tant. » Au contraire l'en dira le langaige estre creu sans auctorité, et par mensonge controuuee et par folle creance nourri et de infulce vulgaire semé qui parle contre luy bien souuent en bleschant la renommee des gens, ou les ennemis l'ont diuulgué.

Item, par diffinition, quant l'en a controuersie du nom comme : « Oster de l'église aucun bien priué, se doibt il appeller sacrilege ou larcin. »

L'autre, si est par ratiocination, comme l'en allegue vng escript pour prouer semblable, comme : « La loy dict : qui frappera son pere il aura le poing couppé ; le filz frappe la mere : *a simili,* il sera pugny. »

Plusieurs sont aultres manieres de faire ses confirmations ou confutations comme par translation, ratiocination et diffinition et aultres, lesquelles sont contenues aux liures de Tulles et aultres orateurs que pour briefueté i'ay deliberé de les laisser, sauf a ceux qui en vouldront sçauoir plus, auant de voir les liures des rethoriciens.

Iuridicialle constitucion, qui est quant on a le faict congneu, mais on ne sçait comme ce a esté faict ou de droict ou de iniure ; lequel se conferme en deux manieres : absolutement et assumptiuement. Absolutement, quant l'en dit que ainsi se doibt faire, sans alleguer quelque chose ault[r]e que le cas en soy. Exemple : « Egestus, roy de Peloponnece, prist pour sa concubine Clitemestra, femme de Agamenon, du temps que Agamenon estoit a la bataille de Troye, lequel luy retourné fut occis traistrement par Egestus, et eust encor faict mourir Horrestes, filz de Agamenon et de Clitemestra, pour soy faire roy de Micene, mais Horrestes fut secretement emporté par sa seur hors de sa puissance, lequel luy parcreu, considerant les iniures a luy faictes par Egestus, il tua Egestus et Clitemestra auec. »

Confirmation : « C'est faict de noble couraige soy venger de telle iniure ; car, en ce faisant, il recouuroit son honneur et sa seigneurie. C'est vng faict digne de perpetuelle memore ; car, en le mectant a mort, il saulua sa vie, il garda sa pocession et se venga de si execrable iniure. » Confutacion : « Ie ne sçauraye entendre que Dieu ne s'en courrouce, qui a commandé que l'en honnore pere et mere et que a luy seul a reserué vengeance, veu aussi que il n'apartient a homme de faire veng[e]ance de soy et, especiallement, n'appartient sur pere ou mere mectre la main ne les tuer, qui est cas trop deshonneste. » Et ceste absolute maniere se faict, en soy fondant sur droict de nature, c'est ce que comme toute beste a naturellement obedience a ses maieurs et crainte ou de vengeance, en repulsant ce qui nuyt, ou de verité, en disant sans riens muer les choses qui furent, sont ou seront, ou de la foy violer ou garder, ou de pitié que l'en a du pays, parens et amys.

Le droit de coustume, c'est qui de long temps est approuué; et sont quatre. Le premier, c'est quant vne chose est a tous egalle; contract, c'est ce qui conuient entre aucuns; fait iugé, c'est de quoy sentence a esté prononcee; loy, c'est droit escript imposé au peuple pour estre gardé.

Parquoy doncques, se nous sommes acteurs, nous debuons premierement confermer noz raisons, puis aprez confuter les raisons de nostre aduersaire; mais, se nous sommes deffendeurs, nous debuons premierement refuter les raisons de nostre aduersaire, et par ce auoir la beniuolence des auditeurs, et puis confermer noz raisons, se aucunes en auons millitantes. Et se il n'y en a, il se conuient du tout tourner a confondre les raisons de partie.

Constitution coniecturalle est, quant il est question du faict, qui l'a faict, comme il fut faict et come il en aduiendra. Comme l'acteur dict : tu l'as tué, le deffendant dict non, constitution coniecturalle s'en ensuit. Et par les informations et confirmations des raisons se faict la controuersie de laquelle s'ensuit la sentence. Et est a noter que la narration de l'accusateur doibt estre enteriectee de suspicions et espartie de obscures deffences, et celle du deffendeur doibt estre simple et de dillucidee exposition en attenuant et affoiblissant les suspicions ; et, combien que la confirmation se faict de la personne ou de la chose, ainsy qu'il est dict, touteffois nourreture et la cause sont cy a reprendre, car la cause du faict est petite, se elle se prent par nourreture, se l'en ne amaine le courage d'icelluy estre tel en suspicion et que il n'a point eu horreur de ce faire ; aussi la confirmation est foible par diminuer de son honneur ou auctorité qui ne monstre que, en semblable cas, il a esté aultreffois conuaincu, ou mettre les gens en quelque aultre suspicion, ou que, en la cause mesmes, il se est mal gouuerné. Et, se l'en argue aucun de vice que on ne puisse prouuer, l'en monstre aultres vices estre en luy prochains de celuy que l'en argue, parquoy n'est point merueilles se il a faict le cas. Et, se il n'y a point de vices en luy, mais que il est de bonne renommee, l'en doibt demonstrer aux auditeurs que sa vielle renommee ne sert de rien au cas, et que maintenant est descouuert ce que il a longuement celé, et ne doibt l'en point regarder le cas present pour sa vie precedente par ce cas cy, car au deuant il n'auoit eu cause ou puissance de commettre tel cas, et, se l'en ne congnoist point sa vie, l'en declairera son mauuais courage et croistra l'en de sentences ou de parolles, en demonstrant que par son mauuais et perpetuel couraige, il a faict le cas, en allegant par similitude vng ou deux qui semblablement par leur mauluais couraige ont faict semblable delict. Et nota que l'oppinion des hommes est deceue quant on dict les choses aduiennent que l'en ne cuyde, ou que elles aduiennent aultrement que ilz ne pensoient, et en la fin fault recueillir briefuement en disant : « Seigneurs, ce que i'ay dict en plusieurs parties de son couraige, etc., recueillez tout en vng, et considerez come par fol conseil, par mauu[a]is art auecques larrons il a conuersé, etc. Et mettons le cas que se il n'eust iamais attendu proffit de tuer Aiax, iamais, sans grande esperance de faire mal, il n'eust point tenu les boys auec bestes sauuaiges ne guetté les chemins ; se il eust rencontré l'vn de vous, ie ne scay qu'il vous eust faict. »

Le deffenseur, si peult, monstrera la vie de celuy qui est accusé estre treshonneste par montrer son commun mestier, son office, sa dignité et aucuns aultres biens si les a faitz ou au bien public, ou aux parens, ou ailleurs ; et puis le dire estre innocent du cas duquel iamais au deuant n'auoit faict. En après, il fera vne question en induisant a indignation que si villain cas il n'eust daigné faire, veu telles vertus qui sont en luy.

Et, se il y a aulcun vice en luy, ou ilz sont venus par enuieux, par mauuaises langues, ou par faulce oppinion ou par imprudence, non point par malice de couraige, se il a paour, il se excusera que c'est pour le grant peril ou il est et non point pour conscience du crime. Et, se il n'a point de paour, il dira que il ne craint rien, que il est innocent ; et, se l'en ne peult nyer l'infamie de sa vie, l'en doibt demander se il est de telles meurs comme vous dictes, pourquoy ne recitez vous les bonnes vertus d'aultre costé. Exemple : Narration : « Aiax fut homme fort bataillant, qui par son couraige, après la prinse du chasteau de Ylyon, il fist armes a l'encontre de Vlixes, voyant que il ne pouoit auoir victore de luy, s'en alla en vng boys, et luy tourné en fureur, du glaiue que Hector luy auoit baillé, l'en dit que il se tua. Bien tost après vint Vlixes qui regarde Aiax qui est mort et tira le glaiue toult senglant du corps de Aiax. Teucer frere de Aiax, vient après et voit Vlixes qui tire le glayue du corps de son frere et voulut dire que Vlixes l'a tué : »

Confirmation : « Vlixes estoit homme saige et vertueux, fort eloquent, et n'eust daig[n]é, par la vertu qui estoit en luy, faire cas villain ne deshonneste, mais Aiax estoit fol et furieux, qui en sa fureur et plain de raige se est occiz, qui est mieulx a croire que aultrement. »

Confutation : « Les apparences de les trouuer au boys, lieu suspec[t], eulx deux sans compaignie luy voir tirer le gl[a]yue du corps. Les premieres inimitiés et batailles presupposez sont mieulx a croire qu'il l'ayt tué que aultrement. » Confirmation ou deffence du cas congneu : « Vlixes a tué Aiax et la cause est tresapparente, car le plus grant ennemy qui continuellement cerchoit a tuer Vlixes, c'estoit Aiax ; parquoy il delibera plustot le tuer que estre tué de luy ; il craignoit que se son aduersaire auoit prosperité, que il ne luy en tournast domaige, il esperoit par la mort de son aduersaire luy aduenir toute seurté de salut, comme il luy en aduint par la mort de Palamides. Crainte doncques l'a persuadé de tuer Aiax pour oster toute doubte de peril. Si plusieurs ont tué aultruy par auarice d'argent et d'or ; si plusieurs l'ont faict par couuoitise de regner et d'aultres pour plus facillement iouir de leurs auoirs, quelle merueille esse de cestuy vaillant homme qui a occiz son ennemy qui queroit le tuer, qui estoit plain de fureur, de noyse, de sedicion et pouoit plus nuyre au bien public que subuenir ? »

Il conuient aussi es confirmations et informations de l'accusant. La maniere de parler doibt souuent varier en doulceur et rudesse, et celle de l'excusant doibt pacifier.

Et est a noter que, par bien regarder la narration de son aduersaire et considerer les parties de suspition ou de verité, facillement l'en trouue ses raisons, quant aussi l'en considere la personne et la chose, et ce qui est faict et pourquoy plus maintenant que autreffoys, et pourquoy a luy plus que a vng aultre et pourquoy seul ou en compaignie, pourquoy n'a il faict ce qu'il debuoit. Ces choses bien premeditees, sont quasi tesmoingz de iugement.

Toutes choses sont confermees et confutees ou par argument ou raisons, qui sont retraiz par les proprietez de la personne ou de la chose.

Les proprietez de la personne sont neuf : le nom, la nature, la nourreture, la fortune, l'abit, la volunté, l'estude, la deliberation ou acoustumance.

Nom est une propre et certaine voix qui est mise a chacune chose pour signifier sa nature pour son nom ou surnom propre ou appellatif, par lequel l'en peult conferrer sa proposition. Exemple : « Ie di que Aiax debuoit estre furieux, car son nom le monstre. »

Item : « Je di que cest homme doibt estre fier, car il a nom Lyonnet. » Ainsi dit l'ange a la vierge Marie : « Il aura nom Jesus, pource qu'il sauuera le peuple. »

La nature est diuine, angelicque et humaine. De diuine et angelique, c'est aux theologiens a en parler ; de nature humaine, aulcune chose appartient aux hommes, l'autre aux bestes, l'autre aux arbres, etc. De ce qui appartient aux hommes sont six dont l'en peult prendre son argument.

Le premier, s'il est masle ou fumelle. Le second, la nation comme : « Nous debuons croire qu'il est scient et orateur, car il est grec. » Le tiers, la ville, comme : « Nous debuons croire qu'il est bon drappier, car il est de Rouen. » Le quart, la lignee, comme : « Aiax estoit mauuais, car il fut filz de Pelamon, qui estoit vng des Argonantes, gens de fier couraige et mauuais. » Le quint, l'aage, comme : « Il n'est pas de merueille se Aiax estoit leger et muable, car il estoit fort ieune. » Le sixiesme est le bien et le mal que l'en a par nature a son corps ou a son couraige : au corps sain ou mallade, grant ou petit, bel ou layt, leger ou pesant ; au courage, s'il a dur engin ou subtil, doulx, fier, patient, etc.

Et telles choses qui sont naturelles sont contenues soubz le chappitre de nature, et ce que l'en acquiert par droicture sont contenus soubz le chappitre de abit.

La nourreture monstre comment, auec quelz gens et par qui les hommes ont esté nourris, qui furent leurs maistres, leurs compaignons, et quelle est leur vie ; par ses proprietez l'en prent sa confirmation, comment : « Aiax estoit fort batailleux, car il fut auec les Grecz pour destruire Troye ; il combatit contre Hector tres vaillamment. » Item : « Alexandre debuoit estre saige, pource que Aristote fut son maistre ; » ou : « Ce prestre n'est pas digne de estre euesque, pource qu'il se gouuerne follement. »

Fortune comprent ce qui aduient, ou de bien ou de mal, c'est a dire franc ou serf, riche ou poure, puissant, noble, eureux ou malheureux, aymé ou hay, etc. Mais de vng homme mort fault considerer quel il fut et comme il mourut.

Habit est vng accomplissement de vne chose permanente au courage ou au corps.

Au courage sont les vertus, les ars et sciences que l'en apprent ; au corps, comme bien escripre, iouer de instrumens, etc., come : « Aiax auoit de sa ieunesse appris a iouster ; parquoy il auoit plus forte eschine. »

La volunté, c'est vng leger mouuement qui aduient au courage et au corps par aucune achoison, si comme leesse, couuoitise, paour, couroult, malladie, foiblesse, etc.

Exemple : « Il n'est pas de merueille de croire que Vlixes auoit tué Aiax, car de long temps il en auoit la volunté. »

Estude est vne continuelle entreprise que le courage fait a grant volunté, comme a faire son mestier, etc. Et peult l'en confermer en disant : « Il sera bon aduocat, car il estudie fort es loix, etc. »

La deliberation est vne sentence longuement pensee sur vne chose faire, ou non faire. Difference est entre pensement et deliberation; car pensement discute de l'une et l'autre partie, et deliberation se tient a la conclusion de l'une des parties.

Et nota que il fault que la deliberation et la matiere soient semblables, car se ie disoye : « Il a bien marchandé le cheual pource que il estoit bien desliberé d'en croisre le curé, » ce seroit mal dit, car le curé n'est pas marchant de cheuaulx; ou : « Iehan se delibera acheter une estable au dict de Guillaume qui estoit aueugle. » Et se faict par temps present, futur et passé.

Acoustumance, c'est l'usaige que l'en a de vne chose faire ou non faire, dire ou non dire, et de ce se present argument est a monstrer se il fist telle chose ou se il la fera, ainsi que vng des cheualiers Cathilina dict : « Ie croy bien que Cathilina fera la coniuration contre nous, car il en est coustumier, » et : « Vlixes n'eust daigné tuer Aiax, car iamais ne fist mal a personne. » Exemple de dire : « Ie ne croy pas que il ayt dict mal de moy, car il n'est pas coustumier dire mal d'aultruy. »

Le cas est des choses qui sont par auanture, et non mye apensecment faictes et ensuit la nature de accoustumance.

L'argument se faict ainssi : « Ie croy bien que Vlixes est ioyeux de la mort de Aiax, car c'estoit son ennemy. »

Les propriettez de la chose sont telles que le parleur par elles peult prouuer son intention; et sont quatre : l'vne qui se tient en toute la chose, l'autre qui se tient en la chose faisant, l'autre ioincte a la chose et l'autre enuiron la chose.

Les propriettez adherantes qui se tiennent en toute la chose sont en troys manieres :

La premiere est la somme du faict, la cause et la preparation. La somme, quant l'on dict le nom du faict et de la chose qui a esté ou qui est ou qui sera en vne somme briefue. Exemple : « Aiax fut tué par Vlixes, et Vlixes en tuera d'aultres ; » et « Qui laissera faire Cathilina, il fera trayson. »

La cause est en deux manieres : vne est pensee, et l'autre non pensee ; la pensee est quant on a faict la chose empensement et par deliberation, et la non pensee est quant l'en faict la chose par aucun soudain mouuement et sans deliberation.

La preparation est en troys manieres : vng qui est premier deuant le faict, comme : « Cestuy guetta l'autre et le chassa longuement, son espee toute nue en sa main. » Item : « Quant Vlixes vit que Aiax s'en alloit au boys, il s'en alla tout armé après. » L'autre est lors du faict, come : « Cestuy, quant l'eust aconceu, le getta a terre et le tua. » L'autre est après le fait, comme : « Cestuy, quant il l'eust tué, il l'ensepuelit dedens le boys, et quant Vlixes eust tué Aiax, Teucer vint qui luy vit tirer l'espee du corps. »

Les propriettez qui sont a la chose faisant sont cinq : le lieu, le temps, la maniere, la saison et le pouoir.

Le lieu est celle part ou la chose fut faicte ; et fault regarder se le lieu est grant ou petit, forestz ou desert, ou habité, en mont ou en vallee, bon ou mauluais, secret ou commun, et les aultres circunstances qui sont a considerer.

Le temps, c'est l'espace que l'en eust en la chose faisant ou par ans, ou par sepmaines, par iours ou heures, nouuellement ou anciennement, tost ou tard, etc., et veoir se si grande chose peult estre faicte en si pou de temps. Et sachez que ces deux proprietez, c'est lieu et temps, sont necessaires a la chose prouuer ; parquoy l'en a de coustume en lettres et chartres de mettre le lieu et le temps pour plus grande probation.

La maniere ou l'occasion, c'est monstrer comme l'en fist le cas, et en quel courage, ou de faict pensé, de son gré ou non.

La saison est comprinse soubz le temps, mais a difference ; car le temps regarde l'espace et quantité du temps exposé du present et du futur, mais la saison regarde a la maniere du temps, comme : de nuyct, de iour, temps cler, obscur, iour de feste, vendenges, nopces. Car une saison appartient a tout le pays, comme vendenges ; vne a toute la ville, comme iour de feste ; vne a vng seul, comme nopces, enterremens, sepultures.

Faculté est en deux manieres : vng qui ayde a la chose pour estre faicte plus legierement, et vne aultre sans qui elle ne pourroit estre faicte. Exemple : « Il n'est pas merueille se Vlixes tua Aiax, car il estoit armé et l'aultre estoit nud ; il estoit a cheual et l'aultre de pied ; il estoit sain et l'aultre malade ; il estoit fraiz et l'aultre trauaillé. »

Des proprietez qui sont ioinctes aux negoces ou a la chose, c'est de raconter d'une aultre chose pareille plus grande ou plus petite, ou semblable, ou de vne contraire, ou en general ou en especial, ou de la fin de la chose.

Et nota, que aultre chose plus grande ou plus petite est consideree par la force, par le nombre et par la figure de luy.

Force est en deux manieres : vne qui est au corps, l'aultre qui est en la chose. Au corps est la force, quant son nom signifie les proprietez de luy, comme Neron signifie cruel tyrant, Salomon sens et sauoir, Abel iuste, etc.

En la chose est la force, quant elle emporte sa signification en soy mesmes, comme patricide signifie grant crudelité a Dieu et aux hommes.

Le nombre, quant l'en dict quatre ou trois, ou deux choses, ou plusieurs, ou plus ou moins que de la chose de quoy l'en parle, comme : « Se vng conseul Cypion a tué Caium Gracum, deulx conseulz peuent bien tuer Cathilina. »

La figure du corps, quant l'en dit : « Tel est grant ou petit », et la figure de la chose quant elle a plus de circunstances, car plus est a dire : « Cest homme occist vng presbtre chantant messe le iour de Pasques », que a dire : « Il occist n'a pas long temps vng homme. »

Semblable chose n'est point pareille, car pareille signifie la grandeur et mesure, mais semblable signifie la qualité et proprieté qui faict deux diuerses choses estre semblables entre eux, comme : « Nostre curé presche comme sainct Pol. »

Contraires choses sont celles qui sont de opposite signification, comme chault, froit, vie, mort, etc.

Et peult l'en ainsi confermer : « Se tu as fait desplaisir a celuy qui t'a gardé de mort, que feras tu a ceulx qui te veullent tuer ? Se Vlixes a gardé beaucoup de gens, ne se sçauroit il garder soymesmes ? »

Generale chose, qui comprent maintes choses soubz luy, comme ce nom vertu est general pource que dessoubz luy sont iustice, sens, attrempance, etc.

Especial est cil qui est soubz aultruy, comme auarice est soubz couuoytise.

La fin est ce qui est ia aduenu, qui en aduient et qui est a aduenir, et de ce se conferme l'argument ainsy : « Garde que ne soyes orgueilleux, car par orgueil vient l'oultrage, et par oultrage vient hayne. » Tardif en mect encores collocution, ymage, exemple, dispare gerre, espece, et plusieurs aultres que ie laisses a cause de briefueté.

La proprietté qui ensuyt la chose se faict quant on considere comme la chose est appellee, et qui furent les trouueurs de la chose ou de l'art, ou du mestier, et se telle chose aduient souuent ou par nature, ou se elle plaist, ou honneste, ou proffitable, etc. Et par telles propriettez bien considerees, l'en doibt confermer son argument, car mal s'entremect de parler qui ne prouue ses parolles raisonnablement.

Argument, c'est ce qui est doubteux, et par raison non doubteuse il est prouué, et qui necessairement ou vray semblable demonstre ce que l'en veult soubstenir; et se faict en trois manieres : premierement par plaine argumentation; secondement, par raciocination; tiercement, par induction.

Plaine argumentation, c'est euidente probation, comme vng larron prins sur le faict. Induction c'est des choses doubteuses induire a consentir a ton oppinion. Ratiocination, c'est d'vne proposition esleue[r] aucune partie probabille, et se faict en plusieurs manieres. La premiere se faict par exposition, quant on expose sommairement ce que l'en veult prouuer, comme :

« Chascun congnoist l'execrable tirannye de Horrestes », exposition « de auoir si inhumainement tué sa mere. » La seconde, c'est comprobation qui monstre la cause que ce que nous auons dict soit veritable, comme : « Ie sçay bien qu'il hayoit Egistus, aussy l'a il tué ». Comprobation : « Mais cela ne debuoit pas estre cause de occire sa mere. » La tierce est exornation que l'en faict ou pour honneur, ou pour enrichir sa cause, et se faict par exemple, par similitude, par sentence ou d'aultres exornations, lesquelles sont exposees en parlant des couleurs de la rethoricque. La quarte, c'est complexion qui en brief conclud les parties de l'argument comme : « Puis dont qu'il est congneu qu'il a tué sa mere », complexion : « Que reste il plus, sinon que de le faire mourir en accomplissant iustice ? » Et est a noter que, se l'exposition est clere de soy, ia n'est besoing de comprobation, comme : « Sede raison l'en doibt desirer sapience, il s'ensuyt bien que l'en doibt hayr follie. » Exposition : « Mais il est a tous commun que tout homme doibt desirer pour toutes choses sapience, *ergo* l'en doibt euiter a follie. »

L'en se doibt garder que en exposant on ne commette vice en disant que, ce que vng faict, tous le font, ou que, ce qu'il n'aduient pas souuent, que l'en ne dye que iamais n'aduint, et que on ne laisse chose qui soit a exposer, et aussi que l'en ne adiouste chose qui ne serue, ou que on ne dye semblable chose ne chose qui puisse seruir a partie.

Tout argument doncques, tant necessaire que vray semblable, se prent es lieux qui sont retraictz des propriettez de la personne ou de negoce, desquelz il est dit par aprez; lesquelz lieux sont dictz propres ou communs.

Propres argumens se font necessaires ou probables de circunstances particuliers qui viennent de la cause ou l'en les y amaine si saigement que il semble que ilz soient de la chose mesmes. Et le commun argument est faict de raisons communes applicquables a toutes matieres, ausquelz est a noter quattre choses. La premiere, c'est que l'en ne dye chose que on ne puisse bien croire que l'en ne die vray. La seconde, que l'en mecte par ordre les fortes raisons au commencement pour commouuoir les auditeurs, et a la fin aussy, affin que il semble que l'en soit premuny de beaucoup de raisons, et au meillieu les moins necessaires ou moins utiles, lesquelles seulles ne militeroient point. Et nota que en toutes causes les propres argumens se veullent premierement traicter, puis les aultres foibles comme plusieurs foys a esté dict. La tierce est que les argumens propres se doibuent traicter plus subtillement et cauteleusement que l'en peult, et les argumens communs doibuent estre mis en aornees sentences et en excellent langaige. La quarte est commoration ou demourance, c'est a dire que, au lieu le plus ferme de toute la cause la ou gist le neu et la grauité de la matiere, l'en se doibt longuement arrester aucuneffoys par argumens, aulcuneffoys par polices sentences pour le bien fermer au courage des auditeurs. Mais on se doibt garder sommairement de n'y rien dire que l'aduerse partie n'y puisse contredire, et puis vser aulcuneffoys de admiration en disant : « Ie ne sçay comme vous sçaurez contredire a ce que i'ay dict. Ie ne sçay quelz plus grandes raisons vous voulez ouyr. »

Et nota que l'en doibt varier ses argumens aulcuneffoys de propres, aulcuneffoys de communs, et ne les commencer pas tous les vngz comme les aultres, et ne doibt l'en point es choses cleres et notores amener aulcun argument.

Argument doncques necessaire est cil qui monstre la chose en telle maniere que aultrement ne peult estre, comme : « Ceste femme gist d'enfant, donc elle a eu habitation d'homme. » Et se peult faire en trois manieres : par complexion ou par enumeration ou par simple conclusion.

Complexion se faict en mettant deux ou plusieurs parties desquelles, se l'aduersaire en confesse l'vne, il sera conclus. Exemple : « Se Horrestes a bien faict, pourquoy ne le pouoit il faire ? » et : « Se tu es bon, pourquoy fais tu mal ? » Encor : « Ie dy que Cathilina ou il est bon, ou il est mauluais. Se tu dis qu'il est bon, pourquoy le blasmes tu ? Et s'il est mauluais, pourquoy conuerses tu auec luy ? » Et se fait en deux manieres : l'une par la force de deux contraires choses, comme l'exemple deuantdicte ; l'autre, par la force de deux contraires choses auec vne negation, comme fit sainct Augustin aux Juifz en disant : « Le sainct des sainctz, s'il est venu, donc est vostre vnction perdue ; et, s'il n'est point venu, vostre vnction n'est point perdue. Et pource que vous n'auez plus de vnction, il s'ensuit bien que il est venu. »

Enumeration, quant le parleur dit en son compte maintes choses, et maintenant les oste toutes fors que vne, laquelle il preuue par necessité, comme : « Il conuient dire que Vlixes tua Aiax, qui le fist ou par haine qui estoit entre eulx ou par esperance de proffit, ou pour l'amour d'aulcun son amy. Et, se il n'y a nulle de ces achoisons, donc ne l'occist il pas, car sans achoison ne peult estre commis tel malefice. Il ne pouoit estre son heritier, nul proffit ne luy peult venir de sa mort, ne a nul de ses amys, ne entre eulx n'auoit point de hayne, parquoy il ne l'a point tué. » Et ceste maniere d'argument est proffitable en deffendant comme dessus est dit, et en accusant, comme : « Ie dy que mon argent, ou il fut ars, ou il est a la huche, ou tu l'as emblé ; mais il n'est ne ars ne a la huche ; *ergo* tu l'as emblé. »

Nota, que vng roy auoit osté par ieu a vng vascher son cousteau, et le vascher luy demandoit : « Ou est mon cousteau ? » Le roy luy dit : « M'appelles tu larron ? » Le vascher dit : « Nenny ; mais, se i'eusse esté tout seul, ie ne l'eusse point perdu. »

Et nota, que l'en ne doibt nombrer plus ou moins que de raison affin que l'aduersaire n'en trouue vne aultre a son proffit.

Simple conclusion, quant l'en conclud necessairement ce que on veult prouuer par la force de vne chose deuant dicte, comme : « Vous dictes qui le tua en aoust, et en ce temps, il estoit oultre mer ; parquoy il ne le fist pas. »

Le vray semblable ou probabile argument se faict, quant la chose chiet a oppinion, ou quant la chose a quelque apparence de vray ou de faulx, comme est des choses accoustumees a aduenir souuent, ou que l'en cuide qu'ilz soient, ou qui ont semblance d'estre vrays ou vray semblable.

Des choses acoustumees a venir, comme : « Se Clitemestra estoit mere, donc elle aymoit son enfant Horrestes. » — « Cest homme est auaricieux ou paillard, dont il ne craint point a iurer. »

Des choses que l'en cuyde qu'elles soient, comme : « Se cest homme est pecheur, son ame ira a dampnation. » — « Se cestuy est philosophe, pourquoy ne croit il en Dieu ? »

Des choses qui ont apparence ou similitude de vray ou de faulx, se font en trois manieres, ou de choses contraires, ou de choses egalles, ou par celles qui sont de vne mesme raison.

Par ses contraires, ainsi : « Se les pecheurs vont en enfer, donc vont les iustes en paradis. »

Par choses egalles ou semblables, ainsy : « Come le lieu sans port n'est pas seur aux nefz, tout ainsy le couraige sans foy n'est pas permanent aux amis, car lieu sans port et cueur sans foy sont muables. » Item : « Mon varlet et mon cheual sont semblables en condition, car mon cheual, ne pour verge, ne pour esperon, ne veult aller quant il luy monte a la teste ; non faict mon varlet pour chose que ie luy saiche dire. »

Celles qui sont de vne mesme raison, comme : « Se ce n'est pas laide chose aux roys de donner leurs robes, aussy n'esse pas laide chose aux menestreux de les vser. »

Les argumens probabiles que se font quant la chose chiet a oppinion, c'est quant l'en monstre signe ou l'en dict chose creable.

Signe est vne demonstrance qui donne presumption que la chose fut ou sera selon la signifiance d'iceluy signe et sont telz signes selon les cinq sens du corps, comme : « Il y a ycy grant pueur, il y debueroit auoir quelque charongne. » Et : « Quant l'en monstre les plai[c]s, il s'ensuit bien qu'il a esté nauré. »

Creable est cil qui, sans nul temoing, donne foy, comme : « Il n'est pere qui ne desire que ses enfans ayent beaucoup de biens. » Et les choses creables qui chiessent soubz l'oppinion des auditeurs, se font quant on parle ou par loy ou par vsage ou par establissement des hommes.

Par loy est establie la paine des larrons.

Par vsage est establi honneur aux vieux et aux plus grans que soy.

Par establissement des hommes aucune particuliaire constitution, comme : « Pour l'honneur de la Conception Nostre Dame, l'en tient Puy tous les ans a Nostre Dame du Carme a Rouen » ; ou : « Come Orace, quant il fut senateur de Romme, ne fist rien sans le sceu de son compaignon, les vngz le tenoient a fol, les aultres a saige, mais la commune oppinion fust qu'il fust establi consul l'an aprez. »

Semblable argument qui demonstre aucune semblance de raison entre deux diuerses choses ; et c'est en troys manieres : ou par ymage, ou par comparaison, ou par exemple. Ymaige est qui dict deux ou diuerses choses auoir aucun semblant selon leur nature ou propriété, comme : « Cestuy est ainsi hardi comme vng lion, et cestuy couart comme vng lieure. » Comparaison, qui monstre diuerses choses en leur semblance, l'une exceder, comme : « Il est plus grant clerc que Aristote et plus rude que vng asne. » Et se faict de nature a nature, de homme a homme, de auctorité a auctorité, de sentence a sentence, de exemple a exemple. Exemple se faict en allegant ditz des sages hystoires ou aultres choses a son propos.

Il est des matieres desquelles il conuient prendre ses argumens ou raisons de loing, et les aultres de prés selon la discretion du parleur.

Complexion est quant l'en amayne de loing son aduersaire a consentir et congnoistre celle chose que le parleur veult monstrer, comme : « Michault n'ayme point sa femme, ne elle luy. Ie demande a Michault en ceste maniere : Michault, se vostre voisin auoit meilleur cheual que vous, lequel aymeriez vous mieulx a auoir le sien ou le vostre ? — Le sien, dist il. — Et s'il auoit plus belle maison que vous, laquelle aymeriez vous mieulx ? — La sienne, dist il. — Et s'il auoit meilleure femme, laquelle vouldriez vous, la vostre ou la sienne? A ce mot, il ne dit rien. Puis ie demande a sa femme : Se vostre voysine auoit meilleure robbe que vous, laquelle vouldriez vous, la sienne ou la vostre ? — La sienne, dict elle. — Et s'elle auoit plus beaux ioyaulx, etc. — Les siens, dict elle. — Et s'elle auoit meilleur mary, lequel vouldriez vous, le sien ou le vostre? A ce ne dict rien. Alors ie dy : Pource que nul de vous respond a ce que ie vouldroye ouyr, ie pense que vous vouldriez auoir bonne femme, et vous bon mary. Parquoy, se vous ne faictes tant que chacun soit le meilleur, vous ne cesserez iamais de querir ce que bon vous semble. Donc vous conuient il penser que vous soyez tresbon mary et vous tresbonne femme. » Et conuient garder trois choses. Premierement que la chose que l'en prent de loing ayt semblance de sa cause, soit certaine ou doubteuse. Car chose doubteuse doibt estre prouuee par certaines raisons. Aprez, doibt estre du tout semblable a ce qu'il veult prouuer. Aprez doibt garder que l'auditeur ne sache a quel fin le fait soit demandé, car il pourroit nyer ou respondre au contraire, ou se taire, et qui se taist, il se conferme.

Item, tout argument de loing doibt auoir trois choses : la premiere, c'est semblance ; la seconde, la propre chose que l'en veult prouuer ; la tierce, c'est la conclusion.

Argument de prez se faict par aucuns des proprietez du corps ou de la chose, parquoy il monstre que son dit soit vray semblable et confermé par force de raison sans aulcun argument de loing. Et dist Aristote qu'il y a cinq parties.

La premiere, quant on propose briefuement la somme de son argument, comme : « Toutes choses sont mieulx gouuernees par conseil que sans conseil. » La seconde, quant on la conferme par maintes raisons, comme : « Voyez vous, la maison qui est conduite par raison est mieulx garnie de toutes choses que celle qui est gouuernee follement. L'oost qui a bon capitaine et loyal, est mieulx gouuerné que celuy de vn fol seigneur. La nef mesmes fait bien son cours qui a vng saige gouuerneur. » La tierce, quant on prent ce que on veult prouuer du premier propos, comme : « Il n'est rien si bien gouuerné par conseil comme tout le monde. » La quarte c'est la confirmation par raisons, comme : « Nous voyons que les planett[e]s, estoilles, ciel et terre, gardent leurs ordres et leurs cours sans y faillir. » La quinte est la conclusion qui peult estre dicte en deux manieres, l'une sans redire son propos, comme : « Ie di que tout le monde est gouuerné par grant conseil, » ou en reprenant son propos, comme : « Car toutes choses sont mieulx gouuernees par conseil que sans conseil, dont ie di que le monde est gouuerné par conseil. »

Aucuns dient que ceste maniere n'a que troys parties, et disent que le propos et confirmation c'est tout vng, mais non est.

Argumentation faicte par sillogisme se fait en ceste maniere. Proposition : « A ceulx qui par plusieurs foys nous ont trahys et deceuz, nous ne deuons point adiouter de foy. » Probation : « Mais se par leur mauuaistié, nous auons souffert aucun dommaige de droict, nous n'en debuons accuser que nous mesmes, car estre vne foys deceu, c'est cas, deux foys, c'est folie, tierce foys, honte et vitupere. » Assumption : « Les Angloys par plusieurs foys nous ont trompez. » Supprobation : « Considerez que nous a faict le roy Henry, etc., le roy Edouart en l'an, etc. » Complexion : « Par quoy, se nous auons esté souuent trompez des Angloys, iamays en leurs ditz ne debuons adiouster foy. » Ou par contraire : « Et tout ainsi que c'est grant saigesse de ne se fier point a eulx, tout ainsi esse grant folie. » Ou par illation de conclusion : « *Ergo,* l'en ne s'i doibt fier pour rien. »

Item, de toutes les coulleurs de rhetorique cy après desclarees l'en doibt former son argument.

Nota que il est deux propos ou il ne fault point de confirmation, comme : « Quant Iehan fut tué a Paris, ie estoye a Romme, qui monstre clerement que ce n'ai ge point faict. ». Item : « Tout homme desire estre saige, etc. »

Assumptiuement se fait confirmation, quant de soy la deffence est debille et qu'il est de besoing de prendre aultre raison, laquelle se prent en quatre manieres : par translation, par requeste, par remotion de crime, par comparaison. Par translacion se faict, quant l'en ne nye point le cas auoir faict, mais on le comferme en transportant le crime sur aultruy, en disant qu'il auoit desserui que on le tuast, ou en disant le crime n'estre point si grant que on le pense, et que [par] plusieurs a esté faict plus grans maulx, et qu'il n'est ia besoing d'en faire iugement, ou en disant quel mal peult il ensuiuir se on luy pardonne quant la cause ne vient point de luy. Exemple. Narration : « Horrestes fut filz de Agamenon et de Clitemestra. Luy estant enfant, par le moyen de Electra, sa seur, par Astrophile fut transporté en la cité de Micene, au temps que Egistus tua Agamenon, qui par auanture eust encore faict mourir Horrestes, affin que Egistus eust [peu] plus facilement iouyr de sa concubine Clitemestra, la quelle, du temps que Agamenon estoit en la bataille de Troye, fut par le maquereau Namplius seduite ; et comme Agamenon retournoit, Egistus enuoya de ses amys au hable de la mer, lesquelz faignans leesse de sa venue, en beuant et mengeant le tuerent. Horrestes, aprés qu'il fut paruenu en parfaitz ans, se recorda comme sa mere auoit consenti que Egistus tuast son pere ; voulant venger la mort de son pere, il tua Egistus et Clitemestra sa mere. » Confirmation. « N'esse pas raison que l'occision machinee par Clitemestra a son propre mary pour suiuir son adultere et laisser ses enfans en contennant son honneur, soit vengee a son ignominieuse honte. La mere a faict tuer le pere et abandonner son filz comme non sien, parquoy il estoit requis *ymo* necessere que Horrestes, comme non filz de Clitemestra, vengeast si piteuse mort que celle de son pere. »

Confutation se faict en raportant le cas au contraire. Exemple : « O cas execrable non digne de recitation! Les Dieux en quierent vengeance; nature en a horreur, et raison ne peult escouter dire que vng filz ayt maculé son nom de filz de son propre sang maternel et dilaceré le lieu ou il a esté conceu et porté, et mis a mort le corps ou il a prins vie. Et se Clitemestra auoit fait cas de pugnition, le filz nonobstant deuoit par misericorde acquerir honneur sans soy contaminer en iniure de matricide. »

Par requeste se faict confirmation, quant soy purgeant ou depriant, l'en supplie, veu le cas, qu'il plaise de le pardonner, et se faict en deux manieres : l'une, quant on confesse le cas auoir esté faict et par deliberation ; l'autre, quant on confesse le cas auoir esté faict sans deliberation.

Quant on confesse auoir faict le cas delibereement en iugement, l'en ne peult pas bien prier ne requerir par le cas mesmes, mais l'en peult amener beaucoup de biensfaitz par luy estre faitz en vsant de amplification et disant : « Et combien soit qu'il ayt commis le cas, toutesfoys remunerez les vertus de luy et les grans biens qu'il a faitz eu parauant, et iugez en voz courages que ses merites doibuent estaindre ses maulx. Considerez sa noblesse et ses vertus, ou son office auquel iamais n'aduint tel inconuenient. Oultre a esté maintesfoys pardonné de plus grans cas et a moindre personnaige. » Exemple : « Messieurs, vous tenez en voz prisons Iacques du Cornet qui dedens Arras a esté destroussé par les ennemys de ce royaulme qui ont prins la ville, et est party luy et la compaignie du capitaine Carqueleuant le baston au poing et enuoié en Bretaigne. En passant pays, luy estant sans argent, a deliberé viure sur les champs : il a mengé la poulle; il a esté prins du preuost des mareschaux comme larron. Messieurs, les causes qui l'ont contrainct a ce faire, c'est premierement necessité de viure qui corrompt toute loy, secondement infortune. » '

Item, en confutant lesdictes choses, l'en dist que il n'a pas faict le cas par fortune, necessité ou imprudence, mais de deliberee et pensee volunté, et, s'il a ensuy les passions de fragille nature, le cas ne doibt point demourer impugny, en aggrauant le cas et croissant la malice, l'orgueil, etc., en le mettant en indignation.

L'aultre maniere de confirmation par requeste est, quant on confesse le cas auoir esté faict sans deliberation; l'en se purge par imprudence, ou par fortune, ou par translation, remotion de crime, comparaison ou par necessité, desquelz n'est ia besoing exemple pour cause de briefueté.

Par remotion de crime se faict confirmation, quant on confesse le crime, mais on se excuse de la coulpe en mettant la coulpe sur la chose ou sur aultruy, en disant qu'il en est cause.

Exemple sur la chose, comme : « L'homme en abbatant vng arbre tua sa femme. » Exemple sur aultruy, comme : « Celuy qui tua Sulpicius Publius, se excusa disant que ce auoit esté du commandement du conseil ou il n'eust sceu aultrement euader, et quasi contrainct l'a faict par necessité ou cas de fortune.

Par comparaison se faict confirmation, quant on dict qu'il estoit necessaire de faire l'vng des deux, et que celuy que l'en a faict, ce a esté le meilleur. Exemple : « Pompilius fut assiegé des Françoys tellement qu'il ne pouoit fuyr. Il fist composition, ou qu'il laisseroit ses gens d'armes ou son artillerie. Il esleut laisser son artillerie et remena ses gens d'armes. Il n'eust sceu faire plus noblement, [ne] plus sagement. Il ne s'en fust sceu venger; ce a esté sagement faict. » Item : « Horrestes estoit contrainct par force ou de perdre sa vie et sa seigneurie, ou de tuer Egistus. Parquoy ce fut plus sagement faict de tuer que d'estre tué. »

[DE CONFVTATION]

Refutation. — Confutation en quatre manieres. — Narration de la probation de l'aduersaire. — Comparaison au signe de l'aduersaire. — Iugement des saiges hommes en quatre manieres. — Deffence de argument necessaire. — Brief en cause. — Nota. — Long en cause. — Segregation. — Intermission. — Mitigation. — Admonition. — Retorsion. — Egistus. — Acreus. — Coutennement. — Follie de respondre. — Completion. — Par enumeration. — Argument differmé par simple conclusion. — Exemple. — Tierce maniere de confutation. — Argument commun. — Argument leger. — Argument mal approprié en troys manieres. — Argument incertain. — Argument non affermé. — Argument laict. — Tulles. — Philosophes stoicques. — Argument ennuyeux. — Argument muable. — Argument vicieux. — Pacuuius. — Argument pour l'autre en deux manieres.

La cinquiesme partie, c'est refutation ou confutation, qui se faict quant en respondant l'en confute les argumens de son aduersaire, ou en tout ou en partie. Et nota que elle sourd de la mesme racine comme confirmation, et tout ainsy que vne chose est confermee par les proprietez de la personne, de la chose et aultres deuantdictz, par semblable peult elle estre deffermee. Et se faict en quattre manieres : premierement, en nyant la prinse que ton aduersaire veult prouuer, soit du propos ou de confirmation, etc ; la seconde, en conseruant sa prinse, mais on nye sa conclusion ; la tierce, en demonstrant tout son argument estre vicieux ; la quarte, en faisant contre son argument vng aultre aussi fort ou plus.

La premiere maniere de nyer ce que l'aduersaire veult prouuer par son argument, ou c'est argument necessaire ou vray semblable. S'il est vray semblable, il se peult nyer en quatre manieres.

La premiere est quant il dict la chose estre vray semblable, et tu dis non, comme s'il dict que tous hommes sont plus couuoiteux de deniers que de sens, il ne dict pas vray, car il y a plusieurs qui ayment mieulx sens que deniers, parquoy tu peulx au contraire amener raison contre luy.

La seconde, est en deffermant le dict de l'aduersaire par la mesmes voye qui la conferme, car en tous signes il fault monstrer deux choses : vne que ce signe soit propre signe de la chose qu'il veult prouuer, comme sang espandu est signe de meslee et charbon signe de feu ; l'aultre, que le faict qu'il prouue ne conuient en rien, ou que ce n'est point faict qui conuienne, ou que celuy de qui l'en parle doibt sçauoir la loy et la coustume ; car toutes choses appartiennent au signe ou au semblant, et se tu veulx confuter le signe de ton aduersaire, tu doibs regarder comme il le dict ; car s'il dict que ton vestement senglant monstre signe que tu as esté a la meslee, tu ditz que c'est legier signe, et que tu as seigné du nez, et se au semblant il dict que tu rougis et que ce as tu faict, tu dis que le rougir te vient de honnesteté et de vergonne, ou que le signe est dict [du] tout faulx. S'il dict que tu tenoys deffaict le cousteau senglant, tu dis que senglant n'estoit pas, mais esroullé; ou que tu t'en alloys sans dire adieu, comme vng larron, tu dis que ce ne fut mye pour mal, mais pour ce que tu ne vouloys mye esueiller le seigneur de leans.

La tierce maniere de nyer le dict de son aduersaire, est quant il faict a son dict vne comparaison entre deux choses, et tu dis n'estre pas semblable, pource qu'ilz sont de diuerses manieres; car, s'il dict : « Tu vouldroys auoir meilleur cheual que ton voysin, dont vouldroys tu auoir meilleure femme; » tu doibs nyer son dit, pource que femme est d'autre maniere que cheual; ou : « Que on les doibt redouter comme lyons », tu nyes que ilz soient semblables a lyons; ou se il dict que Pirous doibt estre iugé a mort pour le rauissement de Hermonne fille de Horrestes comme Paris rauyt Helene, tu nyes son dict, pource que le forfaict de Paris est plus grant que celuy de Pirous et [de] plus grande consequence. Tout ainsi dis ie de l'aduersité du temps et du lieu et du corps et de l'oppinion de toutes diuersitez qui sont aux hommes et aux choses, car de chacun l'en peult reprendre son aduersaire en confutant sa confirmation.

La quarte maniere de nyer le dict de son aduersaire, c'est quant il ramentoit aulcun iugement des saiges hommes, car telz argumenz peult il confermer en quatre manieres, ou par la langue de ceulx qui le iugement donnent, comme Iulles Cesar dict que les anciens de Romme auoient pardonné par leurs grans sens a ceulx de Cartage ; ou par la resemblance que ce iugement [a] a la raison ou a la chose de qui il parle si si comme : « Ainsi comme noz peres pardonnerent a ceulx de Cartage, ainsy debuons nous pardonner a ceulx de Grece. » La tierce, quant il dit que tout ce qu'il ramenteust ou iuga, fut confermé par chacun ou par tous ceulx qui l'ouyrent ou qui confermer le debuoyent. La quarte, en disant pource que ce iugement fut greigneur et plus grief que la chose dequoy ilz parlent, comme fit Chaton quant il dict que Maulius Torquatus iuga son filz pour tant seulement qu'il combatit les Françoys oultre son commandement.

Encontre ces quatre manieres, fault confuter par le contraire, comme se il loue, il te conuient blasmer, etc., en donnant en ses raisons contraires raisons. Parquoy cil qui parle et couche le iugement ne dit chose qui ne soit deffensable de la chose de quoy il parle, car tost seroit repris. Item, se doibt garder de rien ramenteuoir qui soit contre les oyans, pource que il[z] croyroient facillement l'aduersaire. Item, en ramenteuant ses iugemens ou enseignemens, il ne doibt mesler chose estrange et hors de propos.

Pour confuter l'argument necessaire, l'en doibt considerer que s'il est vray necessaire, l'en ne le peult contredire, mais l'en se doibt deffendre par vne aultre raison, et doibt l'en regarder se l'argument de partie est de la propre cause ou prins dehors. Se il est de la propre cause, ou il le fault deffendre ou le transferer ou le nyer. Se il le fault deffendre, l'en doibt commencer par grant stille en faisant adiouster foy a ce que l'en veult dire, et en ostant le credit de partie. Se il est hors de propre cause et conioinct a la cause, l'en peult commencer ainsi : « A ce qu'il a dict, ie ne vueil point tenir longuement et moins qu'il n'a faict » ; car l'en ne doibt point craindre estre brief pour le proffit de la cause la ou il est de necessité, et puis remonstrer se elle est honneste, mauuaise, perilleuse, inhumaine ou repugnante. Et combien qu'elle ne puisse contredire du tout, elle se peult touteffoys alleguer en nyant le cas n'estre pas ainsi, et ce que l'en ne peult prouuer, semer de figures ou couleurs, comme en disant : « Se ie luy nye, ne fault il pas que il le prouue ? » Et nota, que debatre longuement vne chose que l'en ne peult obtenir, nuyt grandement ; car, se l'en se sent vaincu, l'en doit donner lieu a ce que l'en ne peult contredire, affin que plus facilement l'en croye les aultres raisons. Combien que alleger se peult ce a quoy l'en ne peult respondre en plusieurs manieres. Premierement, par segregation, c'est a dire partir par parties toute la pocession de l'aduersaire et chacune partie particulliairement alleguee.

Par intermission, c'est de taire la raison qui nuyt, promettant que, en temps et lieu, nous en parlerons plus amplement, affin que il ne semble pas que l'en y vueille fuir.

Par pretermission, disant que : « [Ie] laisse beaucoup de raisons qui seruiroient a la cause. » Mais par n'estre pas si long que l'aduersaire a esté, l'en se passe briefuement a pou ; et puis, laisser les sollutions de l'aduersaire et retourner a exposer la narration en l'adoulcissant en lieu de confutation.

Mitigation est quant, par les noms ou prochains semblables ou opposites, l'en faict cheoir la cause en aultre gerre que l'aduersaire ne cuide, comme dire : « Il n'est pas si diable comme il est noir. Vous faictes la chose facille qui est impossible. Il n'a pas esté faict du courage que vous dictes. Il a assez esté pugny. Sa penitance est plus grande que le delict, etc. »

Admonition, c'est quant de l'argument de l'aduersaire nous monstrons que il s'en peult ensuiuir vng tresperilleux inconuenient, en l'admonnestant que il ne tienne pas celle conclusion, et aux auditeurs en les depriant que ilz euitent tel inconuenient ou les mettre en terreur, et puis acquerir la beniuolence des auditeurs.

Retorsion est quant l'en dict a l'aduersaire estre cause du cas et le retorque sur luy en disant : « Escoutez, Messieurs, comme il respond a ce qui ne luy a point esté proposé ; cela monstre clerement que il ne respondroit point au cas, se il ne sçauoit qu'il fust vray ou se conscience ne le remordoit. Il dict que Egistus a tué Acreus, et dict, sans que on luy en demande rien, que il n'y a rien de sa faulte. Acreus, se il vouloit dire la verité, Acreus a esté cause de sa propre mort tant par sa crudelité que par la hayne descouuerte et que par les iniurieuses parolles que il auoit dict a Egistus. »

Contennement, c'est quant, ne pour dissimuler, ne pour taire, nous ne pouuons reffuser le dict de l'aduersaire, mais nous disons que c'est pou de chose ce qu'il dict, ou moins que rien, ou il n'est point a propos, ou il repugne, ou il est incredible et que il tenne et ennuye d'en parler, ou de s'en rire en soy mocquant.

Touteffoys, c'est folie de cuider responder aux petites sentences ou parolles, encore esse plus follie vouloir reprendre ce qui est publicquement faulx ou contraire, ou sotement dict, ou non a propos, excepté que brief et sommairement l'en acquiert plus facillement beniuolence aux auditeurs.

Si l'argument de partie porte semblance de necessaire, l'en le peult confuter par les manieres ia dictes au chapitre de necessaires argumens, c'est par complexion ou par enumeration, ou par simple conclusion.

Complexion, c'est quant le parleur diuise deux ou troys, ou plusieurs choses desquelles, se tu confesses l'vne quelle qu'elle soit, certes il te conclud se elle est voyre; mais se elle est faulse, tu la peux deffermer en deux manieres, ou en deffermant toutes ses parties, ou l'vne sans plus ; si comme ton aduersaire veult conclure que tu ne doibz point chastier ton amy, et sur ce diuise deux parties : « Ou il craint honte, ou il ne la craint pas. Se il la craint, il n'a nul besoing d'estre chastié, car il est bon, et s'il ne craint point de honte, ne le chastie pas, car il ne tiendra conte de ton chastiement. » Car argument n'est pas necessaire, mais il le ressemble et le doibs deffermer [par] les deux parties ainsy : « Mais ie le doibz chastier, car, s'il craint honte, il ne desprisera pas mes dictz, et, s'il ne craint honte, de tant le doys ie plus chastier, car il n'est pas saige » ; ou par vne seullement, en disant : « Pource qu'il ne craint, ie le chastiray affin qu'il s'amende. »

Par enumeration, quant le parleur compte en son dict maintes choses, et vne en preuue, ainsy qu'il est dict au chappitre de necessaires argumens, lors se pourra deffermer par trois vices qui y peuent estre : le premier, se il ne nombre par ses parties celle que tu veulx affermer, comme s'il dict : « Ou tu as achepté ce cheual, ou il te fut donné ou nourry en ta maison, ou sinon tu l'as emblé ; mais ie sçay bien qne tu ne l'as pas achapté, etc. » Solution : il n'a pas nombré que tu le ayes gaigné en guerre. Le second vice, quant il nombre vne chose que tu peulx contredire, comme quant il dict que tu n'as pas achapté le cheual et tu ditz que sy. Le tiers, quant vne des choses qu'il nombre, tu la peulx recongnoistre sans laidure, comme l'aduersaire dict : « Ou tu demeures icy pour luxure, ou pour guetter le chemin, ou pour proffit de ton amy » ; tu peulx dire que tu y es pour son proffit.

Par simple conclusion, quant le parleur conclud ce qu'il veult par la force de vne chose qui est dicte deuant, mais c'est de maniere ou il le preuue par necessité ou par semblance de necessité. Se c'est par necessité, tu ne le peulx contredire, comme : « Se ceste femme est ençainte, dont elle a congneu homme » ; ou : « Cest homme aspire encor, *ergo* il n'est pas mort. » Mais, se c'est par semblance de necessité, comme : « Se elle est mere, adonc elle ayme son filz, » tu le peulx respondre monstrant qu'il n'est point de necessité.

La seconde maniere de confutation, c'est quant tu congnois que le propos ou la prinse de ton aduersaire est veritable, mais tu nyes sa conclusion, pource qu'elle ne naist pas de ce que tu auoys recongnu, mais conclud ce qu'il ne doibt. Exemple : Les gens de la ville dont tu es alloient a l'oost et toy aussi, et quant tu y alloys, aduint que vne maladie te prinst et ton aduersaire dira : « Se tu fusses venu a l'oost, nostre cappitaine t'eust veu, mais tu n'y as point esté, parquoy tu n'y as voulu venir. » Tu confesses tout fors la conclusion qui dit que tu ne le veulx, et tu ditz que tu ne le peulx.

La tierce maniere, quant l'argument de ton aduersaire est vicieux et peult estre en deux manieres : ou il y a vice au mesme argument ou il n'est a propos. Vice a l'argument, quant il est du tout faulx, ou commun, ou vniuersel, ou leger, ou loingtain, ou mal approprié, ou doubteux, ou non certain, ou non affermé, ou laid, ou enuieux, ou contraire, ou muable, ou aduersaire.

Le faulx argument est qui propose mensonges, comme : « Nul ne peult estre saige qui desprise deniers; Socrates desprisoit les deniers; dont ne fust il mie saige. »

Le commun argument qui n'appartient pas plus a toy que a ton aduersaire, comme se tu dictz : « Ie diray briefuement pource que i'ay le meilleur droict »; aussy le peult dire ton aduersaire.

Vniuersel, qui peult estre retraict sur vne aultre chose et a tous propos applicquable, come : « Seigneurs iuges, ie ne me fusses pas mis sur vous, se ie ne cuydasses que ie droict fust deuers moy. »

Leger en deux manieres : l'vne qui est dicte a tort, comme : « Se i'eusses cuydé que l'en eust emblé mon cheual, i'eusse fermé mon estable »; l'aultre a couurir vne layde chose de legiere couuerture, comme fust le cheualier qui auoit habandonné son roy a la bataille et le perdit, et luy estant en exil il luy dist :

« Sire, vous me debuez pardonner se ie vous laissay, car i'estoye tout seul appareillé pour aller a vostre secours. »

Loingtain, qui est loing de propres, comme la chamberiere Medee disoit : « Dieu voulsist que le merrien fust encores a tailler, dequoy les nefz furent faictes. »

Mal approprié en trois manieres : vne qui dict les proprietez ainsi communes a vne partie comme a l'aultre, comme : « Cest homme est descordable pource qu'il est mauluais et ennuyeux entre les hommes; celuy a qui il est discord, a encores plus orgueil et aultres causes discordables. » La seconde, quant l'en attribue a la chose faulses proprietez, comme : « Ie dy que sapience n'est aultre chose que gaigner argent », c'est faulce proprieté. La tierce dit aulcune proprieté et non pas toutes comme : « Ie dy que c'est folie de couuoiter haulte auctorité », si ne dis ie mie toutes proprietez de follie.

Doubteux est, qui par doubteuses causes veult prouuer doubteuses choses, comme : « Seigneurs, vous ne debuez mie auoir guerre les vngz aux aultres, pource que Dieu qui gouuerne les mouuemens du ciel ne veult pas qu'ilz se combatent. »

Incertain, quant le parleur conclud ce mesmes que son aduersaire conferme et laisse ce qu'il deust prouuer, comme fist Horrestes quant il debuoit monstrer qu'il auoit tué sa mere, il confessa l'auoir tuée iustement.

Non affermé, quant le parleur dict plusieurs parolles et de confermemens sur vne chose que son aduersaire nye plainement, comme Vlixes a cause d'auoir tué Aiax il disoit non et son aduersaire disoit : « C'est grant deshonneur que vng vilain occist si grant cheuallier et plusieurs aultres. »

Laict argument est deshonneste par la raison du lieu comme laict mot en l'eglise ouyr de celuy qui le dict, comme de vng euesque qui parle de fouterie, ou par raison du temps comme a Pasques, ou par raisons des escoutans, comme deuant religieux etc., ou par raison de la chose, comme en parlant de la croix, on ne le doibt point nommer fourche ou gibet.

Et nota, comme il a esté dict au chappitre de narration en parlant de circonlocution, que, des motz de nostre langaige vulgaire, les aulcuns sont honnestes de soy a proferer et leur significat est tresdeshonneste, comme homicide, heraise, boutefeu, larron, etc., et d'aultres de quoy nature a horreur, comme patricide, bougeron, etc. Les aultres sont de commun vsage deshonnestes a proferer et leur significat est honneste, naturel et necessaire comme cul, v.., c.., etc., lesquelz se doibuent donner a entendre par circunlocution, comme pour v.. l'en dict le membre de l'homme, ou pour c.. la nature de la femme ou aultre chose semblable. Et, comme dict Tulles en son liure *De Officiis,* les philosophes stoycques et cinicques ne sont a escouter, qui se raillent de nous en se esbahyssant comme nous prenons tant de peine de vouloir donner a entendre vng cul par aultres termes que par son significat propre, entendu que par quelque circonlocution que l'en face, il ne represente a l'entendement aultre chose que vng cul qui est partie du corps. Et se noz peres eussent imposé relicque signifier cul, et cul signifier relicque, l'en auroit honte de dire relicque et diroit l'en honnestement cul, en disant que la coustume en est venue des dames ou d'aulcuns bigotz ou flatereaulx qui cuident oster a nature ses preeminences et se fondent que cul, c.. et v.. se sont les membres honteux, mais dient qu'il[z] ne sont point honteux que on ne les puisse nommer, mais leurs oeuures sont dictes honteuses, pour tant que secrettement se doibuent excercer; car nature les a establiz a estre officiers du corps en leur endroict comme les aultres membres, et est honneste et necessaire faire des enfans, purger le corps qui secrettement se doibuent excercer. Et pource donc, comme dict Tulles, nature a monstré et mis dehors ses beaulx membres, et les defformes ou laictz elle les a mussez, et la honte des hommes a ensuiuy l'hoeuure de nature, car honte a osté de ses yeulx et oyez les membres que nature a de soy cachez, parquoy honte et nature nous deffendent de profferer motz deshonnestes, sur quoy se fonde laict argument et deshonneste. /

Ennuyeux est celuy qui ennuye a la volunté des oyans, comme deuant l'usurier blasmer auarice, et deuant luxurieux blasmer luxure.

Contraire, quant le parleur dict contre soymesmes cé que les oyans ont faict, comme celuy qui accusoit deuant Alexandre vng gasteur de villes et pays, en disant que c'est chose detestable. Et Alexandre en auoit plus destruyst que celuy qui estoit accusé deuant luy.

Muable, quant l'en dict de vne mesme chose deux diuersités qui sont l'une contre l'aultre, comme se l'en dict : « Qui a les vertus, il ne lui fault point d'aultre bien », et puis après dire luy mesmes : « Nul ne peult bien viure sans santé, » ou dire : « Ie sers mon amy par amours », et puis après : « Ie attens qu'il me face du bien. »

Aduersaire argument qui faict plus contre le parleur que par soy, comme celuy qui en reconfortant son amy a la bataille, il disoit : « Courage, mon amy, vous gaignerez la iournee contre voz ennemys qui sont fors et puissans. »

L'aultre maniere de argument vicieux [est] quant il n'appartient pas a ce que le parleur propose ; et peult estre en maintes manieres : c'est ce que le parleur promect qu'il dira de plusieurs choses et puis ne dict que de vne, ou se il doibt monstrer tout et il ne monstre que vne, comme en disant : « Toutes femmes sont mauuaises » et il ne faict exemple que de deux ou troys ; ou se il ne deffent de ce qu'il est blasmé, comme Pacuinus ne deffendit pas musique blasmer deuant luy, mais loua sapience, ausi fist celuy qui fust blasmé de vaine glore, a quoy rien ne respondit, mais dit qu'il estoit fier et hardi aux armes ; ou la chose est blasmee pour les vices des hommes, comme ceulx qui blasment saincte eglise pour le peché des prebstres; ou en louant vng homme en disant qu'il est riche et eureux, et l'en taist qu'il est vertueux ; ou en faisant comparaison, en telle maniere que l'en ne puisse louer l'vne que l'autre ne soit blasmee ; ou en louant l'vne et louant l'autre, comme en louant paix se taire de la guerre ; ou en demande especialle response generalle et faicte come : « Monsieur du Parc a il disné ? » response : « Tout a disné » ; ou la raison que le parleur rend est faulse, comme s'il dict que deniers sont bons, et que ilz donnent plus eureuse vie que chose du monde, il est faulx pour le travail qu'il[z] font; ou se le parleur rend telle response ou raison que c'est ce mesmes qui a esté dict, car s'il dict que auarice est trop mauuaise, pource que couuoitise d'argent a faict maint grant dommaige a plusieurs gens, certes auarice et couuoitise est une mesmes chose ; ou se le parleur rend petite raison ou il la pourroit rendre grande, car se il dict : « Bone chose est amitié, car l'en en a mains delictz », il pouoit dire meilleure raison, comme : « Il en vient proffit et s'en ensuit de plus honnestes vertus. »

La quarte maniere de confutation, c'est quant ton aduersaire a dict son argument, tu redis a l'encontre vng aultre aussi fort et plus ; et peult estre faict en deux manieres.

La premiere, quant l'aduersaire dict vne chose que l'en consent, mais tout a l'encontre l'en dict vne aultre plus estable. Cesar disoit : « Nous deuons pardonner aux coniurés pource qu'ilz sont nos citoyens. — Il est vray, dist l'autre, mais s'ilz ne sont condamnez, il conuient Romme estre destruicte par eulx. »

La derniere, c'est quant l'aduersaire dict vne chose estre proffitable, et ie di que il est vray, mais ie monstre que ce que ie dis est honneste chose qui vault mieulx que proffit.

[DE CONCLVSION]

Conclusion. — Nota de epiloguer. — Confiance de Horrestes. — Consideration de meffait. — Criminelle chose. — Ramenteuoir toute la besongne. — Par couroult. — Trouuer le tort. — Misericorde. — Pouretez. — Plaincte de souffrete. — Faict desaduenant ou aduenant. — *Prosopopeya*. — Deploration. — Parler par commiseration.

Conclusion mect fin au compte, qui nourrist merueilleusement la memore des auditeurs, et faict ardentement commouuoir les courages, laquelle doibt estre brefue, elegante et bien entendue et se faict en troys manieres : par epilogue, par amplification et par commiseration.

Epilogue est la fin du compte, en quoy, briefuement et en somme, les raisons et argumens en diuers lieux dispers sont recapitulez pour les mettre en la memore des oyans plus recentement; et ne doibt point estre faict de vne maniere seullement, affin que les oyans ne cuydent estre chose apensee, mais conuient varier en racontant en vne maniere et puis en l'autre, et peult on bien aulcuneffoys ramenteuoir sommairement son argument par raconter toutes les parties et ramenteuoir les raisons que tu les as prouuees et confermees. Aulcuneffoys, en demandant ainsi : « Seigneurs, que querez vous aultre chose ou plus que ie n'ay dit ? Ie vous ay dict telle chose, etc., et prouué telle chose, etc. » Aucuneffoys, ramenteuoir des raisons de ton aduersaire sans en rien dire, et aulcuneffoys dire de ses argumens auec les tiens en telle maniere que le confutes incontinent. Aulcuneffoys, admoneste[r] les oyans qui leur souuiengne de ce que tu as dict. Aulcuneffoys, mouuoir vng aultre homme ainsy comme s'il parlast, et mettre sur luy ton compte en telle maniere : « Ie vous ay apris et monstré telle chose, etc., mais se c'estoit Tulles, que luy demanderiez vous plus ? » Aulcuneffoys, mouuoir vne aultre chose que homme, comme liure ou loy, etc. : « Se la loy pouoit parler, elle se plaindroit deuant vous en disant : Que demandez vous plus puisque telle chose est prouuee, etc. ? » Mais nota que le plus brief epiloguer et tirer les plus necessaires raysons et non toutes est le meilleur, affin que la memoire soit renouuellee, non pas par prolixité de langaige confuse ; et appelle l'en *brachologia* vne figure qui en pou [de] parolles recueult bea[u]coup de substance.

Amplification, c'est la fin du compte qui met l'home ou la chose en cohortation, c'est a dire en indignation ou malueillance ou pitié, et de quoy naist amplification des lieux mesmes, de quoy naist confirmation et confutation et des proprietez du corps et de la chose ; car, par iceulx, l'en peult accroistre les termes des forfaictz pour mettre en indignation, ou diminuer pour commouuoir a pitié.

Le premier lieu de indignation se faict par authorité, en disant que la chose a esté de grande iniure a Dieu et aux hommes, de grant aucthorité, ou par raison de sort, ou de diuination ou de prophetes ou de merueilles, etc., ou des seigneurs, ou des citez, ou des gens, ou du peuple, ou de ceulx qui firent la loy. Exemple : « Il fust voyr que Iudas delaissa les disciples par trahyson, les aultres gecterent sort qui seroit en son lieu et il vint [sur] saint Mathieu, lequel, se il ne le veult estre, desdaing se mect sur luy en disant : Tu refuses ce que Dieu nous a monstré par sort. »

Item : « Horrestes s'est confié a son authorité et au port de ses amys et parens, il ne peult faire qu'il ne luy en prengne mal ; chascun prie qu'il luy meschiesse ; le ciel en quiert vengeance ; l'air est infaict de son cryme ; les saiges en ont horreur, les folz le mauldissent, les loys le condampnent. »

Le second lieu, quant le parleur croit le forfaict par couroulx en monstrant la crudelité du cas qui est contre tous, contre plusieurs, ou contre les plus grans ; et, s'il est contre semblables, c'est mauluaistié ; contre foibles, c'est fierté ; contre plus grans, c'est orgueil et folle entreprinse. Exemple : « L'iniure n'est pas seullement faicte a Clitemestra sa mere, mais elle est faicte a tous filz de mere qui sont interessez de si cruel enfant. »

Le tiers lieu, en disant : « Se excés auoit lieu et que chascun fist ainsy, il ne fauldroit plus de foy ou de iustice, parquoy ne sont a tollerer etc., les choses dont viennent si grans perilz. Or, regardons, se il demeure impugny, quel inconuenient il en aduiendra ; il ouure la porte de folle hardiesse a tous enfans de tuer pere et mere, et par consequent le monde sera perdu. »

Le quart, quant en disant aux iuges qu'ilz considerent bien ledit meffaict et les loix et ordonnances auant que pardonner, etc., et que beaucoup de gens de bien sont la presens pour sçauoir quelle rigoureuse iustice en sera faicte, affin de monstrer exemple. Et aussy plusieurs mauluais garçons y sont acouruz pour sçauoir se on luy pardonnera a celle fin que ilz prengnent hardiesse a faire semblable mal ou pire.

Le quint, en disant que tous les aultres iugements contre droit peuent estre amendez et corrigés, mais ce crime est de telle nature, que ce qui en sera iugié ne pourra estre remué par aultre sentence, et mectrez les gens hors de toulte esperance en disant que iustice est corrumpue par ses amys et aueuglée par son argent.

Le sixiesme, en disant que l'aduersaire le faict appenseement ou par conseil, et que telz cas ne sont point a pardonner pour craincte de plus grant inconuenient.

Le septiesme, en disant : oncques ne fust ouy parler de sy criminelle chose; c'est contre Dieu, contre son pere ou son filz, sa femme, ses parens, amys, subjectz, voysins, honnestes gens, compaignons, maistres, prisonniers, foibles, impotens, malades, enfans, etc., ou trespassez, en disant que en leur temps estoient saiges et bien honnorez, et que il a tort de les iniurier, veu que ilz ne sçauent blesser aultruy ne eulx deffendre, et que c'est peché de vouloir vser de misericorde a celuy soubz lequel l'en s'esbahyt que la terre ne se euure pour le transgloutir vif en enfer comme furent Dathan et Abyron.

Le huytiesme, en comptant vne grande crudelité prouuee de laquelle s'en est ensuyuie vne griefue pugnition, en disant que l'aduersaire c'est encore greigneur.

Le neufuiesme, en ramenteuant par ordre toulte la besongne, comme il fut deuant la chose et a la chose faisant et aprez la chose, et croist le desdaing de chascune chose pour soy, tant comme il peult, en demonstrant aux oyans, ainsy que se ilz eussent veu en presence, comme Horrestes, deuant qu'il commist matricide, estoit repputé pour bon enfant, et, en tuant sa mere, se declara inhumain et, aprez le cas, est meurdrier prouué. « N'est-il pas bien inhumain ? Se vng aultre eust tué sa mere, il la debuoit deffendre. Iamais ne fut faict de vaillant homme ; non, a il esté de tyrant ; non pas, de serpent ou beste cruelle ; il est digne d'estre reputé infame entre les gens d'honneur ; il est execrable entre parens et amys ; il est tresdeshonneste entre simples gens. Considerez la pitié de la mere ; considerez la crudelité du meurdrier ; considerez son mauluais courage, son iniquité intollerable. Voyez le sang espandu ; voyez le glayue senglant ; regardés les playes et le corps meurdry ; iugés, messieurs, de quantes mors il est digne de mourir, etc. Iudas au deuant qu'il vendist Dieu, il faisoit miracles, et estoit a l'amour de Dieu ; en le trahissant, il perdit sa grace et aprez il se pendit et alla en enfer. »

La dixiesme, en parlant comme par couroult que l'en a faict a luy tout premier plus de bien que iamais ne fut faict a aultre, et pour bien il a rendu le mal.

Le vnziesme, en disant que, oultre çe mal qu'il a faict en mettant mal sur mal, et encores dict grandes iniures, villaines reproches et dures menaces, et qu'il a faict beaucoup d'aultres maulx, parquoy il est plus digne de plus grande pugnition.

Le douziesme, quant l'en dit : « Il me desplaist que le cas est aduenu maintenant, ou encore, se le cas fust aultreffois aduenu, au moins l'en verroit quelle pugnition en auroit esté faicte. »

Le treziesme, en priant aux ouyans, qu'ilz tournent le tort faict que luy a faict sur eulx, c'est a dire que ilz considerent, se l'en leur en auoit faict autant, quelle pugnition ilz en demanderoient.

Le quatorziesme, en disant que le cas ainsi aduenu semble bien estre grief a toultes gens de bien et encores plus a son aduersaire, et dient eulx et les ennemys le cas estre infame ; et, en la fin, tout ce qui se dict par desdaing, il se doibt dire plus griefuement que l'en peult pour esmouuoir les ouyans contre son aduersaire.

Commiseration ou pitié, c'est vng dict a la fin pour acquerir la misericorde des ouyans ; et qui veult conclurre par commiseration doibt faire deux choses : vne qu'il adoulcisse le courage des ouyans en telle maniere qu'ilz n'ayent troublement contre luy, et, se ilz ont troublement, qu'ilz le tournent a pityé.

L'aultre, qu'ilz facent tant que les ouyans ayent misericorde de luy, c'est a dire que il leur poise de son dommaige ; et facillement sont esmeuz a pytié, quant ilz n'ont point de troublement contre le parlant et que ilz sont faictz debonnaire[s].

Item, quant on leur dict : « Se vous n'auez pitié de moy, se vostre misericorde ne s'estend sur moy auec mes aultres maulx, vous me voyez es ondez de misere, » ou aultre chose semblable. Et se faict es communs lieux, comme a la force et foiblesse de l'homme, car en bien disant ses raysons, il n'est si dur cueur que il ne tourne a misericorde, mesmement quant ilz considerent que semblable mal peult venir sur eulx et sur leurs choses. Et les lieux a faire commiseration sont seize.

Le premier est de fortune, quant le parleur compte le bien

qu'il souloit auoir iadis, sa force, sa ieunesse, son authorité, etc., et monstre les maulx qu'il seuffre maintenant.

Le deuxiesme, en monstrant les pouretez et maulx de iadis et ceulx qu'il aura doresnauant en disant comment par desespoir qu'il a tousiours esté et sera malheureux.

Le troisiesme, quant le parleur se plainct et nomme ses maulx et inconueniens, comme le pere se plainct de la mort de son filz et nomme la plaisance qu'il auoit de sa ieunesse et l'esperance qu'il auoit de luy, veu l'obedience qu'il luy portoit.

Le quatriesme, quant l'en se plainct qu'il a souffert ou qu'il luy conuient souffrir laydes choses ou vil seruage que il ne debueroit souffrir par raison de son aage, lignage, fortune, seigneurie ou pour le bien qu'il luy a faict.

Le cinquiesme, en disant deuant les gens les maulx qui par fortune luy sont aduenuz, ainsy comme se ilz le veissent, car c'est vne maniere parquoy le parleur est commeu aussy bien comme par la force des dictz.

Le sixiesme, en monstrant que, hors de son esperance, il est venu en malheureté, et que de la ou il attendoit proffit, il est escheu dommaige, et pour bonne fortune malle aduenture, en soy mettant en pleurs et gemissemens, disant que de ceulx ou il attendoit secours comme parens, etc., il est delaissé et deiecté.

Le septiesme, quant l'en tourne ses maulx vers les oyans, en leur priant que quant ilz regarderont vers luy, qu'il leur souuienne de ses enfans et de sa femme et de ses amys en quelle misere ilz sont.

Le huitiesme, en monstrant que le faict desauenant ou aduenant ne fut point aultre que piteable, comme Cornelle, femme Pompee, regrettant la mort de son mary : « Helas ! que ie ne fuz a son diffinement et que ie ne le vy, que ie ne ouy son derrain mot, que ne receu son esperit ! » Ainsy monstrera le faict desaduenant, s'ensuyt aprez : « Las ! il mourust es mains de ses ennemys, villainement tué en la terre des Gregoys ; oncq n'eult sepulture ne honneur a sa mort sa chair deuoree des bestes sauuages. »

Le neufuiesme est *prosopeya* en tournant son parler sur aulcune beste ou aultre chose sans sens. Car ceste maniere esmeult fort, comme la femme Pompee en disant : « Regardez comme son hostel pleure, sa robe et son harnoys se plaignent, son cheual et ses armes racontent ses douleurs. »

Le dixiesme, en plaignant sa poureté et sa malladie, comme la femme Pompee : « Haa ! comme ie suis desormais poure, desnuee de conseil sans aulcun pouoir ; ie seray seulle sans seigneurs, piteusement finant mes iours. »

Le vnziesme, quant l'en parle de ses enfans ou de son pere, de son corps enterrer, comme dict Eneas chassé de Troye : « Ie ne say comme il sera de ma vye ou de ma mort entre tant de perilz, mais ie laisse mon filz en voz mains ; ie vous prie de luy et de mon pere, et que mon corps soit enterré noblement se ie meurs. »

Le douziesme, quant l'en se plaint de ceux qui debueroient faire tout seruice et honneur, et ont tout laissé a son extresme besoing.

Le tresiesme, quant l'en se depart de ceulx que l'en ayme tendrement, en monstrant les doulleurs et dommaiges de son departement.

Le quatorziesme, quant l'en prie comme en plourant humblement que pour l'honneur de Dieu, des sainctz ou de ses parens, etc., que les oyans ayant pitié de luy et de ses maulx et que il[z] considerent, se le cas leur estoit aduenu, se ilz desireroient point misericorde, et que l'en ne sçait que aduenir peult.

Le quinziesme, quant le parleur ne se deult de son mal, mais il plainct le malheur de son amy ou de la chose publicque, comme Cathon contre les coniurés de Romme : « Il ne me chault de moy, mais ie plainctz la destruction de nostre commun et de noz enfans et citoyens »; car, aulcuneffoys, soy monstrant patient en aduersité proffitte plus a commouuoir a misericorde que humilité et priere.

Le saiziesme, quant on raconte la clemence, misericorde et humanité desquelles il a vsé enuers les aultres et peult l'en iustement demander a estre faict a soy ce que l'en a faict a aultruy.

Item, en disant : « Il me poyse fort griefuement du mal des aultres », et, non pourtant, il monstre qu'il a courage de souffrir tous perilz ; car il aduient souuent aux princes de grandes miseres, lesquelles, en les disant de courage et authorité, ilz esmeuuent plus a pitié que par termes de humilité, et ainsi doibuent parler capitaines en reconfortant leur armee, quant ilz sont en extremes perilz.

Item, l'en doit user de permission et de obseruation par interrogation, en pitié.

En ceste maniere de parler par commiseration, l'en doibt dire que l'en ne peult parler pour les larmes qui saillent du cueur, l'en doibt souuent plaisser les genoulx ou estre ageñoullé et nue teste, se la dignité de la personne ne faict obstacle, et doibt l'en vser de doulx, pitiable et humble langaige, semblable a comedie et brief, car il suffist laisser les courages commeuz.

Ce sont les troys partis de conclusion selon Tulles; pour ce, voit on que en la conclusion qui est en parlant, le parleur comprent sa demande, la somme de ses raisons et puis fine son compte.

[DE EXORDE EN GERRE IVDICIAL]

Exorde par proposition. — Exorde par confirmation. — Adultere doit estre pugny. — L'effect de exorde. — Narration ensuit son exorde. — Partition.

Après la doctrine donnee en general, il conuient especiallement parler et en particulier selon les troys gerres. Et premierement, de exorde en gerre iudicial. Et comme il a esté dict deuant, soubz le iudicial gerre, est licite de parler par controuersie, tant accusant comme excusant, tant demandant que deffendant, tant en general que en particulier.

Lequel exorde a cinq parties, c'est assauoir : proposition, raison, confirmation de la raison, exornation et complection.

Premierement, en commençant par proposition simple qui ne touche que de vng, ou de commune qui donne a entendre de plusieurs choses le bien ou le mal, comme parlant d'vng traistre l'en peult entendre de tous ses confederez, en laquelle proposition il touche sommairement et clerement en brief ce dequoy il veult parler, ou ce de quoy il peult eslire son argument, en telle manière que les auditeurs soient esmeuz a consentir a sa raison ou que il expose chose a son propos qui plaise aux auditeurs.

Raison est briefue demonstrance qui demonstre estre vray ce que l'en a dict a sa proposition, et se faict en disant qu'il est legitime ou vtile ou honneste, ioyeux, facile ou necessaire, ou dire le contraire qui n'est ne possible ne iuste.

Confirmation de la raison, c'est quant, par plusieurs argumens, briefuement l'en conferme sa raison.

Exornation, c'est honneste enrichissement d'aultres raisons conuenantes a son propos, confermees par argumentations.

Complection est quant en brief l'en conclud, et se faict par conduction ou consecution ou contraire, ou par briefue illation ou conclusion.

Conduction est quant en brief l'en assemble toutes les parties.

Consecution, c'est quant de ce qui a esté deuant dict l'en infere sa conclusion.

Contraire, c'est quant de chose contraire il faict sa sentence.

Illation, c'est tout ce que l'en infere des argumentations.

Exemple par proposition : « Ie vueil demonstrer, tresequitable iuge, la cause pourquoy Vlixes a tué Aiax. »

Raison : « Il vouloit oster hors de ce monde son mortel ennemy, lequel il craignoit sur toutes choses que il ne le tuast. »

Confirmation de la raison : « Il consideroit que la prosperité de son ennemy luy estoit trop dommageable et esperoit que, par la mort de son ennemy, il seroit en prosperité. »

Exornation : « Ceulx qui par petite occasion et pour moins que rien ont occiz leurs contredisans, si par esperance d'auoir argent, si par couoitise de regner aucuns se sont baignez en sang humain, ie ne m'esbahys point se vng si vaillant homme qui estoit de l'autre souuent iniurié et en ire incité, et d'estre tué menassé, si pour la craincte qu'il auoit, se est voullu deliurer de si cruel ennemy. Si les bestes se deffendent de leurs ennemys, se doibt l'en esbahyr de tel homme si vaillant ? »

Complection par condition de la proposition : « Si doncques i'ay dict les causes qui ont esté inductiues a Vlixes de commettre tel homicide. »

Complection de la raison : « Et que i'ay enseigné les mortelles inimitiez qui estoient entre eulx deux. »

Complection de la confirmation de la raison : « Et demonstré la craincte et peril ou il estoit. »

Complection [et] exornation : « Comme par plusieurs manieres la chose est toute clere. »

Complection contraire : « L'en peult entendre sainement que ceulx errent qui dient que Aiax n'a point esté tué de Vlixes iustement. »

Consecution : « Adioinct que les mauluays prendroient audaxe de mal faire et de mal dire, n'estoyent les raisons deuantdictes comme il[z] ne font pas seullement mal de le croirre et de le dire, mais donnent cause aux meschans gens de ainsi faire. »

Illation ou conclusion inferee : « Il n'y a donc point de doubte que Vlixes ne confesse auoir faict homicide. »

Et nota, qu'il n'est ia besoing de vser de toutes les manieres dessu[s]dictes, mais a l'appetit du facteur et second l'exigence de la matiere.

Item, l'en faict exorde ou narration en commençant par proposition, contraire, captation de beniuolence, puis par comparaison et les aultres especes subsequentes, disant que celuy que nous accusons a pirs faict, en ostant misericorde, remonstrant qu'il est iuste, vtille, honneste, possible et facile.

Exemple par proposition : « Tandis que vous ferez garder loy et iustice, iustes iuges, nostre chose publicque sera tresbien gouuernee, et qui ne la vouldra garder, au iugement de tous il est digne de grande pugnition. »

Contraire : « Nonobstant, se ie cuydoye que Cathilina qui a commis execrable trahyson se corrigeast, ie prieroye de euader vostre iugement ; mais, se l'en le deliure, il fera pirs que iamais. Tout aultre malfaicteur, fors le traistre, aprez grace donnee rend graces aux iuges, mais le traistre cherche tousiours les persecuter, qui vault autant a dire : Ramenez vng homme du gibet, et il vous fera pendre s'il peult. »

Captation de beniuolence : « O saiges iuges, considerez la grande prudence de noz peres, comme par leur iustice et bon gouuernement, ilz ont rendu ceste cité de Romme en seureté. Fortune qui rend les choses muables et les courages des hommes, eust ia pieça destruict ceste cité, si leur sagesse n'eust remedié par loix rigoureuses enuers les delinquans. Cathilina, non pensant que a son detestable vouloir, a dict en soy mesmes : Ie ne vueil auoir egal a moy ; le bien publicq a moy ie vsurperay, nouuelles loix ie feray au peuple, ie commanderay et de leur argent m'enrichiray. Que dictes vous, Seigneurs ? garderez vous point voz loix qui sont la protection et sauluement de vostre ville ? »

Comparaison : « Vng homicide est mauluais, car il a tué vng homme ou deux, mais vng traistre veult subuertir toulte la cité et soy faire tyrant. » Item : « L'en tue aulcuneffoys sans volunté prepensee, mais vng traistre de longue et mauluaise volunté c'est deliberé. »

En ostant misericorde : « Comme donc voullez vous deliurer vng traistre qui iamais ne fist bien, et s'il vit il fera encores pirs ? Il pourra estre aulcun par auanture qui dira que l'en doibt auoir pitié de ses enfans et famille. Haa ! iuges tres-discretz, vous debuez plus tost ensuyuir les loix et les mectre deuant vous a vostre tribunal de iustice que ses enfans ; car ses enfans ont vng pere proditeur, et les loix commandent que sans faueur il soit exterminé. »

Cause legitime : « N'est il pas plus iuste que les loix soient par vous gardeez, puis que pour les garder vous estes instituez, que par vous ilz fussent rompues ? L'en doibt remunerer les protecteurs du bien publicque, l'en doibt aussi pugnir les destructeurs. »

Iuste cause : « Vous debuez auoir aussi plus iuste cause de le condamner a mort que il n'auoit de nous faire tous mourir. »

L'vtilité : « Se vous faictes iustice, vous acomplirez les commandemens de Dieu, vous contennerez vng chascun et si vous garderez les loix. »

La possibilité : « Actendu que non seullement auez la puissance, mais auec la faculté vous est donnee. »

La facilité : « Ne il ne vous fauldra point pour le pugnir tant de gens comme il a assemblé pour nous destruire. »

A'ultre exemple : « Si, pour le proffit de la chose publicque, il vous a esté donné auctorité, iuge tres discret, de pugnir les mauluais, il me semble tres necessaire pour le bien de ceste ville que vous pugnissez cest adultere N. Son cas est tout prouué. Et se vous le laissez impugny, il se efforcera encor de decepuoir toutes les aultrez notables femmes. Il se cuide estre le plus beau de ceste ville, il ne se veult point marier, il a encor esperance que plusieurs femmes desroberont leurs maris pour l'entretenir gorgias, il a encore empensé de deceuoir les plus belles : doibt il demourer impugny ? Vous pendez les larrons de biens temporelz au gibet, et cestuy, qui est larron de renommee et de honneur et des biens, sera il point pugny ? Le peché n'est pas si grant de ceulx qui par poureté emblent des biens temporelz que de cestuy cy qui par mauuaistié se nourrist en delitz et pechez. Ceulx la de leur meffaict requierent pardon ; cestuy cy de iour en iour s'estudie de pirement viure, et luy semble grant honneur de faire nos femmes estre bourdelierez ; il cuide que pour son ieune aage, pour son argent et pour ses parens, l'en luy doibue tousiours pardonner. Certez, le ciel et la terre crient vengeance de luy, et tous ceulx qui de leurs biens sont endommaigez et de leur honneur deiectez. »

L'effect de toute exorde est de acquerir beniuolence ou congratuler, de les faire attentifz a ouyr et de leur monstrer et enseigner ce que l'en veult dire ; et, combien que il se puisse faire a toutes les aultres parties, touteffoys il affiert mieulx a l'exorde de congratuler et acquerir les beniuolences, les faire docilles et attentifz. Ayez recours en leurs chapitres.

La narration, la diuision, la confirmation et confutation et conclusion sont practiquez par la doctrine generalle. Il a esté dict que, soubz le gerre deliberatif ou concional, l'en doibt suader toute chose licite et honneste et proffitable, ou dissuader toute chose iniuste, illicite, inutille et deshonneste, duquel l'exorde doibt estre brief ou point, se la cause ne requiert estre expositiue, la quelle exposition doibt estre sommaire. Et sert en cest endroit exorde pour narration vel *e contra*, et se la matiere est de conseil, l'exorde doibt estre de grant sub[s]tance tendant a matiere de sentence ou science, car narration principallement ensuit son exorde. Et se fault garder que celuy qui veult donner conseil, ne ignore pas ce de quoy il conseille; par quoy, il ne fault que briefue narration, et, se il eschet longue, il fault auoir recours a ce qui est dict par cy deuant au chapitre de exorde et de narration.

Particion ou diuision prent lieu aux causes viscerables extraictes de confirmation, promettant monstrer autant de choses que en la cause pouroit trouuer.

DE CONFIRMATION ET CONFVTATION

EN GERRE DELIBERATIF OU CONCIONAL

Trois choses sont a considerer. — Nota. — Lucius Silla. — Romulus. — Demostenes. — Mulciades.

En confirmation et confutation est toute la force de la deliberation, et en doibt l'en vser comme il est dict dessus. Et en oultre sont trois choses a considerer. Premierement, que celuy qui suade en conseil, se il a authorité, il sert beaucoup, car celuy doibt estre saige et droit en ses faitz qui veult que l'en croye son conseil qui doibt estre discret, vtille et honneste.

Ceulx qui doibuent deliberer doibuent donner leur oppinion ou second les meurs ou les loix de la cité.

De honneste matiere et vtille, il est facille de deliberer entre sages. Si de tirans luxurieulx ou meschans gens l'en demande chose iuste, il ne fault pas redarguer leur condition, nature ou malice, ne louer la vertu a eulx contraire, de paour que ilz ne se meuuent en courage ; mais on les doibt louer de oppinion vulgaire, en monstrant vtillité et le danger qui s'en ensuit, se ilz ne se accordent, etc. Qui est iuste, car aucuneffoys plus proffite la craincte des mauuaiz que l'esperance des bons, car leur entendement est plus es laides choses que es honnestes, combien qu'il n'est si mauluais qui desire a estre veu tel.

Le tiers l'en doit considerer ce de quoy l'en veult deliberer, lequel se conferme et confute ou par honneste vtilité, ou par chose louable et glorieuse, ou par chose pl[a]siante ou chose facille, lesquelles choses sont a la matiere en soy.

Et nota, que de chose de necessité a estre faicte ne chiet point soubz le gerre deliberatif, car deliberation doibt estre des choses doubteuses, et chose[s] de necessité ne sont point doubteuses.

Et doibt l'en vser de exemples, pource que les choses passees font sçauoir les choses aduenir, aussi doibt l'en vser de exemples, raisons et de choses experimentees.

Le deliberant doibt auoir du tout son langaige hors de toute affection, simple, graue, cler et intelligible.

De conclusion l'en faict semblablement come au gerre iudicial.

Exemple de Cathilina parlant a ses coniurés :
« Il vous est assez congneu, nobles Cheualiers, que nostre cité de Romme fut commencee par Eneas troian et ses compaignons fugitifz et vacabons, qui ont creu la cité de loix et possessions au desdaing des aultres roys leurs voysins, qui plusieurs guerres leur ont faictes; mais tousiours les bons Rommains ont esté intentifz a cheualerie, par force ont deffendu leur pays, augmenté leur liberté, et plus par donner que par recepuoir ont acquis amys, en telle maniere que par leur vertu ilz ont subiugué toute nation, et a la fin Cartaige, l'enuieuse de l'empire triumphant. Mais en aprés est succedé vne mauuaise ieunesse, vne posterité desordonnee qui s'est endormie en delices, eueillee en auarice de pecune et

couuoitise de regner, par lesquelles toute ambition et diuision ont pullulé en nostre cité.

« Vous avez veu les intollerables iniustices et exactions qui nous ont esté faictes par Lucius Sylla et quelz larrons il nous ramena de Asie, quelle orgueilleuse et luxurieuse de ieunesse il nous a laissee, quelz temples il nous a demoliz, quelle glore et renommee il nous a destruicte. Le reciter me tresperce le cueur.

« Et pource que tout homme noble doibt tant faire en ses iours que son nom ne se passe point en silence, comme le nom des brutaux, car la vertu de l'homme est situé en force corporelle et vertu de courage ; la force corporelle doibt obayr a la vertu du courage ; car, par la force de corps, sommes semblables aux bestes, et, par la vertu du courage, nous sommes semblables aux Dieux; parquoy, i'ay determiné par la vertu de courage asubiectir force corporelle a toute paine et labeur pour acquerir nom de glore et le perpetuer en faisant oeuure meritore. Car a l'aide de vous tous, mes coniurés, et desquelz i'ay le serment et la foy qui estes en grant nombre, ie expulseray les proditeurs de nostre cité. Ie extermineray les mal vueillans et estrangiers, a celle fin que noz citoyens soient de leur despouille enrichiz seigneurs de nostre ville qui sera en bonne iustice et liberté par moy maintenue. »

Aultre exemple de Romme : « Il me semble, tresdiscret senat, que l'en debuons faire paix au roy ; car, s'il est longuement en armes, il ne demourra en Ytalie cité en fidelité de ceste heure. Il gaste les champs, il brule les places, il empesche par mer et par terre les marchandises, et il n'y a place, tant soit pacifique, qui ne soit endommagee de sa venue. Et si naturellement les hommes prennent paine pour amasser des biens, aussi prennent ilz plus de paine pour les conseruer. Ce ne sont pas les bestes qui s'efforcent de sauluer leurs petiz enfans que par necessité et paour de mourir, il[z] ne les abandonnent, et pensent de eulx sauluer. Qui est homme raisonnable qui n'ayme pas mieulx euader a peril que de finir ses iours en calamité ? Considerez que Numa Pompilius, auquel les aduersaires firent tant de maulx, il ayma mieulx les porter patiemment et garder ceste cité en paix que de commouuoir la cité pour soy venger, laquelle vengeance par auanture luy eust esté dommageable. Romulus en fist ainsi parallement, quant ceulx de Sabine eurent pris la moytié de ceste cité : combien que il luy sembloit que facilement il les pouoit repulser, il ayma mieulx composer que par armes mectre tout en danger. Et combien que il fut vaillant et cheualeureux, si disoit il tousiours que le bien publicque et les citez s'enrichissent plus par paix que par guerre, et n'est plus grande subuersion de villes et places, ne destruction que par guerre. Parquoy, ie ne doubte point que vous ne iugez trestous en vos courages que l'en doibt paix pourchasser et de toute nostre puissan[ce] la guerre exterminer. »

Aultre exemple, Eschines au conseil de Athenes : « Ie m'a recordé, notables bourgoys, que le roy Alexandre a esté escollier en ceste vniuersité, et, soubz la discipline de Aristote, il a apris les arts, il a congneu nos meurs, nos courages, nos puissances et coustumes, il a l'art de sçauoir regner et acquerir domination.

Nous congnoissons trestous son courage, et haultesse, sa constance, sa liberalité et sa clemence. Nous voyons qu'il est irrité contre nous. Il me semble que l'en le doibt rapaiser par humbles seruices, et non point commouuoir a ire par nous rebeller ou aultre contumelie. Et me semble que les armes et indignation qu'il a contre nous, seront facilement tournez en beniuolence, se il nous treuue humbles et obayssans. »

Aultre exemple par Demades : « En me esbaissant merueilleusement, ie m'esbahys, bourgoys de Athenes, pourquoy ne en quelle maniere Eschines nous mettant en craincte nous veult faire mectre en seruitude soubz estrange puissance, attendu que plusieurs nous y ont voulu et cuidé mectre, lesquelz nous ont tousiours trouuez nobles, fiers en courage et puissans a resister.

« Qui le meult de nous suader de laisser les armes qui aultreffoys nous a incitez a mener guerre contre ceulx de Perse ?

« Comment, gentilz Atheniens, fors et inuincibles en bataille, comment craindrez vous Alexandre, qui auez chassé les Megariens, vaincu ceulx de Corinthe, et surmonté les Lacedemoniens? Vous auez chassé hors de vostre pais le roy perses, auquel la mer ne suffisoit point pour soubstenir ses nauires, ne la terre point de port suffisant a les recepuoir, ne les fleuues assez grans pour leur ost abreuer, lequel a grant peine toulte Grece le pouoit soubstenir, ne l'air toutes ses flesches et dars pouoient porter. Il me sembleroit chose digne de grant derrision que vous ne osissez actendre vng ieune enfant qui est sans conseil, qui auez eu tant de grandes victoires. Ie ne doubte point que Eschines par subtil conseil ne vueille perdre la cité et la mectre en rapine des aduersaires. »

Aultre exemple par Demostenes : « La controuersie d'entre vous, notables bourgoys, est assauoir se l'en doibt prendre les armes a l'encontre du roy Alexandre, ou se l'en doibt se mectre en son obeyssance. I'ay ouy l'oppinion d'Eschines, qui est assez louable, et aussy celle de Demades ne seroit pas a reprouuer se l'opportunité y estoit ; car nous auons force assez pour combatre s'il estoit de mestier ; mais aussy paix qui est là fin de guerre n'est point a despriser. Demades nous recite par exemple noz anciennes victoires et nous suade prendre les armes ; mais ie luy prie qu'il nous enseigne telz chiefz de guerre maintenant comme nous auons veu le temps passé. Conon n'est plus en vie, qui en despouillant ceulx de Perse il enrichist nostre cité. Ou trouueroit l'en vng tel cappitaine que estoit Mulciades, lequel destruysit dedens les champs Marathonius le roy Daire et desconfit six cens mille hommes de cheual ? Nous sommes bien loing de trouuer vng tel cappitaine comme estoit Thenistodes qui combatit le roy perses, lequel estoit enuironné dix foys de cent mil cheualiers et de quatre mil et deux cens nauires. Ciel et terre et mer trembloient deuant luy, et touteffoys la vaillantise Themistodes le poursuyuit tellement qu'il contraignyt Perses s'enfuyr celeement en vng seul petit nauire. Certes, le temps n'est més, et, selon la diuersité du temps, l'en doibt donner diuers conseil. Il nous fault donner de garde que, en cherchant liberté par les montaignes, nous ne chiessons au val de seruitude, et, se nous ne voullons aulcune chose donner, gardons nous de tout perdre. Tel cuyde aulcuneffoys sauluer vne partie de ses biens qui pert toult. Or, mectons le cas que nous voullons prendre les armes contre Alexandre : ce n'est tant seullement que pour auoir victoire de luy affin de demourer en paix. Certes, qui veult auoir victoire de son ennemy, force luy est estre preparé et premuny de toultes choses qui conuient pour guerres entretenir : c'est assauoir gens d'armes bien armez, bien instruictz aux armes, vallentureux en leurs faictz et estre crains de leurs ennemys ; viures a puissance pour les nourrir et argent en habondance pour les souldoyer. Ces choses dessusdictes ne sont point a nous ; mais nous auons deuant noz portes nostre ennemy enflé et courroucé contre nous auec grande compaignie et quasi infinye de gens de guerre fortz et puissans, hardiz et vaillans, bien enseignez que, se il nous assault, il ne trouuera en nous que desordre, inscience, et impuissance. Parquoy, il me semble que nous ne le debuons point prouocquer a ire, et que nous le debuons laisser passer et aller en Perse, la ou il veult espandre son ire, a celle fin que l'indignation que il a contre eulx, que il ne l'espande par son oultrage sur nous. Gardons nous de dire que nous ne voullons point estre subiectz a Alexandre, qui auons tousiours esté en seruitude soubz son pere le roy Philippe, a celle fin que il ne nous en prengne comme il a faict a ceulx de Thebes. »

DE EXORDE EN GERRE DEMONSTRATIF

Euiter indignation. — Beniuolence a nostre personne. — Beniuolence par deplaisance.

L'exorde en gerre demonstratif enseigne louer ou vituperer en general ou particulier tant les presens que les absens. Et combien que l'en puisse vaquer de matiere, touteffoys l'en doibt ensuyuir les reigles deuantdictes de exorde general et iudicial, mais en oultre l'en acquiert beniuolence ou congratulation en deux manieres, c'est assauoir en louant et yituperant.

Nous acquerons beniuolence a nostre personne par plaisance, en louant les vertus de nostre aduersaire, en declarant nostre courage estre du tout applicqué a aymer vertu et que les vertueux par imitation nous voullons ensuyuir.

Par desplaisance, en disant qu'il n'est riens qui nous desplaise plus que de ouyr reciter mauluaises parolles et que les vices de l'aduersaire nous voullons fuyr et euiter.

Par congnoissance, se ceulx a qui on parle ne congnoissent point l'aduersaire a l'oeil, nous requerons que au moins de pensee il[z] le puisse[nt] congnoistre pour ouyr reciter de luy ce que nous en voullons dire en bien pour l'ensuiuir, ou en mal pour l'euiter ; et, se le congnoissent, nous diron que celuy que vous congnoissez vous orrez dire en brief et par dessus encor d'aultres choses.

Par semblance, quant nous disons : « J'espere que vous orrez voluntiers les vertus de luy, car vous estes vertueux qui escoutez voluntiers parler des vertueux. »

Par disconuenience, quant on disons : « Ses vices sont si contraires a vos bonnes et nobles vertus que quant vous les orrez reciter, vous iugerez la mauluaistié de quoy il est plain. I'en diray le moins que ie pourray, tant pour son honneur garder que de paour de vous ennuyer. » Et puys en la narration dire le mieulx que l'en peult.

Par preschement, en disant que les vertus sont apparentes, que tout le monde le tient pour vng saint homme, ou ses vices sont si execrables que iusques aux bestes brutes son malheur est congneu.

Les aultres lieux sont au chapittre de captation et benivolence.

Narration au gerre demonstratif est semblable comme exposition au gerre deliberatif, mais elle n'est point si continue comme au gerre iudicial, car il serait difficile a la memore de tout retenir, mais l'en verra de diuision et dira l'en en lieu de fort prudent et narrer le temps et les choses par ordre.

Amplification est tres vtille en cest endroict, mais que l'en se garde que de choses incongneuz l'en ne face point oscure exposition, mais par poinctz diuisez et par comparaison de choses estranges, l'en doibt faire son amplification, pourueu que celuy que l'en compare soit plus grant ou esgal ou compare.

Les choses congneues il suffit simplement les reduyre en memore.

Diuision se faict aucuneffoys quant nous disons les choses lesquelles et en quoy nous les voulons louer ou vituperer.

CONFIRMATION ET CONFVTATION

Minerue. — Mercure. — Apolo. — Nourriture. — Louenge de vertus. — Louenge des arts en huit manieres. — Clemence et misericorde.

Confirmation et confutation est de louenge ou de vitupere et se tient entour quatre choses : en Dieux, es hommes, aux ars et aux citez.

En Dieux et aux sainctz a six louenges : a la parenté, comme Ihesucrist, filz de Dieu le pere, et saincte Katherine, fille du roy Coste; a l'antiquité, comme Dieu eternel sans fin ne sans commencement; a la force, comme Dieu tout puissant, et *non est qui possit resistere voluntati*; aux choses trouees comme sciences et practiques qui par le saint [Esperit] ont esté infuses aux entendemens humains, comme Minerue deesse des sciences, Mercure des lettres, et Apolo de medecine; a l'immortalité, ou de soy immortelz comme Dieu, ou creés immortelz comme les anges, ou par acquisition comme les sainctz et sainctes; a la maiesté, quant par amplification nous faisons honneur et reuerence a leur nature.

Es hommes sont louenges et vituperes, desquelles a esté dict plus a plain en parlant des proprietez de la personne, comme de la nation, du pais l'en loue ou l'en blasme les hommes en disant les coustumes et meurs du pais, comme l'en dict : Picars meurdriers, et Bretons larrons.

Du lignage aussi : « S'il est de grans parens, il croistra encor son nom par dessus. S'il est d'humble maison sans auoir eu commencement de ses parens, il se faict home de bien. » En vitupere : « S'il est de grant maison, il leur faict deshonneur ; s'il est de petite maison, ce leur est dommage, etc. »

De la nourriture, comme : « Il a esté en bonne discipline dés sa ieunesse nourri, » ou « Iamais ne voulut riens aprendre que a iouer aux dez et suiuir larrons, etc. »

De la beaulté, de la forme du corps l'en faict louenge, se il y a force, ligereté, honnesteté acquise par excercice, diligence et aultre vertu ; ou en vitupere, que il a mal vsé des dons de Dieu et de nature.

Aussi les tire louenge et vitupere de conuersation auec quelz genz de occupation et en quoy; de administration, de estude, de abit, de renommee, de affection, de conseil, de faitz et de ditz, qui bien ou mal en vse.

De fortune aussi l'en loue ou l'en vitupere, comme : « Quant il estoit poure, il estoit aultre que maintenant, quant il est riche ; de quel courage il estoit en ses auctoritez ; par quelz causes et moyens il a acquis amis ; comme il se gouuerne en ses offices ; par quelz fins il est venu en inymitié ; quelles choses a il faictes pour auoir esté faict ennemy, et, se l'en parle de vng mort, en quelle maniere il mourust et parquoy celle chose luy est aduenue.

Et nota, que l'en ne loue point la personne par auoir ou des biens ou des offices, mais l'en loue que il s'y est honnestement gouuerné, et a acquis grace ; car authorité et puissance sont certain experiment des meurs, par lesquelz nous nous descouurons bons et mauluais. Louer donc l'en ne doibt point fortune ne ses biens, aussy esse follie de la blasmer ; mais l'en doibt louer les courages des vertueux et blasmer les vicieux abondans en biens ou authorité, etc.

Louenge de vertus se faict de iustice, de continence et des aultres a propos, lesquelles nous sçauons estre aggreables aux auditeurs et seruent beaucoup a amplification.

Des ars l'en faict louenge et vitupere en huyt manieres. Premierement, de l'inuenteur en extollant son excellence ; de l'ymitateur, se il a creu et anobly, aprez l'inuenteur ; de la matiere, en disant la dignité, la nature, l'office propre a l'art ; de l'effaict, en disant ce qui en vient ou qui s'en ensuyt ; de l'vtillité, la quelle nous demonstrerons estre es singulieres parties de l'art ; de honnesteté de l'art, et comme sont ceulx glorieulx qui en sont ; de contention, quant nous disons : cestuy est plus vtille, plus noble et plus honneste que les aultres ; de la fin, quant nous disons que, a pou de labour, nous auons nostre vie grandement et richement. Et en vituperant l'en dict le contraire.

Les louenges des villes, citez, aussy les vituperes, se prennent en dix manieres. Premierement, du fondateur, ou sage, ou roy, ou empereur, ou tyrant, etc. Secondement, l'antiquité que l'en monstrera par les anciennes croniques. Tiercement, par la situation en bel air et sain, en pays plain, doulx, plain de fontaines, fertille, etc. Quartement, les edifices comme grosses tours, fors murs, forte place, foyson d'artillerie, viures en abondance, *item,* belles eglises bien fermees et bien aornees et belles maisons. Quintement, par choses especialles qui y sont que en pou de villes ou point n'en a de semblables. Sextement, pour exalter les citatins qui furent et ceulx qui sont, et benyr ceulx qui viendront de si noble et digne habitation. Septimement, par amplitude de richesses, de iuges, de magistras, d'estudes, de diuerses offices desquelz la cité est decoree. En aprez les ars, mestiers et practiques de viure sont a louer ou vituperer. Item, l'en dira la renommee estre espandue par l'vniuersel monde. Et, en la fin, par contention, nous diron les aultres grandes citez n'estre rien enuers celle de qui nous parlons. Lesquelz ou partie se doibuent appliquer par amplification la ou il[z] conuiennent mieulx selon l'inuention du disant.

Conclusion se faict par enumeration et congratulation de beniuolence.

Exemple Demostenes au roy Alexandre :

« Nature et fortune, roy Alexandre, ne te ont rien donné si noble ne si magnificque fort seullement que, se tu veulx, tu peulx conseruer beaucoup de gens. Et ie ne sache en toultes tes vertus, combien qu'il y en ait beaucoup, qui soient plus dignes de louenge et de greigneure admiration que sont ta misericorde et clemence. Certes, tu ne te sçauoys mieulx monstrer estre Dieu que de faire oeuures diuines ; c'est assauoir ou a donner a ceulx qui ont necessité, ou a pardonner a ceulx qui ont offencé. Et, combien que les Dieux sont beaucoup plus grans que les hommes, clemence et misericorde sont seulles vertus qui rendent l'homme egal aux Dieux. Parquoy, resiouys toy de si excellent bien, et vse de ta grace et clemence a ceulx principallement auec lesquelz tu as esté nourry, et la ou tu as prins la lumiere de science et de tes vertus, et ou tu as eu le commencement de ta haulte et tresexcellente domination. Il n'est si iniuste ne si creu interpretateur de choses qui sceust dire que nous ayons receu ceulx de Thebes de mauluaise volunté a l'encontre de toy, actendu que, incontinent que ce fut faict, nous alasmes par deuers toy a humble pardon. Certes, celuy qui se repent desclayre que il voulsist ne l'auoir oncq faict. Et, se l'en veult dire qu'il y a eu en nous quelque' faulte, ie te certifie qu'elle est sans iniquité ou malice. Il est bien vray que les poures meschans et miserables Thebayns nous les auons receuz en nostre ville, non pas comme tes ennemys, mais come le reste et le residu de ta victoire. Et aussy comme tu voys, quant vng nauire est rompu de tempeste, chascun s'efforce de sauluer les gens et les biens, combien que les gens soient ennemys; tout ainsy, comme gens par toy destruitz et perdus, nous leur auons ouuert noz portes. As tu veu que contre toy nous les auons soustenus? As tu congneu que nous ayons pris les armes auec eulx et contre toy? Ie suis certain que tu iugeras en toymesmes que nostre offence est plus humaine et charitable que vicieuse. Or, mecton le cas que ton courage enflambé de ire et de naturelles aultres passions, sans lesquelles aulcuns ne sçaroient viure, ayt esté mal content; toutesfoys, ton courage qui tousiours desire nom vertueux et immortel, ne se gouuerne point seullement de vie humaine subiecte aux passions, mais se conuerse en esperit auec les choses diuines. Tu as subiugué toute Grece ; les Lacedemoniens et les Tebains tu as destruict et deffaitz, et tu t'en vas combattre ceulx de Perse et de Inde. Ce sont ouurages humains de auoir domination sur les aultres, mais ce sont oeuures diuines de auoir domination sur soy, soy sçauoir commander et soy sçauoir submectre a raison, contraindre soymesmes a rapaiser son ire, pardonner a ceulx qui demandent pardon, auoir pitié des desolez ; et, qui le faict, il ne doibt point estre seullement comparé aulx grans, mais doibt estre iugé semblable a Dieu. Parquoy, sire, ne croy pas a ire qui est ennemie de tout bon conseil ; ne te attent pas a victore qui de sa nature est folle et orgueilleuse ; mais fay que tu ayes domination sur toymesmes qui as domination sur les aultres en glore et en vertu.

« Qui est cil qui en noblesse, preudhommie, liberalité, clemence, ou en qu[e]lque aultre tiltre de vertu, soit renommé plus digne de toy ? Qui est si grant roy, ou qui iamais fut, qui ayt faict tant de batailles, eu tant de victores, si grant nombre de combatans, si ligierement conquesté royaulmes, si pertinax a ses rebelles, si clement a ses subiectz, si liberal et humain a toutes gens, comme toy. Ie te certifie que ta glore est desia si grande, combien qu'elle sera encor plus grande, qu'elle demourra perpetuellement en la memore des hommes, se elle est bien redigee par escript. Et ne sera si cler engin ne si eleguant orateur qui sache, non pas aorneement parler, mais tant seullement narrer de point en point tes haulz et tresadmirables faiz ; lesquelz par succession de temps se pourroient effacer, se ilz n'estoient laissees par escript a ceulx du temps aduenir. Mais ie demanderoye voluntiers qui seroient ceulx, entre tant de mil hommes qui sont soubz ton obayssance, qui mieulx et plus vroy sçaroient narrer tes faiz et descripre les louenges que nos Atheniensoys ; car, en noz maisons, sont les fontaines de philozophie desquelz procedent les russeaulx de toutes sciences qui arrosent toute terre habitable. Ce sont ceulx, triumphant roy, qui celebreront tes grandes et merueilleuses louenges; ce sont ceulx qui les escripront non seullement a toutes gens et en toutes langues, mais esleueront ton nom iusques aulx cielz, qui iamaïs ne perira et encor de iour en iour eternellement croistra; et ceulx qui viendront aprez nous et verront tes innombrables victores et orront parler des grandes triumphes, s'esmerueilleront de sy grandes choses. Et affin que ainsi soit, nous te prion que tu pardonnes a nostre cité : doibs ie dire a ta cité ? Ne vueilles pas destruyre la lumiere du monde qui est entre les citez, comme le soleil entre les estoilles, la noble lumiere de eloquence, de sapience et de toute philozophie l'excelence. Se ainsi le faiz, ce te sera grande louenge et grande glore, en te certifiant que tu n'as encor acquis si grande comme tu peulx acquerir auiourd'uy. »

[DE COULEURS]

Exorde par exornation. — Exornation par presumption. — Par premunition. — Par reiection. — [Doub]tance. — Parentheses. — Couleurs et figures de rethorique. — Transsumption. — Repetition. — Coutention. — Exclamation. — Interrogation. — Interrogation par inuasion. — Interrogation par instance. — Interrogation par admiration. — Interrogation par subiection. — Subiection. — Sentence. — Sentence contraire. — Membre. — Conioinctes par et. — Continuation. — Couleur soubz contraire. — Obsecration. — Enseignement des auditeurs. — Enseignement de nostre aduersaire. — Conseil a ceulx qui se doiuent honorer. — Agnomination. — Gradation. — Transsition. — Emendation. — Occupation. — Interpretation. — Doubtance. — Commutation. — Permission. — Dissolution. — Precision. — Conclusion. — Licence. — Signification. — Diminution. — Diuision. — Frequentation. — Commoration. — Similitude. — Effection. — Notation. — Imitation. — Ymage. — Confirmation. — Demonstrance. — Circuition simple. — Yronie. — Yronie par repugnance. — Yronie par permission. — Parenthese. — Anthonomasia par excellence. — Prosopeya. — Pleonasmos.

Or, conuient il parler de exornations ou figures que l'en dict couleurs de rethoricque, lesquelles, se il[z] sont entremeslees dedens la proposition, comme riche couleur il[z] enlumine[nt] toute l'oraison. Et ainsi que le doulx chant et melodieulx donne suauité a ouyr, ainsi exornation relieue l'entendement enuyé de commun langaige.

En exorde se peult faire exornation, comme par inuoquer l'aide du saint Esperit ou de la vierge Marie, et non seullement au commencement, mais quant l'en a passé par dessus quelque grant lieu, l'en peult encore recommencer a faire son inuocation, comme : « Mes treshonorez seigneurs, nos peres nous ont laissé par coustume et aucthorité que, en toutes choses, au commencement, nous inuoquons la grace du saint Esperit, affin que de son ayde et conseil nous puissons dire chose qui soit a la louenge de Dieu et a l'vtilité de vous et pour ce que i'ay a dire, etc., qui est de grant consequence, ie requiers au saint Esperit que il me donne sa grace de venir a ce que ie desire. »

Aussi il se peult faire exornation par presumption en donnant solution a ce que l'en pourroit dire contre nous, comme par preparation, en disant pourquoy il fault que nous soyons longz, pource que en pou de parolles l'en ne peult dire grande substance.

Item, par premunicion, en descendant a dire ce que nous voulons accuser, pourquoy aultreffoys nous l'auons deffendu.

Par emendation, en depriant que il ne ennuye point se l'en est vng pou long.

Par reiection, en disant que, [se] ie tiens trop longuement, la faulte en est a l'aduersaire qui en est cause et auquel il fault respondre.

Item, l'en peult vser de doubtance, de interpretation, de emendation, de diminution, de reprehention, de correction.

Item, l'en doibt, vser de vne craincte honteuse quant nous sçauons que facillement nous serons escoutez; nous disons craindre le sens en quoy il le pourroit trouuer, mais nous dirons comment de verité ne sera rien plus droict dict que ce que nous dirons en ceste maniere : « Ie mercie Dieu; tel que ie suis, i'ayme paix, ie suis filz de paix; ie ne le di pas pour mon argument, mais, n'estoit la paix ciuile, ie ne fusse point, ie di, en grant peril et doubte, car ie ne sçay en quel sens vous le prendrez. Si ne dirai ge que verité et fusse ma mort; parquoy, ie vous supplie, se ie dy aucune parolle rude, deshonneste, amere ou mal couchee ou impossible a croire, iusques a ce que vous ayez ouy la desclaration et ma conclusion, n'en donnez a vos courages aucune sinistre sentence. Comme i'ay desia dict, i'ay tousiours aymé paix, loué paix et encore desiré paix, etc. »

Il chiet beaucoup de exornations en la narration : premierement par coniunction, et par dissolution, et par *zeuma,* qui [est quant] a vng verbe plusieurs sentences sont raportees, comme : « Et a qui ie suis et a qui ie ressemble et d'ou ie viens et qui ie quiers, en brief vous le congnoistrez. » — « Luxure est refrenee par honte, crainte par hardiesse, folie par sagesse ; mais sagesse, honte, raison ne aultre vertu ne ont sceu reuocquer ta fureur ; pour telle folie nature t'a engendré ; tu y as excercé ta volunté et a ce faire fortune t'a gardé. »

Parentheses briefues et bien interposees sont de proffit en ceste maniere. « Celuy de quoy ie parle, non point par hardiesse, combien qui se vante d'estre hardi, mais par sa folie, par la quelle excede tous aultres, soubz entra au champ tout nu, et la fut batu. »

En la confirmation, l'en peult vser de distribution, de diffinition, de effection, de circuition, de sentence, de contention et de pollissure.

En confutation, l'en prent exornation, argumentation, intellection, superlation, immitation et iranie.

En la conclusion, l'en doibt vser de repetition et de gradation, de consonance, par communication familiere, par interrogation, par apostrophe.

Ensuit les couleurs et figures de rethoricque, c'est a dire les manieres de parler par lesquelles l'en croist ou diminue sa substance, l'en allongne ou appetice son langaige, l'en meult les auditeurs a hayne ou pitié ; on leur donne delectation et desir de escouter et en faict l'en ses argumens. Et furent trouuez pour quatre choses : la premiere, pour augmenter son langaige ; la seconde, pour oster ennuy en variant son langaige ; la tiérce, pour noualité de parler ; la quarte, pour adoulcir et commouuoir les auditeurs.

La premiere couleur se dit transsumption. Quant l'en a vne proposition a dire qui est defforme, deshonneste ou non conuenientc, pour parler plus honnestement l'en laisse celle proposition et en prent l'en vne aultre qui est assez semblable a la qualité de la proposition que l'en laisse. Exemple : se ie voulloye dire : « Il se fault garder de cet homme cy, car il est trompeur, » l'en dit plus honnestement : « Il se fault garder de cest homme cy, car il est regnart en ses faictz. » Et se faict transsumption en plusieurs manieres.

L'vne, quant on transmue de homme en non homme ou les qualitez demeurent conuenientes, comme l'exemple deuant dicte.

L'aultre, quant on transmue ce qui n'est point homme es offices de l'homme, comme qui vouldroit dire en yuer : « Les gresles et tempestes chiessent sur la terre et les eaues sont toutes gelees, » l'en diroit par transsumption : « En yuer, les gresles et tempestes flagellent la terre et les gellees emprisonnent les eaues ; le vent est terrible ; le temps se adoulcist. »

Item, l'en dict : « Il seme parolles ; il repaist ses yeulx ; son langaige est dur et rebelle ; le roy est çaint d'ennemys ; la terre a beu la rousee ; les chrestiens se sont armez leur ame de foy et leurs corps de fer. »

L'en se doibt garder que l'en ne face transsumption de chose legiere ne de chose trop vsitee, car cela ne aorne point. Garder aussy on se doibt de faire ville transsumption, comme en disant « suggestion angelicque et inspiration dyabolicque », la ou l'en doibt dire « inspiration angelicque et sugestion dyabolicque. »

L'aultre espece de transsumption (1) se faict par nomination ; et c'est quant vne chose n'a point de mot propre pour son significat, on lui en impose vng, ou, quant son significat n'est point assez propre, on lui en baille vng plus conuenient, comme : « La rouxte du peuple contraignist la cité de se rendre. — Le tonnoirre trompillait par les champs. » Item, l'en pourroit dire : « Les ventz opposites ont faict mouuoir la mer, » mais on dict : « Les debatz des ventz ont enorgueilly la mer. » Item : « Deuant Dieu crient les deuotes sillences. »

L'aultre maniere se faict par pronomination, quant, pour louenge ou vitupere, au propre nom de la chose l'en mect vng adiectif semblable ou opposite pour louenge, come « le bel Absalon, le eloquent Cicero » ; pour vitupere, comme « le proditeur Judas, le difforme Vulcan », et aulcuns l'appellent *epitheton* comme « simple coulombe, chaste teurterelle, noir corbeau. »

Une aultre maniere se faict par superlation, quant pour louenge ou vitupere l'en excede la verité, ou en croissant, touteffoys en

(1) Nota que il fault recuilir cy endroict, après ceste presente article, encor vne aultre a l'autre page qui parle de ladicte transumption ; et est ou il y a nota.

excedant verité ce n'est pas tout mensonge, comme : « Ma dame par amours est de angelicque figure ; quant ie la voy, elle me ressemble resplendissante comme le soleil ; elle est clere et necte comme le iour, etc. » Et ceste maniere sert quant l'en acquiert beniuolence plus par adulation que pour verité dire. Exemple de vitupere : « Jehan est pire que le diable ; il est plus chault que le feu d'enfer, etc. »

Superlation, c'est quant on veult ou croistre ou diminuer sustance, l'en excede verité, comme : « Son langage est plus doulx que miel, son corps plus chault que feu, son viaire plus blanc que oef. » En croissant, l'en dict : « Se l'en veult garder concorde entre eulx, l'en vollera aux nuez. » En diminuant : « Il est tant mallade que il n'a que la peau ; ses os ne tiennent point ensemble. » Et combien que hyperbole soit figure de mentir, touteffoys superlation peult passer au dessus par clerement mentir, voire [si] sobrement que la menterie ne face rire, ou que follie ne s'en ensuyue.

Il est vne aultre maniere de transsumption, quant en disant l'vng, l'en entend l'aultre, comme : « Les pasteurs escorchent les brebis ; ilz batent l'eaue et mengussent leur blé en vert, etc. Tu n'as pas si grant memore que tu puisses retenir ce que tu dictz. Que vault a dire comme tu parles tousiours ? » Item : « Mon mary, ie vous prie, ne prenez point en aultruy lieu moustarde ; passez vous au vin de vostre celier ; nonobstant se ie suis petite, il y a assez granche pour le bateur, et assez estable pour vos cheuaulx » ; auec plusieurs aultres manieres que ie laisse aux clers a les estudier, pource qu'il me suffist de donner a entendre des plus principalles.

Repetition ou figure *epymone* est quant on reprent vng semblable mot vniuocque ou vne substance entiere au commencement de plusieurs clauses, comme : « Tu es mon amy, tu es seul mon bienfaicteur, tu es iuge de ma mort et vie. — Scipion a destruyct Cartage, Scipion a enfanté paix, Scipion a gardé la cité riche. — Il est riche voyrement, il est meschant et meschant sera. »

Item, par comparaison, comme : « Toy aduocat, veilles de nuyt, affin que tu saches ordonner tes causes, et luy capitaine veille de nuyt, en pensant comme sagement il conduira ses gens. Toy aduocat, tu metz par ordre tes raisons; luy capitaine mect par ordre ses batailles. Toy aduocat, tu gardes que les causes que tu patrocines ne perissent; luy cappitaine garde que les villes ne soient prinses. »

Item, l'en faict repetition au commencement et au meillieu, comme : « Se nous demandons paix, nous l'aurons par estre en humilité. Se nous demandons humilité, nous l'aurons par faire prieres a Dieu. Si nous demandons a Dieu choses iustes, nous l'aurons certainement. »

Item, l'en faict repetition au commencement et a la fin, et est appellee complexion, en disant : « Liberté engendre estude, liberté croist estude, liberté entretient estude. »

Item : « Qui sont ceulx qui ont demandé grace ? les Carthageoys. Qui sont ceulx qui ont destruict Ytalie ? les Carthageoys. Qui sont ceulx qui ont rompeu les treues ? les Carthageoys. »

Item, a la fin et au commencement, ainsy comme il sera veu au chapitre de annexe et enchaineure.

Item, a la fin, moyen et commencement, comme : « Vostre faict est comprins en ce que ia [est] dict, messieurs, non pas mon faict, mais vostre faict tant noble, tant digne de renommee, dis ie vostre faict, et, comme i'ay tousiours dict, messieurs, non pas mon faict, mais vostre faict. »

Item, a la fin tant seullement, comme : « Depuis que les bourgeoys ont esté diuisez par les hommes mecaniquez, ilz se sont par bendes diuisez, les maistres contre les seruiteurs diuisez; leur liberté est perie, iustice est perie, concorde est perie. O meschant mal ! O cruel mal ! O miserable mal ! »

Et nota que vng mot esquiuocque mis en commencement de plusieurs propositions n'est point repetition, pource que equiuocquement il varie substance, comme « francz en courage, francz en bourse, etc. » — « L'essay d'amours laissay pieca; le sçays tu bien ? » Et nota que il suffist de trois repetitions au plus, comme : « Le taire est tousiours de saison; Ie conseille que l'en se taise. Le taire est tousiours de saison; Taire se fault que on ne desplaise. Le taire est tousiours de saison; Taire on se doibt qui veult viure aise, etc. » Et se appelle conuersion, et est assauoir que ces couleurs cy vallent beaucoup a prolonguer matiere et a elucider la pensee des auditeurs.

Traduction se faict comme repetition, excepté que le mot doibt estre esquiuocque qui se reprent au comencement suyuant la fin, comme par gradation l'en dit : « Scipion l'Affrican eust grant vertu ; par sa vertu il acquit honneur ; par son honneur, il acquit glore. » Au commencement ou a la fin des c[l]auses ou a tous deux ensemble en ses diuerses significations. Exemple : « Cures se font par medecins ; cures se desseruent par prestres. » Exemple du commencement et la fin : « Par don plusieurs gaignent pardon. » Exemple en la fin : « Se tu veulx estre bien en vie, ie te supply, garde toy de enuie. » Et nota que expressement le latin dit equiuocque ; touteffoys, selon nostre maniere de parler, il suffist de prendre vng ou plusieurs motz de semblable prononciation et de diuerse signification. Exemple : « Puissance auons de bien combattre, puis sans cela sçauons c...batre.

Contention se faict, quant choses contraires ou diuisecz se rapportent a vng en termes ou en substance. En termes, comme : « Tu te taiz et tu deusses parler », ou « Tu parles et tu te deusses taire ; tu riz et tu deusses plourer ; tu te absentez quant tu deusses estre present. » Item : « Aux ennemys tu te monstres humble et aux amys rebelle. » Et nota que ceste maniere de parler sert beaucoup en matieres de corrections et de amyables remonstrances et en explications de haynes.

· Item : « Vertu et estude sont tresdifficilles a acquerir, mais tresfacilles a posseder. — La racine de science est amere, mais le fruict en est doulx. » Item, en substance, comme : « O poure fol ! tu te dementes de gouuerner beaucoup de gens, ce que vng sage homme a paour d'en gouuerner pou. Tu de petite puissance prens guerre contre ce fort et puissant roy, ce que tout le monde ne sçauroit faire sans grant craincte. » Item : « Tu le crains malade, et iamais sain n'euz paour de luy. » Item : « Autant est de besoing a vng auaricieux ce qu'il n'a point, comme ce qu'il a. » Item : « Vous plaignez sa mort, et cestuy s'en rit. — Tu doibs menger pour viure, non point viure pour menger. »

Exclamation ou figure *profonesis*, c'est quant par hayne, amour, ioye, couroult, indignation ou admiration, l'en crye plus hault que l'en ne parle communement; et se faict quant on veult prouocquer les cueurs a ioye ou a paour, ou compassion, ou ire, etc. Comme par ioye : « O glorieuse mere de Dieu ! O royne des cielx ! O mere des anges ! ie te salue. » Par paour : « O craintif iour du iugement de Dieu ! O doubtable assistence de pecheurs, etc. » Par douleur et compassion : « Las ! en quel douleur et angoisse il a passé le pas de la mort ! O quel pitié ! Haa, quel dommaige ! Ayez pitié de si dolente ruyne, regardez la pitié des poures orphelins, etc. » Par indignation : « O Iuifz infideles et rudes d'engin ! O mauldiz obstinez ! ne congnoissez vous point que Iesus est resuscité ? » Item : « O mes amys ! haa ! quel deul ! hee ! quel perte, quel desplaisir ! Haa ! vray Dieu debonnaire ! Or est il mort oultre temps ordinaire, Dont i'ay au cueur tristesse trop apperte. » Par derision : « Haa ! vray Dieu ! quel beau gardeur de brebis ! quel iuge flexible ! »

Interrogation se faict, quant on a dict plusieurs choses contre son aduersaire [et] l'en conferme son dict par demandes qui demeurent insolues quasi toutes manifestes aux auditeurs par les raisons opposites, come : « Tu es vng crocheteur, tu as fait etc.

Tu es vng larron, tu as emblé, etc. Qui t'a apris a crocheter ? qui t'a enseigné tant de maulx ? comme as tu eu courage de ce faire, etc. ? — Adam, tu as mors a la pomme oultre la deffence de Dieu ; tu as plutost obay a ta femme que a Dieu ; tu l'as soustenue contre la volunté de Dieu : as tu doncques paine a tort ? »

Interrogation par enumeration se faict ainsi : « Vien ça, Cathilina ! quant tu estoys auec les compaignons et tu les persuadoys de piller ceste ville, ie te demandes, leur conseilloys tu l'utilité du bien publicque ou non ? Oseroys tu nyer que tu ne soys traistre ? »

Par inuasion contre son aduersaire, ainsi : « Quel plus grant desplaisir nous peult il aduenir plus que de veoir nos ennemys s'enrichir de nos biens ? »

Par instance, ainsi : « Quant tu estoys parmy telz ennemys, dequoy te seruoit ton espee a ton costé ? »

Par enuye, ainsi : « Quelz terres sont ce que tu me veulx tollir ? »

Par indignation : « C'est vng terrible homme ; mais pourquoy esse que chascun le hayt ?

Par croistre le crime, ainsi : « Respont, Iehan, te a il batu ? » Responce : « Sire, ouy, et si ie ne luy faisoye rien. »

Par diminuer le crime, ainsi : « Respond, tu as tué vng homme ? » Responce : « Messieurs, i'ay tué vng larron. »

Par admiration, ainsi : « Haa ! mauldite auarice insatiable ! pourquoy tourmente tu ainsi les hommes mortelz ? »

Par pitié, ainsi : « Helas ! Que feray ge dorenauant ? Ou irai ge ? Que deviendray ge ? »

En respondant a quelque difficille question, ainsi : « Que

veulx [tu] dire a l'encontre ? Que feras tu plus ? Au moins faint quelque chose honneste, affin qu'il soit aduis aux gens que tu ne fais pas la chose que tu fais publicquement. L'oseras tu bien nyer ? Pourquoy ne parles tu ? Se tu le nyes, ie le proueray facillement. »

Par rendant raison, ainsi : « Ce me semble que ce estoit bien fait a noz anciens peres que, quant ils prenoient vng roy en bataille contre eulx, iamais ilz ne le faisoient mourir. Pourquoy ? pource que, en la bonne fortune et prosperité en quoy ilz estoient, il leur sembloit tresinique faire mourir ceulx qui de leur semblable fortune ou plus grande prosperité estoient descendus en aduersité, ce qui pouoit aduenir a eulx mesmes. Pourquoy donc venoit il faire la guerre contre eulx ? Pource que les fors, vertueux et vaillans se combatent pour obtenir victoire ; les animez courages veullent par force vaincre la bataille, rendre la paix a son pays : ne l'eust il pas fait, se il eust esté victeur ? »

Par subiection, ainsi : « Que debuois ie faire contre la force des Françoys ? I'estoye de tous costez enuironné. Debuois ie batailler a si pou de gens que i'auoye, ou m'enfuyr ou demeurer au champ, qui n'attendoye aulcun secours ? Debuois ie refuser la paix que ilz me offroyent ? »

Parfaicte interrogation se faict ainsi : « Ie croy que c'est de ta doctrine ; ie cuyde que tu l'as faict. »

Assignation de raison, c'est que l'en dit ratiocination, se faict quant on faisons une demande et incontinent nous en donnons la raison. Exemple : « Tout auaricieux, quelques biens qu'il ayt, il est poure, pource qu'il n'a point suffisance. Pourquoy craint il d'espendre ses biens acquis, de paour qu'ilz ne diminuent ? — Vng cheualier et vng medecin tout vn, l'en tient vng vieil cheualier sage et deliberé, si faict l'en le medecin; le cheualier viel sçait qui fault pour le salut du bien publicque, aussi faict le viel medecin ce qu'il faut au corps humain. » Et ceste maniere de parler croit fort le compte et plaist aux auditeurs.

Cheretema demande et respond a plusieurs questions, comme : « Qui esse qui meurt ? l'euesque. Pour qui ? pour son peuple. Comment ? de vne espee. »

Subiection se faict, quant a vne demande l'en faict vne solution et incontinent l'en destruict sa solution, comme : « Qui a enrichi le sergent de Boys ? il luy est venu quelque succession. Vrayement tous ses parens n'eurent iamais vaillant vng lyart. Il a gaigné donc son argent a seruir ? Mais iamais n'a voulu rien faire ; il fault dire que l'or croist a sa maison, ou il a iniustement. Dis tu qu'il est homme ? s'il eust esté homme, il eust faict oeuures de raison. » Et ceste maniere de parler differe a assignation de raison, parce que icy l'en destruit sa solution. Ceste maniere sert beaucoup en matieres de correction et de indignation.

Sentence, c'est langage ou moral ou allegorique ou autentique proposition de soy ayant clere confirmation ; et se fait par prouerbe aucuneffoys, comme : « Il ensuyt les conditions d'vng regnart qui s'efforce a decepuoir son amy. » Aucuneffoys, par sens moral, comme : « Vng beau mourir toute la vie honnore, » et « Seulle vertu corrige les choses », et « Celuy seul est en sa liberté, qui n'est point seruiteur de peché. » Aucuneffoys, par autentique proposition de soy clerement confermer, comme : « Le ieu d'aymer facillement s'apprent », et « Tout fol se veult escouter », et « Tout feu est chault, tout traistre est mauluais. » Et peult l'en soubz ceste maniere de parler, reciter les dictz, sentences et auctoritez autentiques des acteurs, poetes et aultres, mais on ne doibt point exprimer le nom de l'acteur pour la difference d'vng aultre couleur nommé ymage; et de ce l'en peult extraire sentence simple sans raison, comme : « Egallement sont poures celuy qui a pou et ne luy suffit, comme celuy qui a assez et n'est point content. »

Item, se peult extraire sentence simple auec raison, comme : « Ceulx qui sont ioinctz en amytié par aulcune fortune prospere, l'amytié s'en volle quant la fortune perist. » Raison : « Car quant la matiere deffault, qui les tenoit en amytié, il ne demeure rien qui les puisse tenir en amour. »

Item, sentence double sans raison, come : « Ceulx sont folz qui, estans aux biens de fortune en abondance, cuydent auoir passé les perilz de malheureté, et ceulx sont sages qui en telz biens doubtent ce que ilz ne quierent a veoir. »

Item, sentence double et raison, comme : « Ceulx sont deceuz qui dient que l'en ne doibt point chastier enfans en ieunesse, » raison : « Car l'aage n'est point empeschement a bonne estude », et « Ceulx sont sages qui bien les chastient, » raison : « Affin que quant ilz viendront en aage de maturité, ilz puissent acquerir vertus pour deffendre le demeurant de leur vie. » Et en doibt l'en pou vser, se ce n'est en matiere de correction et en narration.

Contraire se faict, quant de deux raisons quasi contraires l'en ordonne vne confirmation de vne aultre tierce raison entendue par les deux premieres, comme : « Se Adam fut tant vertueux et puissant et ne resista point au deable, qui est ce qui y resistera ? » De ces deux propositions s'ensuyt *tacite : « Quasi nullus.* »

Item : « Qui est ennemy a soy mesmes, comme sera il amy a aultruy ? *quasi unquam.* » Et nota que contention ia deuant dict differe a contraire, pource que en contention l'en dit bien deux propositions quasi contraires, mais il ne s'en ensuyt point de tierce aultre raison.

Membre se faict, quant plusieurs propositions parfaictes en leurs sens sont conioinctes, ou termes, moyennant ceste coniunction *et* ou absolutement par gradacion conioinctes.

Exemple, conioinctes par *et* : « Il estoit fort et sage, prudent et puissant et en grant authorité. » Item : « Les herezes ont deuyé la foy catholicque, et destruist les citez, et faict faillir les bledz, et tué beaucoup d'enfans. »

Exemple, par gradation conioinctes, comme : « En escripuant, il estudie ; en estudiant, il proffite ; en profitant, il acquiert honneur. » Et ceste maniere sert beaucoup a prolongation de matiere.

Article se faict de plusieurs dictions sans coniunction. Exemple : « La cité de Paris ia pieça fut la couronne du royaulme de France, la mere de tous ars, lieu de delices, le paradis des habitans ; mais maintenant elle est sans foy, sans iustice, refuge de larrons, cauerne de paillardz, etc. » Et vault ceste maniere de parler pour abreger son langage.

Continuation se faict de vne proposition contenante deux choses, et semble que la seconde chose despent de la premiere, comme : « Qui bien fermement ayme Dieu, il ne craint point le diable. » Et se peult practiquer soubz trois couleurs. Premierement, soubz sentence, en disant : « Qui a plus confidence en Dieu que au monde, il aura tousiours pacience contre aduersité. »

Item, soubz contraire : « Qui n'a point de fiance a son amy, il doibt bien craindre son ennemy. »

Item, soubz conclusion : « Qui obait aux commandemens du roy, il se monstre subiect. — Qui fait ce qu'il peult, il ne doit pas estre blasmé. »

Equalité se faict, quant il y a egalle probation de termes de semblables sillabes en diuerses propositions, comme : « Beaulté de corps, riche de sens, force d'amys, plaisir mondain, font viure en paix. » Et est tresutille ceste maniere de dire en matiere de louenge ou de desdaing, pour exalter ou deprimer.

Consonance ou semblable cadence, se fait quant la fin des deulx dernieres sillabes de diuerses propositions sont quasi leonines ou leoninées, comme : « Qui ayme iustice, il hayt malice et se garde de malefice. »

Item : « Se vng pasteur quiert honneur et vanité mondaine, il pert sa peine et son labeur. » Et ceste maniere de parler differe a rithme, pource que semblable mesure de sillabes n'est point gardee. Et aussi il se peult faire au commencement des lignes, comme : « Son pere le hayt, sa mere le mauldit, son frere le chasse, » et au commencement et a la fin de la ligne, comme : « Les bons amys secourent au besoing, aussi les ennemis l'en doibt guetter de loing. »

Obsecration est priere faicte par vne chose chere et qui plaist a l'auditeur, pour le commouuoir a misericorde : « Helas ! sire, ie vous supplye pour l'honneur de vostre aduoé monsieur saint Denys, et pour l'amour de quoy vous aymez monsieur le Dauphin vostre filz, qu'il vous plaise moy pardonner. »

Commutation familliere se faict, quant aulx auditeurs ou l'aduersaire l'en conseille ce qu'ilz doibuent faire ou escheuer, et disons ce qu'il nous est licite de faire, nous conseillons les auditeurs aussi : « Ie vous demande, messieurs, que doibs ie faire ? Ie croy que vous mesmes me conseilleriez a faire ce que i'ay volunté et que ie doy faire. Considerez, se vous estiez en mon lieu, que c'est que vous feriez; et touteffoys qu'en iugez vous ? Esse larcin ou se c'est proye ? etc. » Nous conseillons famillierement nostre aduersaire en disant ainsi : « Mon amy Iehan, ie mes arriere toute hayne et toute contention, et vueil a toy parler famillierement. Considere, ie te prie, quelle estimation l'en a de toy; regarde qui tu es et que tu sçays faire. Mon amy, tu es deceu, et mauuaise suasion t'a getté loing des termes de raison. Ie te prie, croy mon conseil, mue ta pensee, corrige tes meurs. Ie parle a toy non point par desdaing ne hayne que iustement pourroye auoir contre toy, mais par benignité et misericorde qui ne t'est pas deue. »

Nous enseignons aux auditeurs ce qu'ilz doibuent escheuer en disant : « C'est a vous de gouuerner et tenir en paix la chose publique. Croyez ce que ie vous di et gardez qu'elle ne chiesse par vostre negligence en diuision. »

Nous enseignons nostre aduersaire ainsi : « Nous auons, Cathilina, les loix et le conseil du senat gardez en tables, ainsi comme le glayue en sa gaine, par lesquelles loix te conuiendra mourir, non point pour faire craindre les vifz, mais pour confermer leur hardiesse. » Nous disons ce qui nous est licite de faire ainsi : « Parquoy ie suys deliberé de me mectre en chaire et la feray iustice a vng chascun. Ie pugniray les malfaicteurs et de tout mon pouoir ie conseilleray que toute equité soit gardee. » Item, quant nous conseillons celuy ou ceulx que nous debuons honorer et craindre, après que on les a reprins rigoureusement, il s'en doibt ensuiuir vne louenge pour apaiser la dure reprehention, en disant ainsi : « Se vous craingnez, Peres conscriptz, a faire iustice de Cathilina de paour que ne soyez notez de crudelité, gardez que l'on ne die que craincte ou ignorance est en vous qui le laissez si longuement viure au detriment de la cité. Parquoy ie demande vostre vertu, ie desire vostre sagesse, ie supplie humblement a vostre digeree et meure deliberation que iustice soit acomplie. » Item, l'en peult reprendre ainsi que ilz desirent d'estre repris, come en disant : « Vous estes de trop simple courage; vous estes trop doulx; vous croiez aucuneffoys de leger; ce qui estoit en vos mains, vous l'auez getté en voz piedz. »

Agnomination ou licteration se faict, quant, aulcunes dictions ou motz au commencement, moyen ou fin, l'en commue vne lectre ou sillabe de vng mot a l'aultre. Et conuient assez ceste maniere de parler a vne figure grammaticale nommee *Peranomasia* ou *Methathesis,* comme : « Combien ce poisson en vng mot? combien ce moisson en vng pot? — Voz poulles muent; voz moulles puent. — Ces pelerins suent; ces celerins puent. — Oncques paoureux ne fist beau faict, ce dit vng lieur de chardons. »

Gradation ou figure *climay* se faict quant le dernier mot de la proposition se reprent en recommenceant l'aultre, comme : « Saincte Equitaire en prison le dyable prist, En le prenant le batit, En le batant l'encheyna, En l'encheynant en enfer l'enuoya. — La renommee donne louenge, louenge premiation, premiation eslieue la pensee, la pensee l'estude, l'estude science, science honneur. » Item de Moulinet : « Ie viz enuis, car mon espoir est mort. La mort Me mort : Ie suis amaindrissant; Ie amendris en languissant; Ie languis en gemissant; Ie gemis en pleurant; Ie pleure en voye; Ie voys en empirant; l'empire en souspirant; Ie souspire en mourant; Mort me desvoye. » Item : « Qui preste, non ra; qui ra, non tost; qui tost, non tout; qui tout, non tel; qui tel, non gré. »

Diffinition, c'est quant l'en expose en partie ou tout le significat de vne diction ou plusieurs, comme en disant : « Tu es prodigue; tu despens ou ia n'est besoing. Tu es fol, tu parles tousiours. » Item : « Ire est vng feu a la teste qui empesche a entendre raison. » Ou aultrement par interrogant : « Esse faict de iuge de condampner l'innocent ? Esse faict de roy de violer les esglises ? Vng iuge doibt iustement juger, et vng roy doibt garder a tous equité. »

Transsition se faict des choses deuant dictes auecques celles que l'en veult dire aornee continuation. Exemple : « Or laissons a parler de ces prodigalitez et venons a ces aultres enormes cas. Et premier de son excessiue libidinité. » Item : « Vous auez ouy les grans biens que monsieur m'a faitz. Or escoutez, s'il vous plaist, comme de ma possibilité ie l'ay recongneu. » Et sert beaucoup quant l'en veult saillir de matiere a aultre, car elle faict recappituler les choses deuantdictes et estre ententifz es choses subsequentes ; et conuient assez auec epilogue ou recapitulation.

Emendation est quasi correction en disant : « I'ay tousiours conseillé a Cesar, combien que il ne luy fault point de conseil, mais comme l'en dit : Ie l'ay incité a toute vertu, et que vice ne se doibt point soustenir, i'entens meschans gens en font leur proffit. »

Correction oste ce qui est dict deuant, et, en lieu de ce, mect plus conuenient, come : « Quant ie pris femme, ie ne mis point en mariage, mais malle rage. » Et : « Se il ne l'eust faict, *ymo* seullement pensé, si eust il esté suspitioné de ce faire. Considerez de ce fol peuple la clemence, di ge la demence. » Et fault que le desrain mot emporte negation ou contrarieté de la diction precedente correspondante ; et conuient assés auec *epydiolhesis*, et vault beaucoup a aggrauer aulcun faict ou a exalter et mout aorne pour redarguer.

Occupation, c'est quant on fainct vouloir passer oultre et ne voulloir point dire ce que on dict clerement, comme : « Ie me tais de parler des grandes peines des dampnez qui sont continuellement en horribles tourmens, en feu inextinguible, en fetur intollerable, qui iamais ne verront Dieu. — Ie ne vueil pas dire comme tu as deceu tes compaignons et desrobé leurs cheuaulx. Ie ne diray pas tes larcins; ie ne reuelleray pas tes homicides; tu n'as garde que ie die les trahysons que tu as machinees contre le roy; i'en pourroye ennuyer les auditeurs. » Et est ceste maniere moult compendieuse et abregee, et rend les auditeurs suspens a escouter.

Disiunction se faict, quant a vng suppost l'en attribue plusieurs parolles, comme : « La vierge Marie a destruit la mort; elle a donné la vie; elle a ouuert paradis. — Saint Nicolas a ieuné troys fois la sepmaine; il a donné de l'or pour marier les filles; il a deliuré troys clercz de mort. »

Item : « Ce fol cy ioue, saulte, court, boit, frappe et despent tout. Et ce saige icy luyt, escript, estudie et enseigne. » Et vault beaucoup pour abreger matiere et pour leur ennuy et pour remonstrer et redarguer.

Coniunction, c'est quant la premiere proposition est conioincte en substance ou aultres subsequentes propositions de icelle premiere deppendantes, comme : « La beaulté de vostre visage est degastee : ou c'est par maladie ou par viellesse. » Item : « Il fault delaisser les vanitez et delices pour crainte de dampnation, ou pour acquerir merite enuers Dieu. Faictes honneur a vostre pere, portez reuerence a voz amys, obeissez a voz parens, etc. » Et vault ceste matiere en matiere de ellection.

Conduplication se faict, quant on reprent vne ou plusieurs foys vne semblable diction, ou pour louenge, ou vitupere, ou pitié, ou indignation. Exemple : « Dy moy, meschant malheureux, dy moy, pourquoy n'amendes tu ta vie, vie dampnee, vie miserable, vie desuiee de toute raison ? Toute raison est contre toy. Helas ! Helas ! Que tu seras meschant ! » Et dict Tulles que ceste maniere esmeult grandement les auditeurs.

Et nota que ceste maniere de parler differe a repetition, pource que repetition se faict au commencement, moyen et fin de la clause, mais conduplication se faict incontinent l'vng aprez l'aultre, soit commencement, moyen ou fin.

Interpretation, c'est la mesme sentence par aultre maniere et d'aultres termes repetee, comme : « Meschant, tu as tué ton pere et ta mere, tu as pollu tes mains du sang de tes progeniteurs. » Item : « Au matin, l'en doibt boire le vin tout pur ; au desiuner et au disner, on le doybt boyre sans eaue, et au soupper, ainsy que Dieu l'a creé. » Et nota que la seconde maniere de dire ce que l'en a dict en la premiere doibt estre briefue, elucidee et non trop longue. Et dict Tulles que le front des auditeurs se commeult en graues matieres de indignation, commiseration ou aultrement.

Doubtance, c'est quant l'en doubte laquelle conclusion ou voye l'en prendra de plusieurs choses, comme : « Ie ne sçay qui tu es; ie ne sçay comme ie te doy appeller; se ie dy que tu es mauluais, il n'est point honneste, et, se ie dy pire, ie doubte que tu ne soys encores plus que mauluais que ie ne dy ; parquoy ie ne sçay que ie doy dire. »

Commutation se faict de deux propositions, lesquelles muent sentences pour transmuer aulcunes dictions. Exemple : « La truye rompt, et le lien s'en fuyt. » Item : « Ce que tu aymes est a despriser, et ce que tu desprises est a aymer. » Item : « Ie boy et mengue, affin que ie viue, mais ie ne vis pas affin que ie boyue et mengue. » Item : « O diuers peruerseur et peruers diuerseur. » Et combien que aulcuneffoys en ceste maniere de parler les sentences soient contraires, touteffoys ilz different a contention, pource que a contention l'en ne change ne diction ne sillabe. Item, elle differe a agnomination, pource que commutation se faict de deux propositions, et de agnomination, de vne l'en en faict deux de differente substance. Et conuient ceste maniere de parler a vne figure que l'en appelle *metaphora,* qui fait translation des choses par similitude, comme homme simple est appelé aigneau.

Permission se faict, quant, en parlant, toulte sa cause et soy l'en se mect humblement soubz la discretion, iugement ou volunté de l'assistence ou d'aultruy, et confere beaucoup a obtenir ce que on demande et a paciffier l'ire d'aulcun. Exemple : « A toy, mon Dieu, mon redempteur, ie me donne corps et ame; fay de moy ta volunté et dispose de moy ainsy qu'il te playra. O sire roy! aprez que i'ay tout perdu, il ne m'est demouré que mon corps et mon ame lesquelz ie vous donné; faictes de moy vostre plaisir. »

Expedition se faict, quant l'en allegue plusieurs raisons [et] l'en esprouue l'vne en destruysant les aultres, comme : « Ie demande qui debuoit estre redempteur de nature humaine ou pur homme, ou ange homme, ou Dieu homme ? Ce ne pourroit estre pur homme, pource que trop facillement il cherroit en peché; ce ne pourroit aussy estre ange homme, car il a offensé Dieu et est cheu en sa nature angelicque; par plus fort il seroit labille en nature humaine. Il s'ensuyt donc bien que Dieu homme debuoit faire la redemption. » Ceste maniere de parler chasse fort les matieres coniecturalles, mais elle ne se peut practiquer que en matieres especialles, et differe a subiection, car icy, aprez la destruction des raysons, il en demeure vne, ce qu'il ne faict pas en subiection.

Dissolution se faict, quant plusieurs propositions de sens entier se profferent sans quelque moyen de coniunction. Exemple de Cathon : « Supplie a Dieu, ayme tes parens, fay reuerence a tes cousins, etc. » Item : « Vertu est succumbee, les vices ont authorité et les maulx se siessent au siege de triumphe. » Et par cecy l'en abrege matiere tresgrandement; et differe a article qui se faict seullement entre les dictions et dissolution entre les entieres propositions.

Precision se faict, quant on commence a parler de quelque matiere et l'en se retire a dire aulcune partie ia donnee a entendre, comme : « Au grant iour du iugement, Dieu dira aux dampnez :

Allez... au fort ie n'en diray plus. » Et differe a occupation, car occupation faint ne dire point ce qu'il dict, et icy l'en taist ce qu'il se debueroit dire. Et vault moult es matieres de suspition, de noises, de indignation; mais on n'en doibt point vser que entre ceulx qui entendent ce que l'en laisse a dire.

Conclusion se faict, quant des choses qui sont dictes ou faictes l'en en faict vne briefue et subtille termination, comme : « Se le chaire de dignité ne faict point l'euesque honoré, mais l'euesque honore la chaire, et se tel honneur est anullé par la malice des subiectz ou par la mutation du temps, il s'ensuyt bien que honneur pour sa beaulté ne doibt point estre desiré de gens de bien. » Item : « Puisque il n'est rien plus certain que la mort et riens mains certain que l'heure, l'en se doibt tousiours tenir prest de mourir en bon estat. » Et n'a lieu que en la fin et determination de matieres. Et nota que conclusion se prent en trois manieres : l'vne qui est partie et fin en conclusion de rethoricque, l'aultre qui est partie d'argument en logicque, l'aultre qui est couleur et fin de proposition; et ce est a propos.

Reprehension se faict en disant : « C'est le pire des viuans, au monde n'a point de pareil; ie ne sçay s'il est deable ou homme. »

Distribution se faict, quant a vng ou plusieurs, par leur office ou par la chose, l'en donne a entendre ce que ilz doiuent faire : a vng, comme : « L'homme doibt de iour veiller, labourer et trauailler, et de nuit dormir et reposer, a toutes heures Dieu seruir, etc. » De plusieurs, comme : « Les cousturie[r]s doibuent coustre, les boullengiers faire le pain, les escripuans escripre, les gouuerneurs du bien publicque doibuent corriger et pugnir les malfaicteurs et premier les vertueux. » Item : « Celuy qui te demande a prester est ton parent; aussi parent et amy te feusses monstré et de son dommage releué, se tu luy eusses presté. »

Item : « Il est ton compaignon : tu luy doibs plustost subuenir puis que fortune vous a conioinctz et vos voluntez assemblez. »

Item : « Il t'a tousiours secouru et tu ne luy prestes non plus que a ceulx qui iamais ne te firent plaisir. »

Item, par la negoce : « Se vous aymez honneur de mariage, il est necessaire que vous hayez Iehan qui en parle villainement tousiours et deshonnestement. Vous qui auez parens, vengez vous de luy, et qui auez enfans monstrez leur exemple. » Et nota que c'est plaisante maniere de parler et fort commune en grandes et graues matieres, et differe a commutation familiaire qui ne conseille que de vne seulle chose sans distribuer en plusieurs parties.

Licence se faict, quant aprez congé demandé, l'en corrige plus grant de soy, amy ou esgal, pourueu que telle correction plaise, comme : « Sire, soubz correction, c'est mal faict de pardonner et donner grace aux larrons, et de souffrir tant de aggresseurs de chemins en vostre royaulme. — Monsieur le iuge, ce n'est pas a moy a vous corriger. Mais beaucoup de gens dient qu'il y a beaucoup de prisonniers en voz prisons ia par long temps detenuz sanz congnoistre de leur cas, et qui sont innocens, et leur semble que vostre negligence charge fort vostre conscience. » Et nota que ceste maniere de parler refraint grant ire et corrige doulcement.

Signification ou liptote se faict, quant l'en entent plus que ce que l'en dit, comme : « Cest asne presume de monstrer en chaire et il ne sçait syllabifier. — Ce prodigue a tant despendu que il n'a pas vng test a demander du feu pour l'amour de Dieu. »

Item, quant l'en dit l'vng, et l'autre s'entent, come : « Mon pere en auoit de beaulx, Dieu luy pardoint, de cousteaulx, quant il mourut, en vne gayne. » Et ce conuient en vne figure nommer.

Item, signification se faict quant il y a vng mot qui se profere honnestement, mais le sens s'entent sinistrement, comme : « I'ay veu des hallebardiers par ces villages. Dieux ! que ce sont gens de bien et tous bons enfans ! » Et ces motz icy « bien » et « bons » se peuent entendre en leur bon significat ou yroniquement.

Item, signification se faict, quant l'en dit la seconde partie de vne proposition et laisse l'en la premiere, comme se ie vouloye dire : « Ceste fille fust honteuse, » et ie dy : « Quant elle me veyt, elle commença a rougir. » Ou dire : « Iehan me craint, » et ie dy : « Quant Iehan me voit, Dieu sçait comme il s'en fuyt. » Et pour dire : « I'ay eu grant peine a faire cecy, » ie dy : « I'ay bien sué a ce faire. »

Item, signification se faict, quant l'en a commencé quelque chose et l'en couppe son langage, ce nonobstant la sentence demeure entiere aux auditeurs, come se ie vouloye dire : « Eurial eust la compaignie de Lucresse, » et ie dy : « Ie vey Eurial et Lucresse en vng lieu secretement ou ilz s'entre accolloient et entre baisoient, mais ie n'en diray plus du demeurant. »

Item, signification se faict par similitude, comme en voullant dire au roy que il ne doibt point estre tyrant, on luy dict par similitude : « O puissant roy ! combien que tu ayes la puissance, garde toy bien de opprimer tes subiectz ; souviengne toy de Neron et de ses faictz tyrannicques, et quel nom il a laissé aprez sa mort. Regarde la bonne iustice de Traian qui fut tant vertueulx, etc. » Et nota que ceste maniere de parler sert beaucoup en ces choses doubteuses et a croistre son orayson, mais *nimis expressa nocent*.

Diminution se faict, quant les choses qui nous sont atribuees ou par vertu, vice, fortune, ou authorité, etc., nous les augmentons modereement par terme contraire, ou par euiter arrogance ou aultrement, et semble que on les diminue, come : « Entre les clercs de Paris maistre Berenger n'est pas des pires. — Sire roy, ton royaulme n'est pas petit. — L'en ne doibt pas reputer tout peché mortel estre petit, quant aprez la mort la peine n'est pas petite. — Il ne desplaist pas a la belle Helene qu'elle a esté nee difforme. — Ie ne dy pas en me vantant, mais pour mon droit garder. — I'ay tellement bataillé que entre les vaillans ie ne suis pas le derrain. » Et se differe a signification, pource que il se faict de termes contraires ; mais qui les mect inconsiderecement, il engendre enuye et hayne ; par quoy l'en s'en doibt garder.

Description se faict, quant plusieurs propositions dependent reallement ou apparentement les vnes des autres, comme : « Se la iustice estoit faillie, le peuple s'entreturoit, chascun desroberoit et cent mille aultres maulx l'en feroit. — Se le pasteur dort, le loup a plus temps de venir aux brebis. — Se l'euesque n'enseigne ses subiectz, ils pourront facilement entrer en heresie. — Se vous ne pugnissez cestuy, vous serez cause de ce qu'il se fera pendre et gastera tous les filz des bourgoys de ceste ville; parquoy, iuge, conseillez vostre honneur et le salut de tous. » Et ceste maniere de parler est fort conueniente en conclusions.

Diuision se faict, quant on part en deux ou en trois ce que on veult dire par vne proposition generalle et des parties on en parle aprez plus amplement, come : « Toutes les voyes de Dieu sont de misericorde et de verité : au iugement des bons, il garde misericorde et verité : au iugement des mauluais, il garde seullement verité, car ilz n'ont point deserui misericorde. » Item : « Tout peché est veniel ou mortel. » Item : « Il est deux grans pechez, symonie et auarice. » Item : « Il a tué ou par venin ou de glayue ou de baston ou de pierre. » Et en faict l'en son argument en demandant : « Ou il est bon ou il est mauluais. S'il est bon, pourquoi l'accuses tu? S'il est mauuais, pourquoy vas tu en sa compaignie ? » Sans interroguer, en disant : « De mes merites ie ne vous diray rien : car, se vous le sçauez, ie ne feroye que vous ennuyer; et, se vous ne le sçauez, pource qu'il n'y en a point, ie ne feroye que perdre temps. » Et nota que ceste maniere de parler conforte fort la memore et est fort conuenable pour arguer et confondre.

Frequentation, c'est collection de plusieurs predicatz a vng subiect pour faire la sentence plus graue, come : « Iehan est orgueilleux, yurongne, luxurieulx, ireuerend a son pere, ingrat a ses parens, rebelle a tous, etc. » Item : « Iehan est vng bon enfant; il est beau, il est honneste, il est scruiable, etc. » Item : « D'autant que ce paillard voit que vous cherchez les moyens de le deliurer, d'autant il s'en orguillyst. » Et se faict voluntiers en indignation, vituperation, accusation ou louenge.

Pollisseure se faict, quant on demeure sus vne mesme matiere, mais il semble que l'en vueille muer, affin que la sentence soit mieulx aornee, comme vne chose dicte se redict plusieurs foys, mais en aultres termes en disant : « Garde toy de mal faire; fay tousiours bonnes oeuures; suy les bons; fuy les mauluais; assemble vertus; nestoye ta conscience. » Item : « Il est tant content de sa personne, tant oultrecuydé, tant hors du sens, etc. »

Item, par similitude, comme : « Ainsy que le pasteur garde ses brebis du loup, et le cirurgien nestoye les playes du corps, ainsy faict le curé des ames. » Item : « Pape, tu doibs saulucr les ames, car Dieu, de qui tu es vicaire, ne requiert que leur saluation; il est mort pour les sauluer : quasy fay ainsy pareillement. »

Demeure, que l'en dict commoration, se faict, quant on est en lieu ferme et la ou contient toute la matiere l'en y demeure bien longuement, et plusieurs foys l'en chiet a sa dessusdicte matiere, comme les prescheurs prennent vng tesme et le reduisent plusieurs foys a leur matiere; aussy il se faict en longues et graues propositions, la ou de tous costez l'en reuient a son principal.

Similitude se faict, quant de deux choses differentes l'en tire aulcune similitude pour mieulx aorner son langage ou prolonguer ou mieulx declarer. Et se conuient en plusieurs manieres. La premiere, quant les choses mises en similitude sont egalles, comme : « Ainsy que les yrondes viennent au printemps et s'en retournent en yuer, ainsy les faulx amys viennent eu temps de prosperité, et eu temps de aduersité ilz s'en retournent. » La seconde, quant, pour abreger, l'en mect ensemble les deux choses de similitude, comme : « En amitié acquerir et en guerre courir, il y a difference. » La tierce se commence par negation, comme : « Non plus que vng cheual indomé, quelque force qu'il ayt, n'est bon de porter; aussy vng ignorant, quelque bon engin qu'il ayt, n'est bon pour acquerir vertu, se il n'est endoctriné. » Et nota que en similitude il y conuient auoir conueniente proposition, comme ce n'est pas bien dict : « Tu es aussy sage que vng pennier. » Et conuient ceste exornation auec comparation, pource que tous deulx se commencent par semblable introduction, mais ilz different pource que comparaison se faict entre choses de diuerses especes, et similitude se faict entre diuerses espesses et semblables. Aussy ilz different en fin, car comparaison est pour prolonguer la matiere et similitude pour aorner, laquelle doibt estre briefue. Exemple : c'est ioycuse maniere de parler par authorité ou nom propre ou dict autenticque, comme : « Les gens sont plus inclinez a mal que a bien, ce dict Homere. »

Item : « L'en doibt ses amys de nouuelle amytié par escript souuent visiter, tesmoing Aristote. »

Item : « Ainsy que dient les clercz : Qui bien fera, bien trouuesra ou l'escripture mentira. »

Item : « Il fault rendre etc. ce dict le prescheur. » Et fault necessairement nommer ou l'acteur ou la faculté, a la difference de l'aultre couleur de sentence.

Effection, c'est declaration, ou donner a entendre aulcune chose, par aulcunes proprietez ou accidens exteriores de ladicte chose, comme en parlant de Iesuschrist : « Il estoit sans quelconque macule, de doulx maintien, d'angelicque figure, plein de toute perfection. » Item : « Celuy que ie dy est roux et a blancs cheueulx, le nez camus, petit, etc. — L'erreur des humains faint le Dieu d'amour estre oyseau rigoureux, armé de dart, arcs et flesches, de cruelle face, engendré de Venus, gouuerné par Vulcan, ayant grant feu a la pensee ; que se tu desistes a l'enflamber et nourrir, il cherra. »

Note ou notation, c'est declaration ou donner a entendre aulcune chose par aulcunes proprietez ou accidens interiores de la chose dessusdicte, comme en parlant du diable : « Cestuy, soubz faincte ypocrisie, en blandissant, il mesle du venin pour decepuoir les poures ames. » Item : « Il m'a regardé de si mauluais oeuyl qu'il ne sçauoit escouter parler, tant me hayoyt. »

Sermocination se faict, quant l'en s'applicque a parler proprement, comme deux ou plusieurs personnes, ainsy que l'en voit souuent par dyalogue. Exemple : « Vng pastoureau disoit a vng prescheur : Monsieur, tu nous enseignes beaucoup de doctrines, mais tu ne faitz pas ce que tu dis. Ie croy, dit le pastoureau, s'il estoit vray ce que tu dis, que le feroys toy mesmes. »

Imitation de meurs se faict en contrefaisant les gestes, ou en recitant les parolles et maniere de parler d'aultruy, ou en comp-.

tant ses meurs, comme en disant ainsy : « Cathilina, qu'esse que tu penses ? Qu'esse que tu dis en toy mesmes ? Il y a ia plusieurs ans que il n'y a eu nul mal en ceste cité que par toy ; nul peché commys sans toy, et du tout tu t'en vas franc et impugny. » En contrefaisant les gestes : « Voyez comme il plaisse les espaulles, et comme il me guigne de l'oeil ; il me faict ainsi. » En recitant les parolles : « Et puis il parle tant sagement et tout en paix, et dict ainsi : Ce n'est pas bien faict de me blasmer sans cause. » Item : « Mon compere me dict : Vien soupper auec moy. Ie lui ditz : Grant mercys. Il me dict : Haste toy, etc., en me faisant signe. » Et ce conuient assez a sermocination.

Ymage ou colaudation ou vituperation defforme auec forme de sentence ensemble, en louant, comme : « Hercules alloit en la bataille, le corps de thorel, le courage du lyon, les piedz de ours et de forces inuincible. » En vituperant, comme : « Il couroit par les champs comme vng loup arragé, serpent tout deuorant et diable deschainé. » De sentence, comme : « Monsieur saint Iehan a dict que gens d'armes doibuent estre contens de leurs gaiges, et Tallebot disoit : Se Dieu estoit gent d'arme, il seroit pillard. »

Proprieté se dict, quant on atribue a aucun vng significat propre, lequel ne peult estre, comme l'en dict : « Il est notoire que vng asne y mordoit. — Entre aueugles il est tresclerc. »

Confirmation se faict, quant la chose qui ne parle ne entent l'en la faict parler, ainsi que font les fables de Esopet. Exemple, la mort dict : « Ie suis celle qui sur les hommes triumphe, ne iamais ne suis suppeditee que par sapience. » Item, le loup dict a la brebis : « La doulceur de ta chair et le bon appetit que i'ay me contraignent de te menger »; et brebis respond : « N'estoit la negligence de mon pasteur qui se dort, i'auroye encore esperance de paistre, ainsi pelee que ie suis, etc. » Et nota que ceste maniere de parler est des nobles entre les aultres couleurs, quant elle est mise en graues oraisons ; et conuient assez auec *prosopeya* qui est maniere de alonger le compte ; mais ceste couleur cy le decore plus noblement.

Briefueté se faict, quant la matiere se dict tant seullement par les parolles necessaires a l'exprimer le plus brief que faire se peult. Exemple : « Iesus, filz de Marie, pour nous racheter mourut en la croix, resuscita le tiers iour, descendit aux enfers, monta aux cielx, et puis viendra au iour du iugement iuger les vifz et les mors. »

Et doibt vser de ceste couleur quant la matiere est fort commune et bien entendüe ; et conuient fort auec epylogue.

Demonstrance se faict, quant on desclare la chose en telle maniere que il semble que les auditeurs soient presens a la veoir faire, et est necessaire de preuoir ce qui estoit deuant la chose ; secundo les circonstances de la chose ; tertio, ce qui a esté faict ; quarto, ce qui s'en est ensuiuy ; quinto, ce que il est de faire. Exemple : Se ie vueil demonstrer que l'oppinion de N. est heresie, il fault penser ce qui estoit deuant la chose, comme pompeulx, yurongne, luxurieulx et ennemy de toute science, qui seront les choses dequoy il a commencé son heresie; secundo, quelles circonstances de la chose, comme enuye de veoir les clerz dominer, auoir auctorité sur luy en le reprenant de ses vices, parquoy il se est voulu faire docteur de ignorance et iniquité; tertio, ce qui a esté faict, c'est que manifestement il a presché que simple fornication n'est point peché ne simonie peché, etc.; quarto, ce qui s'en est ensuiuy, c'est que les clerz se sont assemblez a Paris, les prelatz ont conuocqué leur clergié, les simples gens en sont encore en grans doubtes, etc.; quinto, ce que il est de faire, c'est de auoir bonne esperance en Dieu, et que de brief, tel abuz sera par les clerz corrigé.

Circuition, c'est quant la chose simple est acreue par langaige, comme Scipion a destruict Carthage, l'en dict : « La Prouidence et sagesse de Scipion a destruict l'orgueil et richesse de Carthage. » Et se faict quant on ne peult exprimer ou les vertus ou la dignité, comme : « De la noblesse de ceulx de Carthage, i'aymoys mieulx me taire que en dire pou. »

Item, en celant sa honte, Thays dict : « Ie m'en allay auec celuy auec lequel i'ay eu affaire. »

Intellection, c'est quant, par quelque chose prochaine, l'en donne a entendre la chose sans la nommer, comme par *sinodoche* en prenant partie pour le tout, en disant la « fenestre » pour la « maison » et : « Le couraige de m'amye me resiouyt »; le tout pour partie, comme le « peuple » pour le « seigneur » et : « Ilz

ont beu toute la fontaine » ; le singulier pour le plurier, come :
« Le Rommain peuple triumphe et a victore sur son ennemy » ;
le plurier pour le singulier, comme : « Nous auons parlé sagement a nostre conseil » ; l'inuenteur pour la chose trouuee,
comme : « C'est bon Ypocras, » c'est a dire vin; la chose
trouuee pour l'inuenteur, comme les « ars » pour la « deesse
Minerue », et par methonomie, le contenu pour la chose contenante, comme : « Il a beaucoup d'or ; » c'est a dire richesses ;
et « Iehan relye le vin » ; la chose contenante pour le contenu,
comme : « France treschrestienne ; Paris la bien enseignee. —
Iehan a beu vng pot de vin et soufflé la lanterne » ; l'instrument
pour le maistre, comme : « Le gibet fera la raison », pour le
bourreau ; le signe pour la chose signee, comme la « toge » pour
« paix », et les « armeures » pour « guerre ».

Yronie se commect en plusieurs manieres : l'vne par *antefrasis*
de paour de offencer les auditeurs, ou par non estre long, ou par
la difficillité, ou pour l'incredibilité, ou pour la honte, ou nous
diron de telle chose se taire ou n'en daigner ou voulloir ou n'en
sçauoir parler, et ce nonobstant, briefuement et couuertement
nous le dison, comme en disant : « Ie ne vueil ia racompter
comme Cathilina s'est gouuerné en son magistrat ; i'auroye honte
de dire les iniustices et domages qu'il a faiz aulx simples gens.
Ie vous prie que ie me taise de ses yurongnises ; ie n'auroye
point d'honneur, et luy encore moins, de parler des enfans de
ceste ville qu'il a perdus ; » et de chacun en racompter quelque peu
et brief, comme : « Ie ne luy daigneroye dire qu'il a tué Catoce,

nonobstant ie vous prie que vous me donnez licence d'en dire quelque peu de ses malices. Il a fait, etc., et encores beauco[u]p d'aultres maulx que ie laisse et que ie diroye se i'auoys temps. Encor ay ge paour d'en dire trop, mais, par ce que i'ay dit, vous pouez assez entendre aux aultres choses comme il se est gouuerné. »

L'autre maniere se faict par repugnance, quasi faisant conclusion de premisses contraires, comme en disant : « Or soit ainsi que il y ait en telles parolles quelque peu de honte ; il y en a beaucoup en tes sentences et encor plus en tes faiz. »

Item : « Or mettons le cas que tu m'as donné ce qui n'est pas tien et que de toy ie tien ma vie ; gouuerne toy doresnauant comme tu vouldras ; fay ta volunté, il me suffit de te congnoistre. »

L'aultre maniere se faict par louenge, en disant : « Haa ! que tu es homme de bien ! ie suis ioyeux que tu l'as tué et desrobé. Iamais homme ne fist plus villainement ; tu es vng bon larron, vng bon meurdrier, vng bon crocheteur. »

L'aultre se faict par confession non preiudiciable, en disant : « Maistre Michault, vous auez conclud a l'encontre de vostre partie tout ce qu'il desiroit, vous auez confessé ce qu'elle eust eu grant peine de prouuer. Il ne reste que donner sentence pour vous a son preiudice. »

L'aultre maniere de yronie se faict par permission, en disant : « Se tu dis qu'il est beau, fort et rade, adiouste et encor, s'il te plaist, larron, meurdrier, etc., et se tu dis que l'en le doibt enuoyer en exil, i'en suis bien de ton oppinion, pourueu qu'il soit ataché par le col demy pied prez de vne boyse carree, les plantes des piedz au vent. »

L'aultre maniere de yronie se faict par mocquerie, en disant : « Ce vaillant home Gaultier, i'ay paour qui ne luy soit aduis que ie me mocque, ie le dy homme de bien, pourcé que vne belle fumelle riche et bien dotee qui n'a gueres serui au Grant Couronne, luy est donnee en mariage de par les gardes du mestier ; ie vous prie qu'il soit resueillé que on le face danser ; il est assez abille pour miracles faire. »

Parenthese se faict, quant l'en mesle dedans son compte vng aultre compte sommairement, ou dedans vne proposition vne aultre proposition. Exemple : dedens son compte : « Le roy de France commanda garder iustice, congnoissant que Traian garda iustice a la femme de Romme ; parquoy il veult ensuyuir Traian. » Dedens une proposition, comme : « Iehan tira de sa bourse cent escus, — il ne faict pas ce tour qui veut, — pour bailler a Pierres. »

Ethimologie se faict, en rendant semblable rayson de la chose deuant dicte, comme : « Ie t'ayme pource que tu me aymes. »

Sarcosmos, c'est mocquer son ennemy comme les Iuifz : « Vah, si tu es filz de Dieu, etc. »

Antipophore est respondre a question non demandee, come : « Ie voy bien la malice du monde, et se tu demandes pourquoy Dieu se courouce, ie te dy que c'est pour noz pechez. »

Apostrophe est quant l'en parle a l'absent comme s'il estoit present. Exemple : « Haa ! le bon duc Rou, ou es tu ? Se tu fusses en vie, tu ne permetrois pas tant de iniustices regner, ne tant de mengeries auoir lieu. »

Item, se faict apostrophe par inuasion, comme : « Que faisoys tu Tallebot a la guerre, quant on te tua ? N'auoys tu point de glaiue pour te deffendre ? »

Item, par improbation, comme : Haa ! iustice de Rou ! ou es tu ? Que ne viens tu releuer de iniustice et oppression ? Ie pers tout ; de quoy viurez vous, mes enfans, etc. ? »

Anthonomasia, c'est quant par excellence nous mectons le nom appellatif pour le propre nom, comme en disant le philosophe, il s'entend Aristote ; en disant l'appostre, il s'entend saint Paul.

Methaphora, c'est translation des choses par similitude, comme vng homme simple est dict aigneau et vng orgueilleux est dict cueur de lyon.

Prosepeya ou confirmation, c'est quant l'en faict parler vne chose mue, comme : « Rome dit au senat : « I'ay esté la royne des citez, le triumphe du monde, la richesse inestimable, et par voz trahysons ie cheiz en ruyne. Vos peres vous ont acquis ce bien, et par voz enuies vous le perdez. »

Pleonasmos se faict, quant pour manifester la sentence et pour la confermer, l'en amaine parolle superflue, comme en disant : « De ces oreilles icy ie l'ay entendu ; et de ces yeulx ci ie l'ay regardé faire. » Et se dit langage vicieux quant l'entendement iuge qu'il n'est point aorné, comme : « Ie l'ay veu de mes yeulx ; ie l'ay ouy de mes oreilles », qui est plus rude a ouyr que le premier.

Emphasis, c'est quant dessoubz aulcun dict, aultre sentence se peult entendre. Et se faict come en parolles de sentence, comme double et douteuse, ainsi que fut donne responce a Cresus, roy de plusieurs pays, qui voulloit acquerir plusieurs royaulmes, il fut ainsi dict par les Dieux : « Cresus transgressant perdra de grans royaulmes » ; l'en ne sçait se ce sont les siens ou ceulx de ses amys. Aussi est : *Reginam interficere nolite timere*, etc.

Il conuient doncques mettre ses exornations et en vser es lieux necessaires, selon sa matiere, et les auoir en memore, car se ilz ne sont mises en lieu deu, ilz engendrent confusion ; et ne les fault pas mectre ainsi que ilz viennent a la pensee, en ensuyuant fortune ou auanture, mais doyuent estre commuees selon l'art es lieux conuenables.

EPISTRES

Troys estaz. — Repetition de lettres patentes. — A ceulx de bas estat. — Lettres missiues en deux manieres. — Epistre partie en trois. — La cause de epistre. — Exemple de epistre a Loys Daré. — La cause. — Intention. — Conclusion en trois manieres — Toute lettre missiue doibt estre breue. — Demande en lettres missiues. — Quatre choses empeschantes demandes estre accordees. — Rescription aux prelatz. — A son amy. — A son ennemy. — Consideration de matieres. — En toutes lettres salutation, superscription, subscription.

Or conuient il parler de epistre ou de lettres missiues en particulier et en ensuyuant la doctrine de haulte, basse et moyenne substance ia declaree au premier liure. Aussi est il trois manieres de gens a qui l'en rescript : ou c'est a plus grant que soy, ou egal, ou a moindre.

Item, il est trois estatz : les grans, comme le pape, empereur, roy, etc.; les moyens, comme prestres, bourgoys et tous ceulx qui ne sont trop hault esleuez ne trop bas deprimez; les bas, comme sont seruiteurs, laboureurs, etc. Item, ou vng rescript a vng, ou plusieurs a plusieurs, ou vng a plusieurs, ou plusieurs a vng.

Se l'en parle a plus grant ou de plus grant que soy, l'en doibt parler a luy ou de luy en tout honneur, humilité ou reuerence, en vsant a leurs personnes de termes suppellatifz et comparatifz, comme « treshault, trespuissant, treshonnoré, tresredoubté, » etc., selon la qualité de sa dignité. Et ne doibt l'en iamais vser de suppellatif, comparatif, positif, diminutif, plus de trois a la foys, et, en la subscription, se mettre tout au bas de la lettre vers le dextre costé treshumblement, et, en la subscription des lettres, il suffist mectre le nom de leur dignité, sans opprimer leur propre nom, comme : « A nostre saint pere le pape. Au roy mon souuerain seigneur. A tresreuerend pere en Dieu monsieur de Rouen, etc. A monsieur de la Palice, etc. »

Il fault corriger vng vice de parler par imperatif, come : « Sire roy, vostre viconte est homme de bien, ie le vous recommande. — Iohannes est bon escolier, donnez luy vng benefice, etc. »; pource qu'il n'appartient, en parlant a plus grant que soy, vser de termes imperatifz, mais humiliez, come : « Sire, vostre viconte est homme de bien; plaise vous l'auoir pour recommandé. — Iohannes est bon escolier; ce seroit a vostre maiesté grande charité de le pourueoir, etc. »

Se l'en parle a esgal a soy, l'en doibt parler en plus familiere reuerence, en vsant de termes positifz et comparatifz, et pou de suppellatifz, comme « sage, prudent, honnorable, discret, puissant, redoubté », etc. Et en la subscription se rescripre prez du bas des lettres vers le meilleu, et, a la superscription de dessus, mectre leur propre nom de leur dignité ou office, farsy de vng honneste positif ou de deux au plus, bien accordant aux meurs et dignitez de la personne, comme : « A honnorable home et sage sire Cardin

Lorin, bourgoys de Rouen et seigneur de Maille au Moys. » L'en a de coustume en nostre vulgaire, en lieu de salutation, de vser en lectres missiues de recommandation, comme : « Mon tres-honnoré seigneur, etc., ie me recommande, etc. »

Se l'en parle a moindre que soy, l'en doit parler par maniere de honneste authorité en leur donnant a entendre amplement et hardiment son intention, et, a la subscription, se escripre plus du senestre costé en venant vers le dextre costé, et, a la superscripsion, commencer par soy, comme : « A nostre amé, etc. »

Et, se sont lectres patentes, il commence : « Françoys, par la grace de Dieu roy de France, au bailly de Rouen, salut. » Et nota que il n'appartient a homme de dire salut, se il ne parle a ses subiectz ; pourquoy l'empereur ne doit point dire au pape salut, car celuy seul se doit dire a celuy ou ceulx a qui il le peult donner.

Ie laisse les vsages de la chancellerie, des tabellions, greffiers et notaires qui font leurs intitulations selon la noblesse de leur entendement et des coustumes localles ou ilz escripuent.

Quant on parle a son filz ou seruiteur, l'en peult dire : « Iacques, ie me recommande a toy, etc. »

/ Nota que ceulx de bas estat et les furieulx marriz ou sotz, ou ceulx qui menassent, ont authorité de prendre en lourdoys de haultz termes en parlant les vngz aux aultres et de leurs matieres, comme en disant : « I'ay la plus sage iument de ce pays ; ie suis le roy des malheureux. » Et ont pouuoir de mectre leur nom deuant ou après, comme : « Bertault Claquedent, le plus vaillant et le plus noble des vaillans, a son compere Geoffray Poree, docteur a bien boyre, salut. » En signifiant que ignorance leur est a pardonner. Et doibt l'en vser au bas estat de diminutifz, de positifz, comparatifz et peu de suppellatifz, comme : « En noz maisonnettes, nous auons nos petiz enfans qui gardent les brebiettes, faisans chappeletz de fleurettes. »/

Item, en toutes superscriptions l'en doit mectre les dignitez permanentes les premieres, puis la consanguinité, puis la dignité muable, comme : « Monsieur de Torcy, mon cousin, gouuerneur de Normendie. »

Et est a entendre que toute epistre ou lettre missiue n'est aultre chose que aux absens parler comme presens, et parler a eulx et leur desclarer sa volunté, desquelles il en est plusieurs manieres : les vnes teologalles et de diuinité, come les epistres Platon a Denis, de saint Pierre, de saint Pol, de saint Iacques et de saint Iehan ; les aultrez sont de meurs et de vertus, comme les epistres saint Augustin, saint Hierosme, saint Ambroise, Seneque, Cyprian ; les aultres de grant matiere, come de paix, guerre et gouuernement ; les aultrez de noualitez qui aduiennent ; les aultres consolatores ; les aultres recommandatiues ; les aultres monitiues ; les aultres d'amour, comme les epistres de Ouide, Properse ; les aultres de familiarité domestique ; les aultres ioyeuses. Mais ie me arreste au plus commun disant que tout se peult reduire en deux manieres de lettres missiues : les vnes missiues actiues, les aultres missiues responsiues. Les missiues actiues s'appellent celles qui sont narratiues et petitores et comminatiues. Les missiues responsiues s'appellent les celles qui doibuent response en acordant, excusant, congratulant, etc.

Lucan dict que en Egipte en la cité de Memphis fut trouuee la maniere de faire lettres missiues. *Unde Lucanus :*
Conficitur bibula Memphitis carta papiro.

Toute epistre, ou elle est de doctrine ou de ieu ou de grauité. Epistre de doctrine est celle qui de toutes choses enseigne les absens. Epistre de ieu, qui par ioyeulx, long et familier langaige l'en rescript des choses familieres et domestiques aux absens. Epistre de grauité, c'est quant de graue et pesante matiere, tant moralle que ciuile, l'en rescript aux absens. Epistre de doctrine se faict par enseignement, par art et par discipline. Epistre de ieu se faict par ioyeux langaige, risible, faisant plaisant babil ou dicacité. La fin de epistre de doctrine, c'est proffit et vtilité. La fin de grauité, c'est honneur.

Epistre de doctrine pour enseigner les absens, se fait de matiere certaine ou doubt[e]use : de matiere certaine, quant l'en donne la cause, raison ou authorité ou oppinion de ce que on demande; et doubteuse est quant l'en laisse la matiere indecise, come : « Tu m'as rescript que ie te dye se les hereses cheuauchent le ballay reallement. Et defaict ceste matiere [est] de importance : les theologiens sont de vne oppinion et les decretistes de vne aultre. Ie ne suis pas suffisant de la decider; plus sages que moy n'en sçauent que dire; parquoy ie m'en taiz. »

Epistre de ieu se faict de langage ioyeulx ou de fait ioyeulx recité pour faire rire : *Vide* les causes incitatiues a rire.

Toute epistre est partie en trois, comme vng argument qui est de maieur, mineur et de conclusion, que les orateurs disent la cause, l'intention et la consequence.

La cause est ce qui nous meult ou contraint a escripre a aultruy, en luy voulant signifier nostre volunté. L'intention, c'est de luy signifier par lettre nostre volunté, la consequence; c'est quant est premise nostre intention et declaree, nous faisons conclusion en bien ou mal, ou proffit ou dommaige, etc., comme : « N. m'a rescript et prie que ie luy preste vng liure; la grande suasion que i'ay veu en ses lettres sont la cause pourquoy ie luy vueil rescripre. » Secondement : « Ie luy vueil bien complaire et luy prester le liure; » et ce est l'intention. De ces deux premieres, come de maieur et mineur, ensuit la consequence; c'est que, en ce faisant, ie me declare estre son amy, esperant obtenir de luy semblable ou plus grande chose. Lesquelles trois parties sont tousiours *explicite vel implicite* en toutes lettres; mais est bien a considerer la maniere de les coucher, car il n'est pas tousiours besoing de dire la cause pourquoy on rescript, mais il est tousiours mestier d'escripre l'intention et la conclusion qui deppend des deux premieres, laquelle doibt estre fort suasiue ou dissuasiue.

L'en mect qui veult la cause deuant, puis l'intention et puis le consequent, comme il est dict, ou l'en mect l'intention deuant, puis la cause et la conclusion aprez et aulcuneffoys la conclusion la premiere, puis la cause et l'intention après.

Exemple de la cause; puis l'intention et la conclusion : « A Loys Daré, estudiant au college de Iustice. » La cause : « De toutes les choses que Dieu et nature ont voulu imprimer en mon cueur, la plus estimee et que ie desire le plus, Loys, mon parfaict amy, c'est de sçauoir et apprendre et speciallement en toute science de honneste humanité. » L'intention : « Et pource que i'ay ouy dire aux maistres et docteurs que, de tous les liures qui traictent de ceste matiere, Tulles en est le prince de toute eloquence, lequel est incongneu par deça et tresmanifestement est congneu a Paris. » La conclusion : « Parquoy i'ay delibere de te rescripre comme a mon singulier amy que sur tous les plaisirs que tu me desires faire et aussy que tu espoires que, par le moyen de l'estude, ie fourniray, se Dieu plaist, de vng homme de bien, qu'il te plaise de m'enuoyer ledict liure de Tulles, car en le me enuoyant, ie congnoistray ta bonne amour enuers moy executee et la mienne enuers toy de ton desir n'estre point fraudee. »

Exemple de l'intention, puis de la cause, puis de la conclusion. Intention : « Ie vouldroye que tu prensisses aussi grant plaisir de me prester le liure de la Rethoricque de Tulles, comme ie desire a l'auoir de toy et a le luyre; mais i'ay tousiours craint a le demander, pource que tu en lisoys a tes escoliers. » La cause : « Touteffoys, i'ay entendu que tu as prins fin de ladicte lecture et que il ne t'est plus de besoing ; parquoy tu peuz facillement obtemperer a mes desirs et me enuoyer ton liure qui est le plus correct des aultres. » Conclusion : « Car, se tu le m'enuoye, come i'ay esperance, ie congnoistray clerement l'amour de quoy tu m'aymes en me enuoyant le liure par auenture que tu aymes le mieulx et duquel tu as le plus de besoing, et me obligeras a te prester tout ce que i'ay, et pourras dire doresnauant que moy et tous mes biens sont a ton commandement. »

Exemple de la conclusion, puis de la cause, puis de l'intention. Conclusion : « Tu me feroys vng grant et singulier plaisir, *ymo* tu me obligeroys a perpetuité, s'il te plaisoit accorder ma requeste, laquelle ne t'est point preiudiciable, mais elle est a moy tresnecessaire et profitable. C'est de me prester ton liure de rethoricque. » Cause : « Car, quant ie considere que ie cuyde prescher aux gens en exaltant ou vituperant ou aultrement, i'ay en mon langage termes si mal appropriez que chascun delaisse a me escouter pour la non conuenience de termes impropres qui leur est ennuyante a ouyr. Et se aulcuns demeurent, ce ne sont que poures femmes ignorantes ou aultres qui font leur derrision de moy. » Intention : « Parquoy ie suis contraint humblement te requerir qu'il te plaise de me prester ton liure de rethoricque pour en auoir la coppie, a celle fin que ie puisse euader telle ineptitude de langage. »

Et est a noter que conclusion ne se faict que en trois manieres ; c'est assauoir par ampliation, comme induisant a ire, par commiseration, comme commouuoir a pitié, a pardonner, etc. ; par epilogue, comme en recueillant briefuement ce qui a esté longuement esparty en l'epistre. Et se doibt faire, quant l'epistre tient plusieurs ou longues parties, a celle fin que, par la multitude des parolles dessusdictes, les auditeurs ne desuient de la conclusion. Et ce dernier conuient plus aux epistres que aux lettres missiues et especiallement en gerres iudicial et demonstratif et de ampliation et commiseration. Il en est dict plus a plain au chapitre de conclusion. Et est a noter que toute lettre missiue doibt estre briefue.

26

Item, sont aussy plusieurs lettres missiues qui commencent par vng prouerbe ou authorité ou par vne sentence parfaicte, laquelle doibt estre premisse et conueniente a la fin de ce que l'en veult suader ou dissuader.

Exemple de Denis tyrant aux bourgoys de Napples :

« Qui ne veult octroyer a son seigneur ce qui est iuste, il se declare que il luy donne, vueille ou non, tout son vaillant et se forfaict. »

C'est vne loy de force controuuee par tyrans laquelle se peult confermer par vne ou deux raisons du plus.

Exemple de la premiere : « Car le prince, pour ses affaires et du pays, peult et doibt demander ayde a ses subiectz pour les conseruer en paix. De qui aura il secours, se il ne l'a de ses subiectz pour lesquelz il se expose tous les iours a cent mil perilz de mort ? »

Aprez la premiere ainsy confermee, se il est besoing pour vne ou deux raisons, l'en mect la seconde par forme de mineur qui est demande ou neance, en ensuyuant au plus prez sans varier la premisse deuant dicte.

Exemple : « Et ie vous ay demandé cent mil ducatz et dix mil hommes pour faire guerre au roy de Cippre. A laquelle demande n'auez voulu ou daigné entendre. »

Laquelle se peult encores confermer ou augmenter de vne ou deux raisons, qui veult.

Exemple de la premiere : « Et ie cuidoye, veu le serment que vous m'auez faict, que vous fussez loyaulx. »

Exemple de la seconde : « Attendu qu'il vous est assez congneu la grande necessité que i'ay. »

Après les deux premisses, ensuit la conclusion par laquelle l'en conclud son intention en briefz termes.

Exemple : « Parquoy ie suis deliberé de tuer tout, prendre voz biens par force en vous declarant estre mes ennemys, ce que par amour vous eussiez peu euader. »

Responce de semblable matiere :
« La loy de impossibilité a si grande authorité qu'elle excuse et desoblige tout homme de la loy possible, et la ou l'en ne treuue que prendre, droicture seigneurialle est adnichillee. » La mineur : « Mais, tant que puissance a esté auec nous, nostre bon voulloir et loyal courage vous a esté si amplement demonstré que, aprez la consumption de tous noz biens et occision des fortz et ieunes de nous, il ne nous est demouré que bon voulloir en humble obeissance. » La conclusion : « Vous suppliant treshumblement que fureur n'ait point de lieu la ou obaissance et loyaulté ont mis les subiectz en si grande pitié et extreme poureté. »

Item, il est assauoir que en lettres missiues et presque en toutes, l'en faict tousiours demande ; et, pour iustement demander, il est requis de demonstrer sa petition estre iuste ; secondement, estre possible a celuy a qui on demande en luy exposant la possibilité ; tiercement, assigner la remuneration. Et ne sont pas requises d'estre mises expressement en toutes lettres missiues ; car se vng poure demandea vng riche qui luy preste de l'argent, il n'est ia besoing de declarer sa demande estre iuste, mais de necessité contrainte, ne de declarer sa possibilité et richesse, mais le louer de vertu liberalle par laquelle il subuient aux indigens. Item, quant on demande a son obligé, ia n'est besoing luy dire expressement la remuneration, ne quant le pere demande a son filz ou le maistre a son seruiteur. Item aussy, il n'est ia besoing de les exprimer quant on rescript a son parfaict amy. Et est a noter quattre choses qui empeschent les demandes estre accordees : la premiere, c'est la chose quant on demande trop grant chose ou plus que l'en ne doit, parquoy dict Cathon : *Quod iustum est petito ;* la seconde, c'est le temps, comme qui demande de la neyge en esté, ou que l'en paye une obligation ou rente, et le temps n'est pas escheu ; la tierce, c'est le lieu qui n'est pas conuenable, comme demander dix escus a mon debteur a Rouen, et il les me doibt a Paris ; la quarte, c'est la cause, comme : « Sire Dieu, vous me debuez paradis ; ie suis chrestien, ie le vous demande » ; il dira : « Ie vous ay donné paradis voyrement, par ainsy que vous accomplissez la volunté de mon pere. »

Mais est assauoir que, auant que l'en prenne la plume pour escripre, l'en doibt considerer la personne a qui l'en rescript et principallement sa condition et sa dignité, et s'il est personne publicque ou priuee, ou riche ou poure, amy ou non, bien congneu ou pou. Il est plusieurs gens, qui de leur condition n'en prennent a plaisir chose que l'en leur rescripue, tant soit ioyeuse ; et a ceulx la sommairement et brief l'en doibt rescripre. Les aultres sont ioyeuses de lire lettres, et a ceulx la l'en doibt rescripre elegantement et tresaorneement.

Quant l'en rescript aux prelatz, on les doibt fort honnorer, speciallement quant l'en leur demande aucune chose, mais l'en se doibt garder subtillement de les trop esleuer ou plus que de raison, car ce seroit vice et deshonneur faict a eulx. Se l'en rescript a son amy, l'en peult rescripre court ou long et a son plaisir, car l'amy prent tout a plaisyr. Se l'en rescript a son ennemy ou a personne pou congnue ou qui face pou d'estime de celuy qui rescript, l'en doibt honnestement et premierement desclarer son amour estre iuste ou charitable, sans se vanter ou arrogantement parler, puis estre brief et aorné; mais garder l'en se doibt a escripre de plus haulte matiere que son entendement ou science ne comprent : a cela congnoist on les sotz; ne d'escripre aux simples et ignorans de termes a ceulx incongneuz et entendibles, a celle fin que ilz ne cuydent pas que l'en se raille de eulx. Et soyez certains que le plus beau langaige qui soit, c'est le commun et familier qui n'est de haultz termes trop scabreux et escumez du latin, ou de bas termes barbares, ou ne sont congneuz que en vng lieu, car, comme dict Orace : *Est modus in rebus, sunt certi denique fines, Quos vltra citraque nequit consistere rectum.*

Item aussy est a considerer la matiere de quoy l'en rescript, sçauoir s'elle est honneste ou vray semblable, ou infame ou humble, ou doubteuse ou obscure, ou merueilleuse, etc. Car, se la chose est honneste de soy, il y fault pou de suasion; si elle est doubteuse ou obscure, il y fault plus longue declaration; sy elle est humble, il la fault exalter; sy elle est merueilleuse ou laide ou deshonneste, il y fault de plus grans remedes. Ainsy, comme faict Therence : en louant les paillardes, il les excuse en disant que ce a esté par la negligence de leurs parens, ou par poureté, ou que par blandissemens de ieunes gens ont esté deceupz; comme en deffendant vng larron, ce a esté par compaignie ou poureté, ou que ce n'a point esté de son sens ou intention, et qu'il a grant volunté de se corriger. Lesquelles manieres se traictent plus a plain, en declarant l'art de composer propositions la ou plus longuement et amplement les matieres sont traictees, et la ou il conuient plus l'art garder, pource que la briefueté de lettre missiue ne permect pas multitude de exposition; car se diuision chet en lettres missiues, il fault diuiser brief et succinctement; se narration y est qui souuent y eschiet, elle doibt estre briefue, clere de termes communs, sans longues clauses, ne parentheses; et, après la confirmation, incontinent la solution de l'argument de partie aduerse, comme plus a plain sera veu en la deduction de ce liure.

Item, en toutes lettres l'en faict salutation, superscription et subscription.

Subscription n'est aultre chose que mectre son nom simplement, sans louenge ou vitupere, auec quelque tiltre ou dignité, pour donner a entendre qui on est. Et, quant les grans et les moyens rescripuent au bas estat, ilz commencent par leur nom, comme il est dict.

Superscription est ce que l'en rescript au dehors des lettres ou l'on mect le nom de celuy a qui les lettres s'adressent, et ou il demeure, quant il n'est point notoirement congneu ou au messager ou a plusieurs; et doibt l'en auec son propre nom mettre le nom de sa dignité, de son office ou de son mestier, ou noblesse ou parenté, et, se l'en en mect deux ou trois, le plus digne doibt estre le premier.

[DE LETTRES MISSIVES]

Nota que beniuolence se acquiert en quattre manieres. — Pour recommander negoce ciuille. — *Vide* de insinuation pour recommander aultruy en cause criminelle. — Pour obtenir grace. — Octroy de grace. — De rendre grace pour aucun don. — Peticion de chose corporelle. — Octroy de chose corporelle. — Lettres de remercier aulcun de quelque don. — Six manieres de remercier aulcun. — Demandant remuneration en trois lieux. — Nyant remuneration. — Remuneration en trois manieres : remuneration de volunté, remuneration de parolles, remuneration de faict. — Lettres soubz le gerre demonstratif. — De louenge. — Letres de vituperation. — Vituperation. — Exemple de lettres de amour. — Lettres de amour ambitieuse. — Lettres de lamentation de iniures. — Lettres a son amy de reconfort et consolation. — Lettres de complainte de chose perdue. — Lettres consolatiues de chose perdue. — Lettres lamentables de exil. — Lettres consolatiues de exil. — Lettres testimonialles. — Lettres de chose nouuelle. — Lettres de notice des meurs et conditions d'aulcun. — Lettres de *proficiat*. — Lettres dissuasiues de ioye. — Lettres exortatiues a douleur. — Lettres dissuasiues de douleur. Lettres de inuectiue de crime. — Lettres contre inuectiue de crime. — Lettres inuectiues de contemption. — Lettres expugnatiues de contemption. — Lettres domestiques. — Lettres domestiques de negoces familieres. — Lettres visitatiues sans matiere fors de petites negoces. — Lettres mixtes. — Lettres ioyeuses. — Lettres pour farcer aulcun. — Lettres de commission. —

Erreur au langaige françoys. — Lettres commissiues en especial. — Lettres contenantes plusieurs especes. — Lettres meslees. — Lettres missiues royalles. — Nota. — Lettres de familiarité de princes. — Lettres edictiues. — Lettres inhibitoires. — Lettres promotiues.

S'ensuyt maintenant aucunes manieres de faire lettres missiues. Et premierement, quant on rescript pour aultruy, en le recommandant a celle fin qu'il obtienne quelque dignité; la ou il fault faire quattre parties.

En la premiere, on acquiert beniuolence a la personne de celuy a qui l'en rescript, en le louant de liberalité, largesse, etc., par lesquelles l'en a fiance de obtenir de luy ce qu'on demande.

En la seconde partie, l'en acquerra la beniuolence de celuy pour qui on rescript, en le louant que pour ses vertus, il est a tous aggreable ou quelque aultre chose.

Nota que acquerir beniuolence a aultruy, que les orateurs dient *captare beniuolentiam,* c'est applaudir ou louer, ou blasmer celuy a qui, ou de qui, ou la chose de quoy l'en parle, comme au chapitre de exorde est plus a plain desclaré au feuillet xix (p. 57).

En la tierce, l'en doibt ouurir sa demande, en la disant iuste, honneste et facille, et par laquelle celuy a qui l'en rescript peult auoir grant honneur ou proffit en accordant la demande.

En la quarte, l'en promect toute seruitude et perpetuelle obayssance, en estimant tel bien qui sera faict a celuy pourquoy l'en rescript estre faict a soymesmes.

Exemple en recommandant aultruy pour obtenir dignité. L'en recommande au roy monsieur de N. pour estre faict cheualier.

La premiere partie : « Ie n'oseroye, inuincible roy, tant familierement rescripre a ta sacree maiesté, de paour que ie ne fusses noté de presumption et folie, n'estoit que ie congnois ta benignité et humanité enuers tous, considerant que tous les iours incessamment tu faitz des biens a ceulx que iamais tu ne veis ne n'as congneus. Parquoy ie n'ay point doubté de te rescripre, soubz l'esperance de obtenir de toy ce que ie desire. »

La seconde partie : « Monsieur de N., tant vaillant et saige homme que ie congnois et ayme, passé a longtemps que, pour la resplendeur de son nom et prouesse, e[s]t tant de toutes gens prisé et aymé, que ie cuide qu'entre les viuans, il n'y en a pas vng plus que luy. »

La tierce : « Il est assez congneu quelz entreprises deliberees et quelz subtilz faiz de guerre il a faict en l'expedition de Bretaigne; et, principallement, en la iournee d'vng tel lieu, il emporta l'honneur sur tous les aultres hardis et vaillans cheualiers. Et maintenant, il s'en veult reuenir en sa maison, et vouldroit bien obtenir de toy le noble tiltre de cheualerie; parquoy il m'a prié que, en la faueur de luy, ie t'en rescripue. Et, pource que i'ay consideré sa demande estre iuste et honneste, et qu'il est bien conuenient que, pour tant de si grands faiz et de si grandes vertus qui sont en luy, que par toy soit esleué en dignité, en le remerciant de son labour et donnant bon courage aux aultres hardis de bien faire pour en attendre semblable ou meilleure remuneration, parquoy treshumblement il te plaira l'auoir pour recommandé. »

La quarte : « Et moy pour luy, et luy et les siens seront tenuz a te rendre graces immortelles, en priant Dieu qu'il te vueille conseruer en bonne paix. »

Et nota que la maniere de Françoys n'est point de parler par toy l'vng a l'autre, mais a Dieu ilz y parlent bien, et en latin aussi l'en parle par toy, et en ytalien et plusieurs aultres langages. Parquoy, en ensuiuant la doctrine du latin, ie translateray ces exemples au plus vray et brief que ie pourray, ainsy qu'en latin ie le trouue.

Et nota que vng pape ou roy peult parler en plurier en disant : « Nous le voulons, nous ordonnons, etc. » en monstrant qu'il ne doibt rien dire que aprez la deliberation de son conseil, et par ainsy il parle come plusieurs et non pas come vng ; mais quant nous parlons en plurier a aultruy, nous enseignons la coustume qui a cuidé faire honneur a eulx et a leur bonne discretion et conseil, mais il n'y a que l'vsage qui le preuue.

Pour recommander a aultruy en quelque maniere ou negoce ciuile, l'en doibt partir ses lettres en quattre.

La premiere, en acquerant beniuolence a celuy a qui l'en rescript, en le louant de sa iustice ou de quelque aultre vertu conueniente a ce que l'en veult obtenir de luy, en disant que la bonne esperance qu'il a de obtenir de luy ce qu'il demande luy fait rescripre, ou quelque aultre semblable chose.

En la seconde, en acquerant beniuolence a celuy pour qui on rescript, ainsi qu'il est dit deuant.

En la tierce, en acquerant beniuolence a la chose de quoy l'en parle, en la louant qu'elle est de droict, ou facile, ou clere, ou profitable, et que il s'en peult ensuiuir grant honneur et profit et louenge.

En la quarte, ouurir sa demande, en disant que, pour l'amour de soy, l'en ait celuy pour qui on rescript pour recommandé, en promettant ou premiation ou seruice, etc.

Exemple en recommandant aultruy pour cause ciuille :
« Il y a en toy si grande equité de iustice, excellent et souuerain iuge, que, non a moy seullement, mais a tous ceulx de Normendie, elle est congneue en telle maniere que vng chascun peult seurement sans aduocat mettre sa cause iuste en tes mains, en ayant ferme et certaine esperance, quelque poure homme que ce soit, en reiectant faueur, dons, crainte ou aultrement, que tu luy feras iustice ; parquoy l'amour non petite d'entre nous deux me donne esperance que ie te recommande aulcun par mes lettres qui soit opprimé iniustement de son aduersaire, que en toute diligence tu luy garderas equité de iustice. »

La seconde partie : « Et pource que N., mon antique et singulier amy, lequel est aggreable a tous pour l'abilité de son mestier, et pour sa prudence de tous est aymé. »

La tierce : « Il y a plusieurs grandes causes de plusieurs griefz et tortz qui luy ont esté faictz a expedier deuant toy, et, par le moyen de ta bonne iustice, il a esperance de estre reintegré. Il m'a supplié que ie le te recommande, soy confiant que par mes lettres tu luy seras gracieux. »

La quarte : « Et, pource qu'il est mon singulier amy, et pour les vertus qui sont en luy, ie le vouldroie secourir en ses affaires tresaffectueusement et du bon du cueur, il te plaira de l'auoir pour recommandé, que en toutes ses causes il congnoisse que l'amour qui est entre nous deux luy ayt vallu. Et il sera tenu a perpetuel seruice et prier Dieu pour toy, et tous ceulx qui l'ayment reputeront ce bien a eulx estre faict. »

Pour recommander aultrui en cause criminelle, il fault partir ses lettres semblablement en quattre.

En la premiere, non plus occultement, mais a plain, l'en acquerra beniuolence a celuy a qui l'en rescript par insinuation, en louant sa personne, disant que elle a eu tousiours horreur et abhomination du vice du quel est noté celuy que l'en veult recommander ; et puis dira que a luy mesmes tel vice luy desplaist, en aggrauant le cas simplement sans riens excuser.

En la seconde partie, il dira que, combien qu'il auoit deliberé de rien rescripre de telle matiere, touteffoys, considerant le bien et l'vtilité publique ou priuce ou la pitié de N., et que, en toutes aultres choses, il est de bonne conuersation ou n'a iamais eu aultre notable coulpe, en le louant, et en conclusion dire que l'homme est a regarder et non point le vice.

En la tierce, l'en donnera de toute possibilité louenges du mal faicteur, en recitant aulcuns biens par luy faiz.

En la derniere, fault promettre que il ne fera plus tel cas, mais en toutes vertus il se exposera le temps aduenir, en offrant tout seruice, etc., au temps aduenir.

Exemple en recommandant aultruy en cause criminelle :

La premiere partie : « Ie sçays certainement, iuge incorruptible, que de tous les temps de ta vie, tu as hay et eu en abhomination tous malfaicteurs ; et, en tant qu'il est en toy possible, tu les corriges et en faiz iustice, *maxime* ceulx que tu sçays qui sont sans pitié en leurs propres parens ou bourgoys, comme sont criminelz homicides. »

La seconde partie : « Au regard de moy, ie ne requiers pas tant seullement fuir leur compaignie, mais en les detestant, ie les ay autant en abhomination que ie sçay que leur crudelité est contraire au bien publique et a la communité de la ville, qui doibt estre preseruee de telles et aultres iniquitez. Et combien que i'aye esté iustement prié de te rescripre en la faueur de N. qui a tué N., lequel tu tiens en tes prisons pour l'executer comme de droict, i'estoye tout deliberé de ne rescripre point pour vng si infame cas, n'estoient les aultres vertus qui sont en luy et en si grant nombre que a grant peine ie les sçauroye toutes reciter. »

La tierce partie : « Ie te certifie, iuste iuge, excepté ce mal qu'il a commis en soy deffendant, il a esté si vaillant et si deliberé pour deffendre nostre cité, que non seulement ses biens, mais son corps il a plusieurs foys exposé. Et quant tes sergens voulloient apprehender aulcuns malfaicteurs, luy sans paour tout le premier se exposoit soubz les armes d'iceulx pour les prendre ; de quoy sur luy sont encor de grandes et merueilleuses sicatrices ; et n'est aigneau plus doulx que luy, ne de soy ne prent question a aultruy, et nostre cité a bien peu de si vaillans gens hommes. »

La quarte partie : « Parquoy i'ay consideré que, pour vng tel cas de fortune, l'en ne doibt point estaindre tant de vertuz qui requierent de ceulx mesmes premiation et gloire, et qui sont utilles et necessaires a conseruer nostre cité. Parquoy ie supplie humblement a ta misericorde, a qui i'entendz parler, non point a ta iustice, que tu ne regardes pas tant le cas qui de soy est pitoyable, que tu ne consideres premierement la personne qui est en son ieusne aage, en sa force, saige et de plusieurs gens de bien aymé, qui iamais ne offensa et a bon voulloir de s'amender, et qu'il te plaise le deliurer, affin que, pour toy et le bien de nostre cité, il puisse encor exposer corps et ame en toute iuste querelle. »

Quant l'en demande grace ou quelque autre chose que l'en dit incorporelle munificence, comme doctrine, conseil, etc., il fault partir ses lettres en quatre.

En la premiere, il fault demonstrer comme celuy a qui on demande, a puissance de donner ce que on luy veult demander, affin que il ne se puisse excuser par impossibilité.

Secondement, demonstrer la demande estre iuste et honneste, affin que il ne s'excuse que il le feroit voluntiers, se la demande estoit iuste.

Tiercement, faire sa demande, en declarant la maniere de l'obtenir estre facille.

En la quarte, promettre or ou argent ou certaine chose ou perpetuel service. Mais est a notter que, en toutes demandes et en toutes graces rendues de quelque octray ou bien faict, l'en doibt vser d'humble langage, car de tant plus se condescent l'homme a accorder ce que on luy demande ou se contente de ce qu'il a donné, de tant que il veoit que humilité parle.

Exemple de requeste de conseil :

« L'incredible facunde que tu as, monsieur l'aduocat du roy, et qui reluyst es pensees des hommes en telle maniere que nostre cité iuge n'abuoir orateur qui soit en causes conduyre, en sagesse, iustice et equité semblable a toy, qui ne luy est pas moindre glore que a toy, me donne esperance que se tu conduys ma cause, que sans aulcune faulte i'en viendray a la fin que mon cueur desire. »

La seconde partie : « I'ay vne tresiuste cause à l'encontre de mon aduersaire N. qui m'a despouillé de mon heritage par force et par iniustice. Ie supply estre remys a ma possession, car par ses cauillations il s'efforce de me priuer. »

La tierce partie : « Parquoy ie suis contrainct de aucourir vers ta sapience, a celle fin que, en plain conseil deuant les iuges, tu parles pour moy, non pas seullement pour me garder des tromperies de mon aduersaire, mais pour me remettre mon heritage en ma main, ce que tu pourras faire facilement quant tu auras veu les lettres de l'acquisition faicte par mon pere, duquel ie suis seul heritier, combien que mon aduersaire dict le contraire. »

La quarte : « Que se tu le faitz, ainsy comme i'ay esperance et que ie le desire, legitime loyer et honneste premiation te sera pour moy liberallement et amplement donné, et me pourras comme a ton petit seruiteur tes affaires et tous plaisirs commander. »

Quant l'en octroye ou accorde grace qui s'appelle munificence incorporelle, comme est doctrine, conseil, etc., l'en doibt diuiser ses letres en trois.

En la premiere, l'en doibt acquerir beniuolence a la personne de celuy a qui l'en rescript, en demonstrant que, pour l'amour que l'en a a luy, on luy accorde benignement sa demande.

En la seconde, l'en expose le don que l'en veult donner, en le louant en telle maniere que l'en y acquiere pour soy quelque beniuolence.

En la tierce, l'en se offre entierement a celuy a qui l'en rescript en semblable ou plusgrant chose, ainsi comme amys font en secourant l'vng l'autre en leur necessité.

Exemple de octroy de grace pour chose corporelle :
« I'ai receu les lettres, N., mon parfait amy, par lesquelles i'ay congneu le desir et affection que tu as que ie conduise la cause de controuersie d'heritage qui est entre toy et N., pour laquelle chose ie suis contraint, tant pour la bonne et iuste action que tu as, a laquelle tout homme vertueux doibt donner faveur, que pour la singuliere amour et beniuolence que du commencement de nostre enfance fut de nous confederee. »

La seconde : « Pour laquelle chose ie t'accorde non tant seullement mon seruice, mais toute faueur telle q[u]'vng amy doibt faire a l'autre, en telle maniere que ie ne recuseray point la paine, mais en tout et par tout ie me emplieray pour toy et en ta cause, comme pour les miennes, et tu trouueras que ie feray mieulx que ie ne sçay dire ou escripre. »

La tierce : « En toutes aultres choses qu'il te plaira me commander a dire ou faire, ie suis prest de obtemperer a ta volunté; et saches que il ne me sera rien plus aggreable que quant ie sentiray de toy que i'auray faict chose qui soit a ton plaisir. »

Quant l'en veult rendre graces a aultruy pour aulcun don de chose incorporelle, l'en doibt diuiser et partir ses lettres en trois.

En la premiere, nous acquerrons a nous beniuolence en demonstrant que l'en ne sçauons par quel moyen commencer pour luy rendre graces, pour ce que nous ne sommes pas assez suffisans.

En la seconde, nous constituerons la beniuolence sur la chose, disant nous estre tresutile et tresaggreable.

En la tierce, luy rendrons grace le mieulx que faire se pourra, en desclarant toute deue recompense, et nous offrant, etc.

L'en remercie N. de la cause conduicte pour N :

« Ie ne sçay, cler voyant et disert aduocat, pour la petitesse de mon entendement penser la chose, ne exprimer, ne escripre comme ie te doibs rendre graces et louenges egalles aux grans biens que i'ay receuz de toy qui n'a pas tant seullement tresbenignement pris la cure et charge de la conduicte de mon procez, mais en brief temps, en toute clere diligence en ma victoire les expedie, lesquelles choses me sont de trop plus grandes que ie ne sçauroie penser. »

La seconde partie : « Quelle plus grande ioye me pouoit il aduenir que de estre hors de cure, soing et sollicitude de si grant et si vertueux procez? Parquoy, s'il m'estoit possible, ie debueroie te rendre graces en te remerciant de si grant bien, laquelle chose ie desire. »

La tierce : « Car le bien que tu m'as faict me sera perpetuel et immortel; parquoy ie t'en doibz graces et louenges perpetuelles et immortelles; mais, pour ce que faire ne le sçauroye, ie me abandonne a toy corps et biens, moy et les miens, a demourer soubz toy en perpetuelle seruitude. »

Quant l'en demande quelque chose corporelle, comme quelque cheual a donner, etc., l'en diuise ses lettres en quatre parties.

En la premiere, l'en acquiert beniuolence a celuy a qui l'en rescript, en le louant de sa liberalité et principallement de la puissance et auctorité qu'il a sur la chose que l'en luy veult demander.

En la seconde, l'en demonstre sa requeste estre honneste et necessairement estre necessaire, sans laquelle a grande difficulté l'en peult venir à ses fins.

En la tierce, desclarer la requeste estre facile a estre accordee, en desclarant que, non tant seullement en semblable chose, mais en plus grande, sa largesse se demonstre tous les iours.

En la quarte, promettre or, ou quelque pris, ou perpetuelle seruitude.

« I'ay congneu de tout temps, irrefragable docteur, ta condicion aux poures estudians, et a tous desirans sçavoir : non tant seullement de tes biens temporelz, mais de ta science et de ton sang a besoing benignement tu leur subuiens; parquoy as acquis non seullement louenge en ce monde, mais grandes graces enuers Dieu, qui t'a donné science tant parfaicte que en l'uniuersité de Paris, la ou tu faiz residence, il n'y a point second après toy. »

La seconde partie : « Et pour ce que ia long temps a que i'estudie en theologie et ne puis pour la pourcté et deffaulte de liures paruenir a ce que ie desire sans auoir recours a ta liberalité, sans laquelle dechoir me conuiendra de mon intention, ou du tout delaisser l'estude. »

La tierce partie : « Et il ne te est non plus difficile de subuenir a ma necessité que de le voulloir et pouoir, car plusieurs tu as en telle maniere esleuez de terre et sublimé iusques aux cielx. »

La quarte partie : « Parquoy humblement ie te supplie qu'il te plaise me prester le Quart de Sentences, affin que ie puisse auoir honneur et grace et tousiours i'en rendray graces. »

Quant l'en octroye ou accorde quelque don de chose corporelle, l'en doibt diuiser ses lettres en troys.

La premiere, en acquerant beniuolence a la personne de celuy a qui l'en rescript, en luy desclarant que pour son amour l'en affecte a luy complaire ou a luy faire tel don que l'en sçait bien qui ne luy sera pas tant aggreable que necessaire, *vel e contra*.

En la seconde, il conuiendra de toute possibilité louer son don, voire modercement, sans iactance de vaine glore, et aussy en demonstrant que l'en ne l'a pas faict, tant pource que il est utille a celuy a qui l'en donne, mais pource que l'en sçait que le don luy est aggreable, laquelle chose l'en desire de faire pour luy.

La tierce, en luy offrant le don, l'en se desclare estre prest a faire toutes choses, lesquelles l'en sçauroit estre a luy aggreables et proffitables.

Exemple de octroy de grace pour chose corporelle :

« Les lettres que tu me as puis vng pou enuoyees, N., mon singulier amy, me ont fort donné grant' ioye, car, entre les charges et sollicitudes importables que j'ay en les lysant, ie y ay eu tressinguliere consolation, pource que, de tout mon petit pouoir, ie desire te complaire, et aussi pource que ie te voy tant adonné a l'estude que ie ne sçay qui te passe, et de plus en plus ie desire te faire plaisir, comme ie voy que de plus en plus tu prens grant peine de fournir et estre bien clerc et homme de bien. »

La seconde partie : « Tu me demandes le Quart de Sentences, a celle fin que tu puisses mieulx parfaire et conduyre ton temps en l'estude, lequel incontinent ie te l'ay accordé, et, par celuy qui ces lettres te portera, ie te l'enuoye, ce que si affectueusement tu desires pour estudier a ta volunté, affin que a toy proffit et a moy plaisir en puissons auoir, qui ainsy sera quant ie te veoirray l'archidocteur de ta licence. »

La tierce : « En te priant tresinstamment que, se tu as affaire de moy en quelque aultre chose que ce soit, tu ayes a commander, et i'auray a l'acomplir de bon vouloir, le quel est tousiours prest a faire ce que tu commanderas. »

Quant l'en veult remercier aulcun de quelque don de chose corporelle, l'en diuise ses lettres en troys.

En la premiere, l'en acquiert beniuolence a la chose laquelle l'en a obtenue, en le louant et disant estre si clere et de si grant honneur et utilité que l'en ne sçauroit rendre graces ne faire chose condigne.

En la seconde, l'en acquiert beniuolence a soy mesme, en declarant que en nous n'a sens, force ne biens suffisans, ou aultre chose, pour correspondre ou satisfaire a la bonne volunté et au don de celuy a qui l'en rescript.

En la tierce, que on luy rendra graces le mieulx que on pourra, en se offrant a toutes choses pour luy, etc.

L'en remercie N. de son liure de sentences :

« Quant ie considere ta liberalité, admirable docteur, et voy la magnificence de ton don, et congnois que en moy n'a sens ne entendement ne aultre chose parquoy ie te puisses rendre recompense condigne, ie suis tout esbahy et ne sçay que ie doy faire. Se ie ne te remercie ou rendz graces du bien que tu m'as faict, ie seray noté de ingratitude, et, se ie me entremectz de t'en rendre graces, mes parolles ne sçauront ensuyuir ma volunté, parquoy de ignorance ie seray argué. »

La seconde partie : « Touteffoys, se ie ne puis mettre en effect ce que ie desire, a tout le moins ie te confesse que ie n'ay en moy ne chez moy chose par quoy ie te sceusses remercier, fors que de vne affectee et bonne volunté, qui de sa petite puissance te remercye. »

La tierce : « Et de ma part ie l'inciteray tout le temps de ma vie a luy souuenir de tes largesses et liberalitez, et ne l'espargneray ne iour ne nuyct a prier Dieu pour ta bonne prosperité, et ie ne sçay aultre chose en quoy te puisses ou saches proffiter, d'aussy bon cueur, tu me verras employer pour toy, que ie sçay la liberalite de laquelle tu as vsé enuers moy. »

Et pource que remercier les gens d'aulcun bienfaict, c'est aulcune remuneration de benefice qui souuenteffoys aduient, tant en gerre iudicial que deliberatif, qui se considere en six manieres.

Premierement le benefice donné, l'homme qui l'a donné, le temps, la qualité, le gerre du loyer que l'on en demande et la faculté de celuy a qui l'en demande. Le benefice donné se considere, s'il est grant ou petit, sumptueux ou laborieux, singulier ou commun, facille ou difficille, beaucoup ou pou, bon ou mauluais. L'homme qui l'a donné : l'en doibt tousiours exposer la grande liberallité, et qu'il a tousiours coustume de donner. Le temps : se il nous l'a donné en nostre extreme necessité, ce que tous noz aultres amys n'ont sceu, peu ou voulu ce faire, ou se sans esperance de secours comme cas inopiné il nous a faict ce bien. La qualité : se pour nostre proffit ou pour le sien, il nous a faict ce bien ; si l'a faict par fortune, ou de faict pensé ; si l'a faict liberallement ou contrainct ou aultrement. Le gerre de loyer que on en demande ; se c'est par comparaison que c'est que l'en demande, quant, combien, en considerant la comparaison de ce que l'en donne, et de ce que l'en demande. Par auctorité : l'en considere quelz genz ce sont qui demandent et pour quelle cause, et ce que l'en demande s'il est facile ou difficille. La faculté de celuy a qui l'en demande sera consideree de laquelle ce sera la remuneration.

Le demandant remuneration a trois lieux communs :

Le premier, c'est amplification du bien qu'il a faict et des peines et dommages qu'il a euz pour bien seruir, et en anichillant aulcun louyer s'il a eu, comme : « l'ay seruy le roy loyaulment a mes despens, ie me suis destruict pour luy, et iamais ie n'euz de luy la valleur d'vng lyart. »

Le second, par comparaison, comme ceulx qui ont receu aulcun bien disent que le bien qu'il[z] ont eu n'est en rien digne d'estre comparé au benefice qu'ilz ont faict.

Le tiers, en demonstrant que doresnauant il n'y aura plus homme qui vueille le seruir ou tenir foy de luy, s'il ne satisfaict; ou, s'il a satisfaict, on dira le contraire.

Celuy qui veult nyer remuneration se peult ayder des trois raisons dessusdictes en les confutant, en disant par amplification que l'en ne doibt point a meschans gens ne a gens de bas estat bailler aulcune remuneration saincte, iuste ou notable, en disant que peine de villain ne doibt estre en riens comptee.

Par comparaison, en disant, se aulcuns par leurs vertus ont eu aulcun bien, que les aultres ne se doibuent attendre a auoir semblable premiation.

Le tiers nous demonstrerons comme les hommes sont plus couuoitteux de pecune que de vertu, et que l'en aura tousiours pour son argent plus de seruiteurs que de vertueux.

Toute remuneration se faict en trois manieres : ou de volunté, ou de parolle ou de faict.

La volunté, c'est quant la faculté, le temps et l'opportunité n'y sont pas, mais demeure en l'homme vne perpetuelle memore du bien qu'il a receu, et rendroit voluntiers plaisir pour plaisir, ou mieulx.

La parolle, quant, en louant et remerciant celuy qui nous a faict ce bien, nous luy en rendrons graces en nous obligeant a luy.

Le faict, c'est quant, non seullement de volunté ne parolle, mais de nos biens ou aultres seruices, par reciproque amour ou plus ou moins, nous nous efforçons satisfaire. *Vide* quattre choses qui empeschent les demandes estre accordees, f° LXXI (p. 204).

Or retournons en la matiere d'ou nous sommes partis.

Quant l'en veult faire des lettres missiues soubz le gerre demonstratif en la louenge et commendacion d'aulcun, il fault diuiser ses lettres en trois.

En la premiere, l'en desclare que l'en n'a point assez suffisance pour assez descripre les vertus, merites et louenges qui sont a celuy pour qui l'en rescript, lesquelles surmontent trop toute elegance et maniere d'escripture; puis trouuera l'en quelque excusation ou cause qui meult a en parler aucunement le plus conuenientement que l'en pourra.

En la seconde, l'en commencera a vne des vertuz ou discipline la plus honneste et digne de louenge qui soit a celuy dequoy l'en parle, auec clauses generalles, en disant qu'il y en a tant de telles et de plus grandes et en si grant nombre, que il ne les sçauroit en beaucoup de iours et d'ans racompter.

En la tierce, l'en dira que les vertus ia recittez sont petites et quasi nulles en comparaison des aultres que l'en en pourroit dire, en desclarant que ce n'est point par flaterie, adulation ou assentation ce qu'il dit, mais incité par verité, en se offrant et desirant luy faire plaisir pour les bonnes vertus qui sont en luy.

L'en fait louange de N :

« Combien que i'aye entreprins, prudens seigneurs, vne charge mal proportionnee a mon entendement, c'est que par mes lettres i'ay a voz nobles seigneuries a exposer les louenges et nobles vertus de N., qui sont tant et en si grant nombre que ie ne sçay par laquelle commencer, car la moindre qui n'est pas petite surmonte toute maniere d'escripre; touteffoys l'en ne sçauroit si sage ne si noble homme assez auoir cher ne extoller, combien que ie desire soubz mon imbecille escripture luy donner louenge magnifique. »

La seconde partie : « Car ie vous iure que en luy a si noble et quasi diuin entendement, tant de doctrine morale, ciuille, politique, militaire, et, en toutes choses, tant de noz experiences, que de noz aages, bien pou ont esté veuz semblables a luy, qui tant es utillitez et proffitz publicques et priuees ayent si ingenieusement labouré, qui est a vostre ville vne grande decoration, a vostre chose publicque vne honneste renommee, et a tous estranges vne lumiere de doctrine. »

La tierce partie : « Ie ne vueil estre long a exposer et dire ses vertus, car mon entendement ne sçauroit comprendre la maniere de les escripre. Vne aultre foys ie vous en pourray rescripre plus amplement en gardant plus foy et verité que par mensonge ou flatterie denigrer sa bonne renommee, laquelle vous debuerez par faueur et grace de plus en plus louer, quant plus a plain sçaurez ses vertus dignes de louenge. »

Lettres missiues soubz le gerre demonstratif, en vituperant ou blasmant aultruy, se diuisent en trois.

En la premiere, nous acquerrons la beniuolence a nous et a celuy que nous voullons blasmer, en demonstrant que nous ne voullons pas parler de luy en mal et que ce n'est pas nostre coustume de dire mal d'aultruy et especiallement de luy, attendu qu'il est nostre voisin, etc. Puis alleguerons la cause mouuante pourquoy nous rescripuons.

En la seconde, nous vitupererons nostre partie en termes honnestes et couuers, et tellement entendus que l'en congnoisse clerement que l'en ne parle point par enuie, ou par colere ou aultrement, mais seullement a la verité, ou le grant orgueil qui est en luy nous le faict dire pour luy abatre et s'en corriger, etc.

En la tierce, nous nous excuserons enuers celuy a qui ou de qui nous rescriprons que, se nous luy auons rescript chose qui luy desplaise, que nous le tenons assez sage pour en congnoistre la verité, en offrant, etc.

L'en vitupere Cathilina a Tulles pource qu'il a coniuré contre son pays :

« Ce n'est pas ma coustume, Tulles digne d'honneur, que par dire mal et blasmer aultruy, ainsi que plusieurs font, ie veuille acquerir los et renommee, especiallement quant les vices d'aultruy ne me touchent en rien. Et encor bien souvent, quant ie suis iniurié de mes ennemys bien vituperablement, ie me tais et prens en patience. Mais, quant ie considere les grandes trahysons de Cathilina qui iamais ne me fist desplaisir pourtant, mais il estime toute nostre ville tenir en perpetuelle seruitude, et non seullement contre le bien particulier, mais encore contre le bien publique, il a coniuré traictrement auec les Françoys, ie ne me puis tenir que ses trahisons ie ne desclare a celle fin que, ycelles congneues, tu y peusses plus facilement remedier. »

La seconde partie : « Parquoy, ie te certifie que, oultre et par dessus les aultres innumerables vices et broullemens qui sont en luy, le traistre communique de iour et de nuyt avec les mauldictz et peruers garçons de ceste cité, pour les inciter et induire a coniurer auec luy a l'encontre des bons et notables bourgeoys d'icelle, a celle fin de eulx commouuoir contre tous, tuer les sages et gouuerneurs, bouter le feu es maisons et rauir les biens, et de faire plusieurs aultres execrables maulx, lesquelz sont ia notoires et publicques par toute la ville. Et luy mesmes publicquement en plaine audience menacé des plus grans, qui maintenant le fuyent de paour de plus grant inconuenient. Parquoy il est de necessité, Tulles mon amy, d'y remedier de bref et subtillement, a celle fin que plus grant mal ne s'en puisse encourir. »

La tierce partie : « Ne ie ne t'ay pas rescript cecy pour hayne ou enuie que i'aye sur luy; i'auroye tort de me plaindre de luy; mais pour te induire comme iuge diligent a cruellement et rigoureusement faire iustice, affin que nous demourons en paix, en te priant qu'il te plaise me commander. »

Le langage françoys n'a point encore mis de difference entre amour vertueuse et amour vitieuse; mais indifferentement vse de ce terme cy « amour », tant en aymant son pere en vertu que sa paillarde en lubricité. Parquoy, qui veult composer lettres missiues a aulcun en luy declarant l'amour vertueuse de quoy on l'ayme, — et nota que plusieurs termes sont de masculin gerre en latin et leur vulgaire est feminin par usage, comme *amor, organum,* etc., *mores, adjutorium;* et seroit bien faict de dire « bon amour, vertueux amour » ; — il fault partir ses lettres en trois.

En la premiere, fault acquerir beniuolence a celuy a qui l'en rescript, en disant que pour ses vertus, bonnes meurs, etc., toutes gens de bien sont subiectz et inclinez non seullement a l'aymer, mais a luy obair.

En la seconde, nous dirons que, pour telles vertus et bonnes conditions, nous sommes incitez a le vouloir aimer.

En la tierce, nous exposerons l'amour et beniuolence que nous auons a luy, en nous offrant a luy en toutes choses, etc., en luy priant qu'il luy plaise aussi pareillement nous aymer et nostre amour confermer.

N. rescript a N. l'amour de quoy il l'ayme :

« Tant sont en toy de dons de grace et de vertus, mon cueur N., que entre les tenebres et imbecilitez de noz entendemens, par la commune et saine oppinion de tous, tu reluys comme le soleil et resplendis par tes haultz et admirables faitz. Ie me tais des choses qui te donnent tel los merueilleux, car a tous sont congnues. Il n'y a si petit qui ne sache la grauité de eloquence qui est en toy, la doulceur et affabilité de ta personne, l'armonieuse musique que tu espars vniuersellement en telle maniere que de nostre temps nature et les deesses musicalles n'ont poinct produict de semblable ne greigneur. Oseray ie dire que en la herpe tu es vng nouueau Orpheus, en orgues vne seconde deesse Polimnia, en chanterie vng aultre Clyo? Tu es Euterpe en flustes, et bref de tous instrumentz musicaulx pour bien dire, faire iouer plaisantement, tu es en noz iours le suppellatif, dont ioye m'en croist. »

La seconde partie : « Parquoy, trés le commencement de nostre ieunesse, ie me suis deliberé du tout a te aymer et honnorer, considerant que ie seroye tresheureux et rendroys graces a Dieu, se ie pouoye par reciprocque amour estre aymé de toy que chascun uniuersellement ayme, prise et honnore. » .

La tierce partie : « Ce nonobstant, ie te presente mon cueur auec mon ardant desir de affection qui sont tiens, et que tu trouueras tousiours prestz a te complaire et a te aymer, esperant que mon amour ne sera pas vaine, mais que tu m'aymeras et noz deux cueurs n'auront que vne bien ordonnee volunté. »

Quant on veult rescripre d'amour vitieuse a quelque belle ieune fille pour luy desclarer son amour, — combien que i'aye esté deliberé de ne bailler point de exemple de cecy ne de vitupere, ne de inuectiue, etc., veu que la malice des hommes en sçayt trop, touteffoys, pour aggreement et assouuissement de mon liure et par conseil ie l'ay faict; — il fault diuiser ses lettres en trois.

En la premiere, l'en acquiert beniuolence a celuy ou celle a qui l'en rescript, en le louant de trois choses : premierement, de vertu morale ou de science, etc., se il en y a; secondement, de noblesse, se elle est noble; de richesse ou fortune, se elle est riche; tiercement, de beaulté corporelle, etc. Et, se en la personne ne sont les choses dessusdictes, l'en dira : « Combien que tu ne soys pas noble ne de grans parens, si es tu en meurs, en courage plus noble que les aultres, ou semblable, etc. »

En la seconde partie, nous acquerons a nous beniuolence, en demonstrant sans arrogance nostre ieunesse, noblesse, richesse, etc., pour l'inciter a nous aymer; en après, le plus honnestement que l'en pourra, nous dirons l'amour de quoy nous l'aymons.

En la tierce partie, nous luy prierons qu'il luy plaise nous accorder nostre requeste, en nous aymant ainsy que nous l'aymons, disant que l'amour est plus diuin que humain, en admenant quelque exemple de celles a qui bien est venu par bien aymer. Et puis fault declarer quelque crainte de dommage la ou elle pourroit venir, se elle ne veult aymer, en confermant de exemples d'aulcunes qui non voullant aymer sont mortes miserablement, en luy suadant non cheoir en tel inconuenient, luy promectant honnestement et secretement la garder et luy faire tout seruice et playsir.

Eurial rescript a Lucresse l'amour de quoy il l'ayme :
« Ce n'est pas sans cause, deesse Lucresse, se tous ceulx de ceste cité ont tous leurs yeulx sur toy a te contempler, a te regarder, a te aymer et priser, quant ilz regardent d'une part les grandes vertuz qui t'anoblissent, et les bons et honnestes meurs qui te decorent. Puis d'aultre costé, ilz s'emerueillent de tes richesses, encor plus de ta noblesse, par laquelle tu surmontes et passes tous tes nobles parens; et puis encor, d'aultre part, quant

ilz considerent la grande, singuliere et incredible, plus diuine que humaine beaulté qui est en toy, ilz iugent en eulx mesmes que des cielx cy bas as esté enuoyee. Et certes ilz n'ont pas tort. Car ilz regardent ton angelicque face tant belle et claire, qu'elle pourroit enluminer le ciel nubileux ; ilz regardent tes doulx yeulx comme deux estoylles luysans et estincellans, desquelz leur doulx regard oste toute douleur et induyt a ioye; ilz regardent le lustre et le tainct de ton visage qui passe toute viue couleur ; ilz contemplent ton large front, ton col cristallin, tes lebures corallines, tes cheueulx d'or, ton faictif corps et generallement tes membres si traictifz, si bien proportionnez, qu'ilz ne se sçaiuent tenir de te louer, en te louant de te aymer et te aymant de te priser. »

La seconde partie : « Ce sont les causes qui me contraignent de t'aymer ; et, combien que noblesse, richesse et ieunesse soient en moy, et, graces a Dieu, assez bien fortune, ie seroye encor de trop plus eureux, s'il te playsoit de m'aimer, car de ma part ie suis desliberé de non pas tant seullement te aymer, priser et honnorer, mais mourir pour toy a ta necessité ou a ta volunté ; et te certifie que, ne en veillant ne en dormant, ie n'ay aultre souuenir que de toy. Et, combien que mes compaignons m'appellent bien eureulx, pource qu'en moy sont aucuns petitz dons de fortune et vertu, ie me repute nonobstant malheureux pource que ie ne sçay faire chose qui te plaise et qui es celle seule ou gist mon esperance. »

La tierce partie : « Retourne donc, s'il te plaist, ma doulce dame et gratieuse pucelle, tes doulx yeulx d'humanité et regarde en benignité ton seruiteur. Certes, amour n'est point chose humaine, mais c'est chose diuine ou tous les plus grans seigneurs sont subiectz. Parquoy, n'estime pas pou de chose estre que aymer et n'y recuses pas pour le mal qui t'en pourroit ensuyuir. Recorde toy de Daphnes et de Siringe, dont l'une desprisant l'amour de Phebus, et l'aultre de Pan, finerent leur vie cruellement. Garde toy de faire ainsy, mais ensuy Penelope qui garda a son amant loyaulté et vesquit notablement. Acorde moy donc ma requeste, et tu me trouueras loyal, honneste et secret a toutes tes voluntez accomplir. »

Item, l'en faict des lettres missiues de complaincte, de pleur et lamentation de aulcune iniure faicte ou dicte a celuy qui rescript par aultruy, de laquelle l'en espoire auoir remede, vengeance ou conseil de celuy a qui l'en rescript ; et diuise l'en ses lettres en trois.

En la premiere, l'en acquiert beniuolence a la personne a qui l'en rescript, en recitant l'amour et beniuolence et familiarité parquoy nous sommes incitez a luy faire assauoir noz choses tant prosperes que aduerses, ou, se l'en ne le congnoist point, on l'aduertit pour son honneur, veu qu'il est bien renommé, etc., qu'il remedie au cas, pource qu'il luy touche.

En la seconde, nous acquerrons nostre beniuolence de la part de nostre aduersaire pour l'inciter a hayne, en demonstrant les biens que nous luy auons faictz, en recitant l'ingratitude de luy et explicant l'iniure qu'il nous a faicte.

En la tierce, nous demanderons ayde, conseil, vengeance, ou

le ferons iuge, en demandant qu'il nous rescripue lettres consolatoires pour nous resiouyr ; en nous offrant, etc.

Appius se complainct a Cesar de l'iniure que Tulles luy a faicte : « Le singulier amour et ardant desir que tu as en moy, Cesar sans per, me contrainct rescripre l'iniure qui m'a esté faicte, a celle fin de obtenir quelque confort de toy et que tu saches l'iniure qui t'es faicte comme a moy ; car amys sont communs es biens et es maulx de prospere fortune et de aduerse ; et, pource que, depuis vng moys en ça, i'ay esté treslourdement iniurié de Tulles, ie ne me sçauroys tenir que ie ne t'en rescripue, qui me sera reuelation de ma douleur. »

La seconde : « Tu sçais, Cesar, les peines, labours et diligences que i'ay faictez iour et nuyct, et les grans perilz et dangiers ou i'ay esté pour ce meschant villain Tulles ingrat, tel est il, non pas tant seullement pour luy faire honneur, mais proffit ; et, quant i'estois iuge, tu congnoys en quelle magnificence il fut receu du conseil ; mais non pas seullement comme ingrat auoir oublié telz biens par moy a luy faiz, ce que homme de bien ne doibt faire, mais encore ie luy ay prié et faict prier de par grans gens qu'il voulsist estre aduocat en ma cause, et la plaidoier deuant le senat et peuple rommain ; il ne l'a daigné faire, ce qu'il faict a tous incongneuz. Et encore, pour plus me faire grans desplaisirs il a conduit et conseillé mon adversaire a plaidoyer sa cause et trouué les cautelles, et di ge plus corruptibles par lesquelles i'ai esté succumbé de mon droict. Vela les remunerations que i'ay de ce mauldict homme ; vela les salaires que i'ay de auoir faict tant de plaisir a cest ingrat infame. »

La tierce : « Mais i'ay encore bonne volunté de appeller de la sentence iniuste et c'est pour quoy ie te rescripz a celle fin que, tant pour ma consolation que i'attens par tes lettres, tu veuilles admonester Cicero que, se il ne me veult ayder, combien qu'il y soit tenu, au mains qu'il ne me nuyse point, ce que ie cuide que il fera, se tu luy commandes. Et me charge de tes affaires, ainsi que ie faiz, toy des myennes. »

Les lettres missiues que l'en faict a son amy pour le reconforter et donner consolation de l'iniure qui a esté a luy faicte par aultruy, se diuise[nt] en trois.

En la premiere, nous desclareron comme il nous desplaist de telle iniure tresgrandement faict a nostre amy.

En la seconde, nous demonstrerons que pour telle iniure il ne se doibt point courroucer, pour ce que c'est vng meschant qui l'a iniurié, et acquerron la beniuolence de la partie aduerse, en le mettant en hayne, en narrant ses iniquitez, disant que on ne y doibt point prendre garde, en donnant esperance que de bref, l'ennemi conuaincu, il retourn[er]a en ses premieres dignitez, etc.

En la tierce, l'en s'efforcera de le consoler, en luy promettant tout ayde et de conseil y remedier ou venger, etc.

Cesar reconforte Appius de l'iniure que Tulles luy a faict : « I'ay receu tes lettres, inflexible cheualier, lesquelles m'ont donné au cueur tant de tristesse que ie ne le sçay exprimer. Et eusses porté l'iniure qui t'a esté faicte plus patientement que ie ne faiz, se Tulles mesmes me l'eust faicte; et congnois maintenant comme il s'est porté deshonnestement et meschantement en ta cause deuant le senat, qui par ses corruptelles contre Dieu et iustice t'a faict perdre ta cause ; et m'a semblé bien estrange du commencement de penser comme il a osé faire, veu que ie sçay les grans biens que tu luy a faictz, par lesquelz, au iugement de toutes gens de bien, il est ton obligé ; et encor les gens ne peuent croirre quasi qu'il te daignast offenser. Mais quant i'ay congneu sa grande mauluaistié par tes lettres, ie l'ay diuulgué parmy grans gens qui sont mal contens de luy et en sont marrys comme moy. »

La seconde partie : « Et quant ie considere la malignité et iniquité de luy que, au temps aduenir, il y aura plus de deshonneur et de dommage qu'il ne t'en a faict, i'en suis tout resiouy, pource que, quant l'en congnoistra son ingratitude, chascun se mocquera de luy, et, en se mocquant, l'en plaindra ton dommage, et ton honneur en croistra, et en fin en auras victoire en glorieux triumphe. »

La tierce : « Mais affin que ce soit bien tost, de tout mon pouoir de le reduire a te seruir, en lui remonstrant sa faulte, et iamais ne cesseray iusques a ce que ie te voye victorieux et ioyeux ; et ne m'espargne en rien. »

Il est vne aultre maniere de se complaindre de quelque chose perdue, laquelle on espoire recouurer de celuy a qui l'en rescript, ou conseil, ou consolation, etc. ; et fault diuiser les lettres en trois parties.

En la premiere, il fault acquerir beniuolence a celuy a qui l'en rescript, comme il est ia dict deuant en plusieurs premieres parties, en declarant que, pour la bonne amour que l'en a [a] celuy ou qu'il a a nous, nous luy voullons bien rescripre nostre poure cas et miserable fortune, a celle fin que nous en puissons avoir conseil, etc.

En la seconde, il fault narrer le cas, en induisant a pleur et pitié.

En la tierce, demanderons conseil, confort, etc., en disant que nous en auons grande esperance, en priant que nous ne serons point fraudez de nostre intention, en nous offrant, etc.

N. se lamente a N. de la mort de son filz : « Ie vouldroie, Iacques, mon singulier amy, que ce eust esté le bon plaisir de Dieu que puis trois iours tu eusses esté cy present auec mes aultres amys, pour veoir les douleurs, les lamentations, pleurs et intolerables afflictions que i'ay euz, ay et auray de la mort de mon filz N. Ie sçays certainement que, se tu y eusses esté, tu n'eusses pas eu tant seullement pitié et compassion de tous noz miserables amys, combien que tu eusses porté la greigneur part de la douleur, mais tu me eusses beaucoup aydé a me releuer de ma mortelle douleur. Et, pource qu'il n'a pas esté possible, tant pour le temps que pour la distance d'entre nous, ie me suis deliberé de te faire signifier par mes lettres les douloureuses et griefues passions que, de pou de temps en ça, intollerablement ie porte, esperant que l'amitié que tu as en moy dés ieunesse, laquelle a touiours creu auec nos ans, et par laquelle biens et maulx si sont communs entre amys, i'auray de toy quelque consolation. »

La seconde partie : « Il t'a esté assez congneu les pouretez, les afflictions, les perilz et inconueniens auec les grans charges que l'en a en ce mortel monde, especiallement ceulx qui ont charge du bien publique, et tient ceulx bien eureux qui, en pou de pain et en abondance de paix, finissent leurs iours plus que ceulx qui [s]ont en multitude de biens et sans paix miserablement languissent. Mais encore, entre mes troublemens et afflictions, i'avoye mon petit filz N. tant doulcet, tant amyable, tant beau, auquel ie prenoie tant de plaisir, que sa parolle seullement me releuoit de grandes fantasies et me ostoit de tout soing, et auoie de luy vng singulier et seul passe temps ; mais maintenant ie fondz en larmes et tristesse, d'autant plus que ie sçay que la mort m'est cruelle, qui par son enuie m'a osté mon filz, m'a priué de ma plaisance, a tué ma seulle esperance, ma consolation, ma vie, celuy ou ie passoye toutes mes douleurs, pour lequel tout couroult me vient. Ie ne sçay ou confort querir, ne que dire, ne que faire. »

La tierce : « Ie te rescrips, affin que tu pleures auec moy, comme vng amy doibt faire, que tu me confortes en partie au moins, se tu ne peulz du tout me releuer, combien que, aultreffoys par ta prudence, tu me as releué de grandes calamitez, ce que i'attens encor de toy, a qui tousiours me recommande. »

Les lettres missiues que l'en faict a son amy pour luy donner consolation de chose perdue, se partent en trois.

En la premiere, nous declarerons la douleur que nous auons de telle fortune, laquelle nous estimons estre aduenue a nous mesmes, tant l'aymons, et nous efforçons de luy croistre sa douleur.

En la seconde, nous nous conuertiron en consolation, en demonstrant par plusieurs raisons, et trois du plus, comme il ne s'en fault point encor marrir. Et par ce conclurron que il doibt prendre en soy confort.

En la derniere, nous le conuertiron en quelque esperance, en nous offrant faire pour luy toutes choses et especiallement pour sa consolation.

N. reconforte N. de la mort de son filz :

I'ay tresamerement pleuré, N., mon parfaict amy, et n'ay sceu contenir les larmes, quant i'ay veu par tes lettres la douleur que tu as de la mort de ton filz. L'amour, que de si long temps est entre nous deux, me contraint porter tes douleurs comme toy mesmes, et sens en moy mesmes le glaiue de douleur qui te perce le cueur d'auoir perdu vng si ieusne enfant de si beau commencement, que tu aymoys, et non sans cause. Et congnois que, pour tous biens, tu te consommeras en larmes, et en pleurs mourras après luy.

La seconde : « Mais la prudence qui est en toy te remonstre bien que l'en ne doibt point tant se courroucer que l'en en perde les rigles de raison par lesquelles toutes desolations sont chassees des cueurs des hommes. Au fort ie cuide que ie perdray ma peine de te rescripre pour te reconforter, pource qu'il fait mauluais parler a toy qui te tourmentes si griefuement, que tu as laissé raison, et laisses dominer sur toy les passions de nature. Tu te tourmentes excessiuement de la mort de ton filz; pource que tu sçauoys bien qu'il estoit mortel, tu l'auoys engendré mortel, nourry mortel, et mort est. Te esbahis tu de la mort de vng enfant, et tu as congnoissance que tous ieunes et vieulx mourront, et toy mesmes. Laisse, laisse telles plaintes feminines; mesle raison parmy tes passions. Monstre toy estre homme vertueux. Desploye ta sapience, puisqu'il en est besoing, a celle fin que ceulx qui ne t'ont point veu, congnoissent en toy la constance et patience que ie leur ay dict de toy. Ie me recorde que ie t'ay veu souuenteffoys resiouyr, quant il t'auenoit quelque bonne fortune. Les sages portent egallement autant les aduerses que celles de prosperité. Fay que entre les vertus que tu as en si grant nombre, tu n'en chasses hors patience. »

La tierce : « Ie sçay bien que tu sçays beaucoup plus que ie ne te sçauroye rescripre, et que toymesmes le sçais dire et faire a ceulx aultres que toy qui sont en aduersité ; aussy ne l'ay ie pas faict pour t'enseigner, mais pour te donner a entendre l'amour de quoy ie t'ayme, et a qui ie vouldroye complaire de corps et de biens. »

Il est encore une aultre maniere de lamentation pour exil. Se l'en rescript a aulcun en esperant de luy ou restitution, ou ayde, ou conseil, ou consolation, l'en part ses lettres en troys.

En la premiere, l'en acquiert beniuolence a la personne a qui l'en rescript, soy confiant a son amour et prudence, par laquelle il entendra ceste fortune luy estre commune, etc.

En la seconde, nous demonstrerons le bien que nous auons faict au pays, ou a celuy par qui nous sommes exillez, sans arrogance, affin que nous demonstrons que a tort nous sommes exillez. Puis dirons la faulte par qui c'est, comme par noz enuieulx, etc., lesquelz nous tournerons en hayne, en demonstrant leur ingratitude ou mauluaistié. Puis dirons nous confier en bonne iustice, par qui nous serons restituez en honneur et noz aduersaires confonduz et pugnys.

En la tierce, nous demanderons ayde, conseil, etc., en nous recommandant nous et nos choses a nostre amy, lesquelz benignement nous luy presenterons.

Cicero se lamente a Lentulus que pour la hayne de Clodius il est enuoyé en exil :

« C'est ma coustume, quant il me vient quelque aduersité, Lentule, mon singulier amy, d'auoir recours a mes amys, desquelz ou par leur ayde, conseil ou consolation, ie me reliefue. Mais a toy que ie ne repputtes pas tant seullement mon amy, mais mon tressingulier et especial amy, qui de tousiours tu estimes mes aduersitez estre tiennes, i'ay deliberé te rescripre vng cas de fortune qui m'est aduenu par enuye, a celle fin que, par ton ayde, conseil et consolation, ie puisses en tant de maulx trouuoir remede. »

La seconde partie : « Il est a tous commun les grandes peines et charges que i'ay touiours virillement portez pour anoblir la dignité de la chose publicque. Et non pas i'ay seullement exposé mes biens, mais voluntiers eusse mis ma vie la ou i'eusses sceu proffiter. Aussy vrayement i'en ay eu des biens et de l'honneur, mais tu sçays que les mauluaiz ont tousiours enuye des bons et ne peuent souffrir vertu auoir lieu. Par leurs mauldictes et astuces cautelles, ilz ont tant faict que, tous les biens que i'ay euz toute ma vie du bien public, en vne heure i'ay tout perdu. Il s'est esleué contre moy ce mauldit et hay de Dieu et du monde Clodius, a qui i'ay faict tant de biens. Comme non s'en recordant et ingrat, ou par sa mauluaistié me rendant le mal contre le bien, pour me faire mourir, il a trouvé mille fictions et menteries deuant le senat, et a trouué de faulx tesmoingz telz comme luy ou l'en a adiousté foy, tant qu'ilz m'ont bany et enuoyé en exil; parquoy i'en suis si triste et dolent, que ie croy que mourir me seroit plus doulx et a moins de peine que viure en tel tourment. »

La tierce : « Et certainement il me seroit impossible de plus viure, n'estoit vne esperance que i'ay qui me conforte, et me dict qu'il viendra quelque temps que la verité en sera congneue et que i'auray, en honneur de tous mes maulx, allegeance. Mais, a celle fin que ce soit bien tost, tu me peulx donner tant de ayde, confort et conseil, qu'il n'est ia besoing que a aultre que a toy ie en demande, a qui toute famille et moy premierement ie donne et recommande. »

Se l'en voullons consoler par lettres nostre amy de son exil, nous les partirons en trois.

En la premiere, nous declarerons en quelle douleur nous sommes pour son aduersité, laquelle, comme dessus, nous dirons a nous estre commune, pour l'amour de quoy nous l'aymons.

En la seconde, nous acquerrons beniuolence a sa personne, en le louant de sa preudommie et vertuz ; puis, acquerrons la beniuolence par les aduersaires en les mectant en hayne, en desclarant que nostre amy est exillé, non point pour ses demerites, mais pour l'enuye de ses aduersaires.

En la tierce, nous le mettrons en esperance de brief retourner et luy promettrons de nostre part en faire le possible.

Lentules conforte Cicero qui pour la hayne de Clodius est envoyé en exil :

Ie ne te sçauroye rescripre, Cicero, mon singulier amy, ne exposer quelle douleur, quelle tristesse i'ay eue, quant premierement i'ay conceu par tes lettres que, pour la hayne et mal vucillance du faulx et inicque Clodius, tu as esté bany et expulsé de nostre magnificque cité. Certes, mon amy, ie ne suis pas seullement de ton aduersité marry en cueur, mais toutes les foys qu'il m'en souuient que celuy qui a faict tant de bien au pays soit par enuye mis dehors, il sault de mes yeulx vng droit torrent de larmes pour la grande dilection que i'ay en toy.

La seconde : « Et, certainement, ie ne me sçauroye rapaiser, se premierement ie ne pensoye que, a grant tort et au grant deshonneur de ceulx qui ce ont faict, tu es deiecté.

Il leur est par tant de foys congneu que tu leur as esté si humain et si doulx que oncques a nul, tant feust petit, tu ne refusas ton labour ne ta peine, fust pour le bien publicque ou particulier, mais tousiours de ta benignité as estudié a tous complaire, qui sont vertus et oeuures dignes de grande louenge et de grande remuneration ; et touteffoys, par l'enuye de vng meschant flateur et de peuple seducteur, non point par tes meffaictz, tu es enuoyé en exil, comme on faict les traistres et mal faicteurs, laquelle violence a toy faicte et enuie de Clodius contre toy ne pourroit pas tousiours durer. »

La tierce : « Ie te supply, mon amy, pren en toy bon courage; iecte dehors beaucoup de meneues conclusions qui ne te font que nuyre; pren de toy bonne esperance et considere que le diable n'est pas tousiours en vng huys, et que fortune est en ses faictz muable. Considere que tu as encor beaucoup de bons amys, et moy qui ne suis point des moindres, qui, a l'ayde de Dieu, dedens bref temps, nous conuaincrons la malice de Clodius, donnerons a congnoistre la verité et n'espargnerons riens que, en brief temps, tu ne soys restitué en tes premieres dignitez, et le villain honteusement deiecté et pugny. »

Item, il est vne maniere de faire lettres expositiues, qui enseignent a celuy a qui on rescript ce que il ne sçait point, comme de tesmoignage de hystore ou de notice de tesmoygnaige. L'en part ses lettres en trois.

En la premiere, l'en acquiert beniuolence en soy, en desclarant que, tant pour l'amour de iustice et de verité, affin que l'innocent et iuste ne soit opprimé, que de la grande dilection que l'en a a celuy a qui l'en rescript, l'en dira la verité de ce que on luy demandera.

En la seconde, l'en desclarera tout le tesmoignage que on luy veult faire de point en point bien esclarcy, et, aux pointz qui porteront faueur ou seront plus aggreables a celuy a qui l'en rescript, l'en se tiendra plus longuement dessus que aux aultres.

En la tierce, l'en dira que l'en a dict tout ce que on en sçait de verité, et, se plus on en sçauoit, tant de ce que d'aultre chose, l'en feroit voluntiers plaisir, etc., en se offrant, etc.

Cicero tesmoigne deuant les iuges que Clodius estoit a Romme le iour que les sacrees choses a Vesta furent violees :

« Ie suis requis de vous, iuges d'equité, que ie die ce que ie sçay pour la controuersie qui est entre l'honneste ordre des matrones, d'une part, et Clodius, pour la violation des sacrees choses de la bonne deesse Vesta, d'aultre part, assauoir se, le iour de icelle violence, Clodius n'estoit point en ceste ville. Combien, messieurs, que ie ne desire pas a nuyre a personne, mais ie desire tousiours equité et iustice estre a vng chascun rendue, pour laquelle executer i'aymeroye mieux mourir que verité taire. »

La seconde : « Vous me demandez se Clodius estoit en ceste ville le iour de la violation des sacrees choses de la bonne deesse. Affin que i'en die la verité sans faindre, ie vy le matin en champ Mars Clodius, et, depuis sept heures de soir, il souppa auec Pompee, et quasi tout le iour, ie le vy entour le palais de Cesar et, environ entour trois heures, il s'en alla bien hastiuement a sa maison : pour quoy ? ie ne sçay, etc. »

La tierce : « Ce que vous desirez sçauoir de moy, messieurs, a la verité ie vous l'ay dict, et se a aultre chose vous congnoissez que ie vous puisse seruir, vous auez sur moy a commander, et i'ay a obair et faire vos bons desirs. »

Qui veult rescripre a son amy pour l'aduertir d'aucune chose faicte nouuellement comme histore, etc., l'en part ses lettres en trois.

En la premiere, l'en acquiert beniuolence a nostre personne, en desclarant que nous sommes enclins a rescripre a luy, comme a nostre amy, de choses nouuelles qui aduiennent tant a la chose publicque comme priuee, especiallement que nous sçauons bien que il prent plaisir de ouyr parler.

En la seconde, l'en narrera l'hystore, soit ou de bataille ou d'aultre negoce.

En la tierce, nous diron ce que on luy auons rescript, n'estoit point a laisser derriere sans l'en aduertir, luy promettant que nous ne luy plaindron point nostre peine de luy tousiours rescripre telles nouuelles, pourueu que nous sachons qu'ilz luy soient aggreables.

N. rescript a N. des nouvelles de la court :

« Ie congnoys, N. mon parfaict amy, le grant desir que tu as de congnoistre les choses qui se font au conseil du roy pour la chose publique, du quel tu es ferme pillier, et ne t'en peulx longuement absenter ; et, quant tu es absent, encor ne se peult ton cueur contenter, se par aulcun de tes amys, l'en ne te faict sçauoir des nouuelles ; parquoy, pour te complaire et pour te faire service aggreable, ainsi que ie suis tenu, ie me suis deliberé de te rescripre ce qui a esté faict de nouueau au conseil du roy. »

La seconde : « Mardy au matin, comme a huit heures nous estions tous ensemble au conseil, vne poste nous apporta vnes lettres comme les Angloys estoient descendus a la Hogue, et que ilz bruloyent et gastoyent tout ; parquoy, le roy ordonna que chascun donneroit son oppinion pour sçauoir se l'en debuoit prendre les armes pour les combatre, ce que l'en ne peult faire sans grant detriment de la chose publique, ou, se l'en les querreroit d'appointement, qui est la doulce voye de venir a paix qui est fin de bataille. Sur laquelle chose il y eust de messieurs du conseil beaucoup et de bien variables oppinions. Touteffoys, fut ordonné et conclud que ilz seront combatuz ; et est lieutenant du roy N. qui a mandé ses capitaines N. et N., qui de bref seront au deuant pour faire resistence. Prie tousiours a Dieu, non tant seullement pour la protection du pays, mais pour l'augmentation. »

La tierce : « Ie rescrips ce qui a esté faict au conseil, et se aultre chose s'i faict digne de estre sceu, ie te le rescripray incontinent, et ne plaindray point ma paine tant en cecy que en aultres choses pour te complaire, a qui ie me recommande. »

L'en faict encore aultres lettres expositiues de notice, pour aduertir aulcun des meurs et conditions de vng aultre, et les part l'en semblablement en trois.

En la premiere, l'en acquiert beniuolence a la personne a qui l'en rescript, en disant que l'en a faict diligence de enquerir le possible des meurs de celuy de qui il les veult congnoistre.

En la seconde, l'en descript toutes les meurs et conditions de celuy de qui l'en parle ou de la chose. Mais se nous [faisons] rescripsion de nous mesmes, il fauldroit laisser la premiere partie, mais en lieu nous acquerron beniuolence a nostre personne, en nous excusant que, se d'auanture nous dison de nous aucune chose, ce n'est pas par arrogance, mais seullement a nous faire congnoistre a celuy qui desire sçauoir qui nous sommes, et puis prendron a la seconde partie comme deuant.

En la tierce, nous diron que c'est tout ce que pour le present nous sçauons de ladicte personne ou de la dicte chose, prestz a plus en enquerir et faire seruice, etc., en nous offrant, etc.

Cicero expose a Cesar les conditions de Appolonius de Rhodes, orateur :

« Ie ne sache chose tant ardue ne tant difficile, noble Cesar, que de bon cueur pour l'amour de toy ie n'entreprensisses a faire, car g'y suis contrainct, tant pour la singuliere et tresaffectee dilection que i'ay a toy, que pour les grans et abondans biens que incessamment tu me faiz. Tu m'as rescript que, en toute diligence, ie enquiere des meurs et conditions de Appolonius de Rhodes et que ie t'en rescripue la verité. »

La seconde partie : « En te aduisant que, au iugement de tous qui le congnoissent, c'est vng singulier homme qui, non tant seullement en rethorique, mais en philosophie, il acquiert vng tres grant nom. Quant il partit de Rhodes, il s'en alla en Athenes et la ne trouua point de second a luy, tant que les Atheniens estudians disoient que c'estoit vng aultre Pallas du cerveau *Iouis* descendue en leur cité encore vne foys. »

La tierce : « Ie te pourroye encore rescripre de luy plusieurs aultres choses, lesquelles tu pourras sçauoir de plusieurs aultres gens qui tous conuiendront en vne oppinion, ioinct a ce que, se tu le faiz venir demourer en la cité, non pas seullement a toy, mais a tout le bien publicque, tu feras une singuliere utilité. Et, se tu desires que ie face aultre chose pour toy, voy me cy prest a te complaire, a qui de rechief me recommande. »

L'en faict aussi des lettres missiues de *proficiat* ou de congratulation, quant aulcun de noz amys a obtenu quelque office ou benefice ou aultre chose de fortune, et on luy en veult dire vng *proficiat*, c'est a dire congratuler a sa bonne fortune. L'en diuise ses lettres en trois.

En la premiere, l'en acquerra beniuolence a la personne a qui l'en rescript, en le louant que, pour ses merites et vertus, il est venu en telle dignité ou prosperité.

En la seconde, l'en acquiert beniuolence a nostre personne, desclarant que la grande affection et amour que nous auons a luy nous font participer en ioye auec luy, et sa fortune nous estre commune.

En la tierce, nous prieron Dieu que celle dignité ou office ou prosperité luy soit a perpetuelle louenge et utilité, en offrant tout seruice, etc.

N. rescript a N. en le congratulant de vne office que le roy luy a donnee :

« Ie ne sçay se a toy ou a moy qui suis ton singulier amy, ie doibz dire *proficiat* de l'office N. que, par tes vertuz et hastiue diligence, tu as obtenu du roy. Ce ne me semble pas petite glore ne petit d'honne[u]r que, en sy ieune aage, tu obtiennes telle dignité, et que par tes faiz tu passes les estimations des hommes de toy. De quoy ie me resiouys que doresnavant publicquement tes vertus se manifesteront, et ma ioye et mon honneur croistront, puis que i'ay vng tel amy qui de sa splendeur d'honneur me enluminera en mon grant profist. »

La seconde partie : « Doncques bon preu te face de telle dignité que iamais tu n'as quise par ambition, mais encore, pour les vertus qui sont en toy, plus grans biens te sont deubz. Au regard de moy, ce n'est pas sans cause se ie m'en resiouys, car les amys sont aux biens de fortune communs, lesquelz en deux corps n'ont que vng esperit, et en deux sens vne volunté.

La tierce : « Ie requier a Dieu tout puissant que de bien en mieulx il te doint bien prosperer, et que, pour tes faictz, tu puisses gloire immortelle acquerir, et tant que tu viuras demourer en sa saincte grace. »

Se l'en veult congratuler de sa santé recouuerte ou retourné sain de son voyage, l'en diuise ses lettres en trois.

En la premiere, l'en acquiert beniuolence a nostre personne, en disant que nous auons touiours eu grant craincte de sa maladie ou grant doubte qu'il n'eust aduersité sur champs.

En la seconde, declarerons la ioye que nous avons eue, quant nous auons esté certains de sa santé ou de son retour, en le congratulant et priant Dieu qu'il le vueille garder sain et de tout mal.

En la tierce, en offrant tout service, etc.

N. congratule N. de sa santé recouuerte.

Ie ne te sçauroye rescripre ne tu ne sçauroys penser, N., mon parfaict amy, la tristesse et marrissement que ie euz, quant on me rapporta que tu estoys couché en tresgriefue et perilleuse maladie, et me sembloit que moy mesme ie la sentoye pour l'amour de toy, et eusses bien voulu que ma douleur eust donné allegeance ou diminué ta passion. »

La seconde : « Mais ie te aduise que, autant que i'ay porté de douleur en mon cueur, i'ay ioye inestimable, pource que l'en m'a dict certainement que tu es sain et en bon point es retourné en notable conualescence ; parquoy, *profficiat tibi*, mon amy, de tel tresor recouuert ; ie prie a Dieu qu'il te vueille maintenir et garder en si bonne et longue santé que ie desire que nostre amour puisse croistre et augmenter sans diminution. »

La tierce : « Ie te faictz assauoir que moy et N. et N. sommes tous sains et en bon point, la grace Dieu, prestz et appareillez a tous tes desirs et bons plaisirs accomplir. »

Quant on veult faire des lettres exortatiues ou suasiues a ioye a aulcun, affin qu'il face chose pour son utillité et ioye, ou euitte pour la douleur, etc., il fault premierement, se l'en le veult exorter a ioye, comme a faire ou recepuoir quelque chose a son utilité, l'en part ses lettres en quatre.

En la premiere, l'en acquiert beniuolence a la chose, en desclarant combien elle est ou sera utile et necessaire a celuy a qui nous rescripuons. Aprés, la conuient louer de honnesteté, de iustice, demonstrant estre iuste et honneste pour tout homme de bien.

En la seconde, demonstrerons la chose estre possible et facille a faire.

En la tierce, dirons qu'il est necessaire a luy de ce faire et, se il ne le faict, qu'il luy en pourroit venir dommaige ou deshonneur.

En la derniere, nous declarerons ce que nous voulons qu'il face et la maniere de faire. Et ceste derniere partie se mect la ou il plaist au facteur, soit au premier ou en fin, conioinctement a l'vne des aultres parties ou disiunctiuement.

Il exorte Fabius N., ieune enfant, a acquerir vertus :

« Iamais ne fust ne ne sera, N., ingenieux enfant, chose qui proffite plus tant en biens soient communs ou priuez, ne qui face plus croistre en honneurs et acquerir nom de gloire perpetuelle, que acquerir en soy bonnes meurs et vertuz, par lesquelles les saiges non tant seullement en leurs maisons ont prins regime, mais les royaulmes et chose publique sont par eulx gouuernez, maintenus et augmentez. Voyez les Atheniens, voyez les Rommains : ilz ont tousiours fleury pour le temps que les sages et vertueux ont eu le gouuernement de la chose publique. Encor ie dy que la resplendeur de vertu donne grant honneur a celuy qui en reluyt. Vertu est de si grande grace, de si grande gloire, et de si grande auctorité, que facillement vng homme de basse condition est bien tost hault esleué, vng homme mortel est bien tost rendu immortel. »

La seconde : « Parquoy, pour la singuliere dilection que i'ay a toy, ie me suis disposé de t'inciter et enhorter a acquerir vertuz, attendu la noblesse dont tu es plain et le diuin engin duquel tu passes tes aultres ieunes compaignons ; non pas que je me deffie que de ton pouoir tu ne prennes peine d'estudier, mais pour plus en plus ton bon propos confermer. »

La tierce : « Ie considere bien que l'estude te semble vng pou difficille, mais le fruict et la fin en est tresutille, et facillement tu y peulx paruenir sans grant peine, se tu aymes a te faire homme de bien, et se tu prens courage d'estudier especiallement en bonnes meurs, acquerir vertus et sagesse embrasser, par lesquelles tu complairas a Dieu et seras des hommes honnoré. »

La quarte : « Parquoy, ie te prie, ne perdz point tes ieunes ans en exisueté qui conduit aueuglee ieunesse en toute gourmandise et libidinité, et rend l'homme en inscience et abusee vieillesse. Considere que, de present, nostre chose publicque a pou de saiges gens pour la gouuerner, et pou sont qui y entendent. Considere aussy que facillement tu y pourras acquerir vne singuliere utilité, vng bien publicque a tous, et a ton nom gloire a perpetuité. »

Quant l'en veult faire lettres dissuasiues de ioye a aulcun, affin qu'il ne se resiouisse pas trop inconsidereement ou trop follement, ou qu'il ne face la chose qu'il cuide estre bonne et elle ne l'est pas, l'en part ses lettres en quattre, comme dessus.

· En la premiere, l'en demonstre l'inutilité de la chose, s'il l'a faict, et comme elle peult estre dommageable, en demonstrant qu'elle est iniuste, inhonneste, mal conueniente a homme de bien.

En la seconde, on luy demonstrera qu'il desiste de son propos, en luy demonstrant ce qu'il doibt faire.

En la tierce, on luy monstrera comme il est facille de desister.

En la derniere, on luy desclarera comme il est de necessité de desister et de faire ce que on luy conseille, en offrant, etc.

Cicero dissuade Curio de se resiouyr de ce que Cesar si est faict empereur.

« L'oppinion de tous philosophes et saïges gens, Curio, cheuallier deliberé, si dict qu'il n'est riens plus inutille ne plus deshonneste a vng homme de bien, encor dy ie plus dommageable, que de se resiouyr de la destruction du bien publicque, et de tant est celuy plus digne de blasme qui luy faict oppresse, d'autant comme il en a receu louenge et gloire auec priuee vtilité, attendu que pour la conseruation de luy chascun se doibt a mort exposer. »

La seconde : « Et, pource que i'ay entendu que tu te resiouys en extremité de ioye pour la victoire de Cesar, et tellement que publicquement tu ne t'en sçais contenir, ie plains grandement ta follie que il faille que tu soys cheu en si grant mal de te resiouyr de ta ruyne et de tes parens et amys, de ta ville et du bien publicque. Parquoy, ie te admonneste que tu delaisses telle inconsideree et immoderee delectation. »

La tierce : « I'ay en estimation de toy que finablement, tu conuertiras telle folle esiouissance en lamentation, quant tu considereras le mal qui s'en ensuyt, et, comme bon et loyal bourgeoys, tu penseras la liberté de tous estre conuertie en miserable captiuité, pour laquelle recouurer, vng chascun se doibt a mort exposer. »

La quarte : « Parquoy, entre tant de calamitez et de perturbations, il ne t'est point seullement necessaire de te laisser a t'esiouyr, mais est de force que tu pleures et lamentes en larmes perpetuelles ton pays, ta nation et ta cité qui sont en ruine ia commencees execrablement, et de iour en iour par meschans gens multipliez, sans les aultres pires, qui seront aussy tost mises a execution que pensees, pour lesquelles euader tu debueroys plus tost desirer estre mort que de viure. Parquoy, ie te prie que tu cesses de te resiouyr, et que tu commences a plourer la ruyne du bien publicque, et, se tu n'en as pitié, au moyns ayes pitié de tes voysins et de toy. »

Quant on veult faire lettres missiues exortatiues a douleur pour aucune fortune aduerse, tant priuee que publique, on les part en quattre.

En la premiere, l'en acquiert beniuolence a la chose, demonstrant combien il est iuste et honneste soy couroucer, ou pour l'aduersité de son amy ou du bien publicque, attendu que les calamitez en telz choses sont communes.

En la seconde, l'en narrera le cas pourquoy l'en veult le commouuoir a douleur.

En la tierce, on l'exhortera a se douloir.

En la quarte, l'en monstrera qu'il est necessaire de ce faire, a celle fin que, après la douleur et affliction, l'en puisse cercher le remede promettant faire pour luy, etc.

Cicero exorte Plantus a plourer l'oppression de la chose publique.

« Nous sommes contrainctz, Plantus mon amy, tant de droict diuin que de droict humain, après tout honneur et obedience faiz a Dieu, tout ce que nous auons l'exposer pour le bien publique, duquel les prosperitez ne nous doibuent point seullement donner ioye, mais de son aduersaire gemir et plaindre comme de la nostre; et encor, plus le garder et deffendre, debuons exposer nostre vie. C'est pourquoy ie me suis disposé de te rescripre le miserable cas de nostre desolee cité, a celle fin que auec moy tu lamentes et pleures incessamment nostre ruine et perdition. »

La seconde : « Premierement, tu doibz entendre que les dignitez et auctoritez, par lesquelles ie resplendissoye au senat, me ont esté ostees par l'iniquité et mauuaistié de Cesar qui se faict appeller monarchal empereur. Helas ! il n'a pas tant seullement chassé les peres et senateurs, mais il n'y a si grant ne si petit a qui il ne ait osté le nom de liberté. »

La tierce : « Qui est celuy qui a le cueur si ferré qui se puisse abstenir de plourer, puis que nostre liberté est perdue ? Que reste il plus, sinon que tu soys mon compaignon auec les aultres, pour incessamment gemir, plaindre et plourer ?

La quarte : « Et, se tu dis qu'il est necessaire de augmenter nos gemissemens, de plus souuent plourer et incessamment plaindre et fondre en larmes, et que, par auanture, quelque vng de nos pleurs aura pitié, qui entreprendra remedier a nostre iniure et fera quelque oeuure louable, ie te aduise que auec luy ie ne refuseray point le labour, mais en danger de perdre la teste, encor di ge la vie, ie seray l'vn des premiers pour recouurir liberté, etc. »

Quant on veult faire lettres dissuasiues de douleur, ou que il ne se courrouce pas de aulcune chose que N. prent inconsiderement, partir se doibuent en quattre.

En la premiere, nous diron comme il est dommageable et inutile en tel cas soy monstrer estre triste, consideré que tout saige doibt de son office se monstrer egal tant en bonnes fortunes que mauuaises, et que le cas de soy n'a matiere de douleur, et qui veult y mettre vne raison par laquelle l'en monstre que il luy sera deshonneste trop, se il y demeure longuement en telle tristesse.

En la seconde, nous nous efforcerons de tourner telle douleur en ioye.

En la tierce, nous demonstreron luy estre facile a prendre ioye s'il veult.

En la quarte, nous monstrerons qu'il est necessaire de delaisser telle destresse en amenant quelque raison. Et est assauoir que ceste maniere de lettres est semblable aux lettres consolatoires, desquelles est dict deuant.

Brutus dissuade Marcus Anthonius de ne se courroucer point de la mort de Cesar :

« L'office de vng treshomme de bien, Marc Anthoine, mon amy, n'est pas tant seullement de aymer la chose publicque et son bien, mais de toute affection et puissance la doibt acquerir, et acquise la doibt conseruer, et son sang espandre pource, s'il en est besoing ; et, qui ainsy ne faict, il est digne de reprehension et de griefue pugnition. Certes, il n'est point louable, mais tres detestable et deshonneste, pour son bien particulier le bien publicque contenner ; et, qui ainsy le faict, il doibt estre honteusement deiecté, et sa mort non digne de ses amys estre plouree.

La seconde : « Et, pource que ie voy que, pour la mort de Cesar, tu te consummes en larmes, ie ne me sçays assez de toy esbahir, veu que tousiours tu as esté loyal bourgeois, et que non tant seullement la chose publicque a esté augmentée par toy, mais au malfaicteur d'icelle tu as tousiours esté rigoureux deffenseur, tresestroict iuge, et inuincible propugnateur, plus que se a ta personne eussent offensé. Repren donc a toy ta premiere coustume, et ne te marrist point de la mort de vng si cruel tyrant, que tout le monde debuoit desirer et s'en resiouyr, pource qu'il auoit osté nostre liberté, et nostre bien publique destruict a sa singuliere volupté. »

La tierce : « Parquoy, il me semble que tu debuerois plustost de sa mort te resiouyr que plourer, pource que nostre cité, par la mort de vng tel meschant vsurpateur, est retournee en sa premiere liberté. »

La quarte : « Considere doncques que tu te doibz en ce resiouyr de la mort comme nous. Et garde bien que parmy nous tu ne te desclares triste, ne de cueur ne de visage. Il t'est necessaire de ainsi faire pour suspecion de toy, en te priant que, se tu veulx rien du mien, que tu me commandes. »

Quant l'en veult faire lettres missiues de inuectiue, c'est de reprendre son amy ou son ennemy de aulcun crime, peché ou ignorance. Il se faict en deux manieres : l'une est criminelle, et l'autre est contencieuse.

Se elle est de crime, ou celuy a qui nous rescripuons est nostre amy ou non, et, se il est nostre amy, nous vserons au commencement de termes durs et rebelles en l'accusant, et en la fin declinerons a termes doulx, amyables, ou excusables en partie. Se il est nostre ennemy, nous ferons au contraire; et partirons les lettres en trois.

En la premiere, nous acquerrons beniuolence a nostre personne, en desclarant que, non voluntairement, mais par contraincte, luy auons rescript, et que par plusieurs foys auons dissimulé, et maintenant, pource qu'il continue de mal en pirs, auons desliberé de n'endurer plus d'vng si villain homme, duquel les mauluaistiés pourroient porter dommage a aulcun, se ilz n'estoient pugnis et corrigez.

En la seconde, fault desclarer ce dequoy on le veult reprendre, en alleguant raisons a propos.

En la tierce, se il est nostre amy, nous declineron a bening langaige, en l'admonnestant doulcement et remonstrant les inconueniens qui ensuyr pourroient, se il faisoit plus le cas.

Et, se il est ennemy, nous acquerrons beniuolence a nostre personne, en disant que nous ne daignerions ne vouldrions plus donner inuectiue contre luy, a celle fin que il ne luy soit point aduis que nous l'ayons faict par hayne, ce que nous auons faict par verité. En reseruant a dire encore une aultre foys plus amplement en temps et lieu.

Cicero faict vne inuectiue contre Lucius Cathilina qui a coniuré contre la chose publicque :

« Ie ne sache chose pour le present qui me donne plus de peine, Luce Cathilina, et d'ou ie soye intollerablement plus passionné, que par le rapport de plusieurs et mesmes par lettres, i'ay entendu que tu as coniuré contre ton pays, pour lequel garder tu debueroys benignement et de noble courage vouloir mourir ; et, d'autant que le bien commun est a estre preferé deuant le bien particulier, d'autant est il plus mauluais et plus detestable, qui s'efforce le corrompre. Et, te certifie, n'eust esté la grande affection et dilection que i'ay a toy, i'eusses plustost esleu me taire et le passer soubz silence que de t'en rescripre. Mais i'ay bien voulu t'en aduertir, affin que de toymesmes tu te iuges. »

« Qui est la fureur ou la raige et, pour mieulx dire, le diable qui puisse commouuoir vng cueur a perpetrer si horrible et si inhumain cas ? Qui est le cueur humain qui osast penser que tel dampnable peché peust estre par homme commis, et encor par vng seigneur, bourgeoys et natif de la cité ? Es tu du sang rommain ? Oseras tu bien a ta mere, encore dy ie a toy mesmes, mettre la main pour occir[e] et sang espartir ? Prendras tu plaisir a ouyr plourer petis enfans, lamenter nobles femmes, bons vielz hommes, tes parens et amys et aultres ? Quant les enfans voirront par toy et tes complices les mortz de leurs peres, les femmes de leurs marytz, les bons vielz hommes de leurs enfans, et leurs biens pillez, et leurs maisons arses et desolees, auras tu point pitié du desolé senat ? Au moins ayes pitié de tes dieux, des temples, eglises et sacraires violez ; remect ces choses cy deuant les yeulx de ta raison, et considere quelle piteuse fin il s'en pourroit ensuiuir. Tu par auanture diras que ie appete les dignitez, honneurs et l'auctorité. Helas ! et dy moy quelle dignité, quel honneur, quelle auctorité sçauroit l'en trouuer en communité desolee, en bien publique pery, entre larmes et depopulation de cité ? Certes, en mon iugement, il n'est dignitez, honneurs ne auctoritez que celles qui sont acquises par vertuz, et ne sçay chose de plus grande utilité ne de plus grant gloire entre les choses humaines, que d'estre vertueux en la chose publique. Tu es bien grandement deceu, se tu quiers nom de gloire immortelle en oppressant le bien publique. Garde bien que, en esperant auoir nom de vie immortelle, tu ne perdes vng pou de vie temporelle, que tu ayes en honte, vitupere et deshonneur. »

La tierce : « Deiecte d'auec toy, ie te prie, telle inclemence et applique a seruir a la chose publique, qui toy et les tiens peult aorner de grandes et precieuses richesses, a celle fin que, toy benignement reconsilié, tu puisses viure ioyeusement auec nous, a la paix du pays, a ta louenge et gloire ; et pour ce faire, tu me trouueras tousiours prest a te ayder de mon pouoir. »

Contre l'inuectiue de crime, l'en faict des lettres expugnatiues, tant a son amy que a son ennemy, en soy excusant ou nyant le cas. Lesquelles se font en deux manieres : ou par rauissement, c'est enuers son amy se excuser de tel cas duquel par auanture il nous a accusé secretement, et ceste maniere s'appelle excusatoire ; ou planierement, c'est soy deffendre de son ennemy du crime par luy imposé. Et en quelque maniere que ce soit, l'en part ses lectres en trois.

En la premiere, ou par vne vraye raison, ou par vne semblable, nous nous excuserons du cas a nous imposé, disant n'estre point vray, ou par imprudence ou malice, ou enuie nous auoir esté ascript.

En la seconde, ou remissiuement, ou planierement, selon la nature des lettres, nous reprendrons de semblable cas celuy qui nous a repris ou d'aultre semblable, ou de greigneure infamie, en disant qu'il doibt premier regarder a luy que aultruy blasmer.

En la tierce, se les lettres sont remisses, nous promectrons iamais ne retourner en tel cas, en le exortant que aussy il se garde du cas de quoy nous l'aurons occupé ; mais, s'ilz sont pleines, nous exorterons que il desiste de detraction, car s'il continue a dire ce qu'il vouldra, il pourra ouyr ce qu'il ne vouldra pas. Et, se l'en rescript a tierce personne, on le priera qu'il admonneste nostre ennemy de soy taire, et nous excuserons en disant qu'il ne luy desplaise, se de nostre ennemy nous auons dict mal ; ce n'a pas esté par maulvaistié, mais en intention de mettre fin a sa malediction.

Lucius Cathilina se expurge au senat du crime de coniuration imposé par Tulles Cicero :

« I'ay tousiours eu ceste coustume et condition, notables seigneurs Peres, de fuyr meschans detracteurs, de auoir horreur de diffamateurs, qui comme loups rauissent la bonne renommee d'aulcune bonne personne ; et ne me semble chose aulcune plus detestable, plus deshonneste, ne plus abhominable, que, en l'absence d'aultruy, dilacerer et denigrer son honneur, et contre telz me suis virillement combatu. Ce nonobstant, ie ne sçauroye leurs viperees langues contraindre qu'ilz ne me improperent tousiours quelque iniure, duquel nombre et de mes emulateurs est ce langart serpentin enuieulx, Marcus Cicero, ennemy a Dieu, aux hommes et a la chose publique, qui incessamment contreuue mensonges sur moy. Ie me suis abstrainct le plus que i'ay peu de rien luy respondre a toutes ses menteries, a celle fin que ie ne fusse noté comme luy de procacité et de deshonneste langaige ; et, pource que de iour en iour son venin croist et evomist de mal en pirs, soubz vostre bonne discretion, messieurs, et en voz presences, ie me suis desliberé de me descharger de deux labeurs, l'vng de me purger et respondre a luy des crimes par luy sur moy faulcement imposez, et l'aultre de vous donner a entendre et de declarer ses execrables meurs et mauldictes conditions, affin que, ouy ses deceptiues et cauteleuses enuyes, vous ne adioustés pas foy a ses dictz. Ce mauldict enuieulx et emulateur de tout bien crie et publie par tout, que moy qui suis bon et loyal, que i'ay coniuré et conspiré contre mon pays et chose publicque qui tousiours sont entretenuz et deffenduz de ceulx du pays, non point tant seullement de biens, mais a force d'armes on y commect sa vie. Ce meschant estranger et advollé seminateur de toute zizanie crie contre moy, qui suis patrice, et contre ma chose publicque, ie puis bien dire mienne, qui suis moy et les miens membre d'icelle depuis son commencement iusques a ce iour, que ie la vueil destruire, ainsy comme se les membres queroient a destruire le corps. Est il creable ? Y doibt l'en adiouster foy ? Et, touteffoys, il le crie comme s'il estoit vray. Ie sçauroys voluntiers par quelles coniectures ou par quelz signes il s'en est peu apperceuoir, se il ne voulloit dire qu'il eust songé. »

La seconde partie : « Le meschant fol qu'il est, retorque telz et aultres maulx qui sont en luy sur moy. Certes, messieurs, il est tant remply de iniquitez qu'il fault qu'il creue et euomisse son venin. Iamais ne fist bien en ceste cité, iamais n'ayma aulcun, mais, iour et nuyct, il ne faict que espier comme il pourra faire desplaisir et dommaige a quelque homme de bien. Regardez donc comme vous adiousterez foy a ce dampnable homme cy. Il n'y a encore gueres qu'il vint en ceste cité, les piedz tous pouldreux, et soubz couleur de vanité et pou de rethoricque qu'il a en luy, il a conuerty une grande quantité de poures gens, lesquelz il a par son art souldainement despouillez de leurs biens, et par fraulde a esté incontinent esleué en grandes richesses, d'ou luy seroient venues maisons, possessions, seruiteurs, si legierement, s'il n'eust despouillé et desrobé la poure gent. Mais de cette iniuste richesse il s'est tellement enorguilly que luy, nouueau venu, il me veult chasser hors de ma cité et destruire. »

La tierce : « Ie diroye encore de luy des maulx innombrables, se ie ne doubtoye vous ennuyer, car bien souuent il faict plus de mal de ouyr dire le mal d'aultruy a gens de bien, qu'il ne faict aux mauluais qui l'ont faict ; parquoy, il vous plaira iustement ces choses considerer et vostre poure concitatin et bourgeoys de la faulce gueulle de ce mauldict serpent deliurer. »

Lettres inuectives de contemption, quant on veult reprendre ou accuser aulcun de quelque ignorance humaine ou d'estude, se diuisent en troys. Et, combien que l'en peult bien rescripre a celuy que on veult reprendre, touteffoys vault il mieulx que l'en rescripue a tierce personne comme iuge.

En la premiere, l'en monstrerons que ce n'est point nostre office de mouuoir controuersies, veu que nous ne demandons que paix, combien que de noz ennemys soyons bien souuent iniuriez, en disant tout le pis qu'ilz sçaiuent ; touteffoys nous dirons l'insolence de nostre aduersaire estre si presumptiue et si tendant a destruire nostre honneur, que nous ne sçaurions plus nous taire, mais auons bien voulu luy rescripre, affin qu'il en soit iuge.

En la seconde, briefuement et clerement fault narrer sur quoy est la controuersie, en recitant noz raisons, en les confermant, et, par opposite, les raisons de l'aduersaire confutans.

En la tierce, dirons que plusieurs aultres choses sont a dire que nous ne voullons pas dire, affin que l'en ne die pas que nous parlons plus par enuye que par la verité, luy priant qu'il iuge de l'ignorance de nostre aduersaire, en nous recommandant a luy, etc.

Inuectiue contre N. en rescripuant a N. :
« Iamais ne me fust chose plus detestable ne que i'aye plus eu a horreur, venerable docteur N., que de veoir ou de ouyr s'esiouyr en detractions et mauluais langaiges d'aultruy. C'est a quoy l'en congnoist les mauluaises langues et les meschans gens. Si ay ie esté par mainteffoys iniurié de plusieurs gens et blasonné en vitupere, et disoient sur moy mille mensonges; mais, comme sourd, ie laissoye tout passer et laisseroye encore dire vng nouueau emulateur N. qui me contrainct par force me deffendre et respondre a son ignorance pour mon honneur garder, lequel il cuyde destruire. Mais, a celle fin que ie ne soye pas tenu si ignorant comme il est, ie me suis deliberé de te rescripre, affin que, congneu son ygnorance, tu puisses iuger qu'il a tort. »

La seconde : « Ce paillart asne crie et publie qu'il n'appartient a iuge de congnoistre de cause de droict, tant ecclesiastique que civil ou commun, s'il n'est clerc et s'il n'a assistence de clercs qui ayent estudié les loix et les droictz. Voyez sa cautelle, comme couuertement il veult corrumpre les iurisditions ordinaires de bailliages et eschiquier de Normendie, et comme il nous veult chasser de nostre pratique. Qui est si ignorant qui ne congnoisse que toute soueraine iursdition n'ayt congnoissance de toutes causes, aultrement ne seroit pas dicte soueraine ? Qui ignore que Normendie soit sans ressort ? Pourquoy donc ne congnoistront ilz de toutes causes en leurs pays sans emprunter aultres iuges que eulx ? Ne sont pas les coustumes de Normendie toutes conformes aux loix ? Sont ilz pas bien entendues et practiquees par noz aduocatz du pays ? Ie vueil bien que l'ignorant qu'il est, sache que les coustumes de Normendie n'est aultre chose que decisions de tout droict, qui plus iustement se practique par les coustumiers que ne feroient vng tas d'asnes iuristes comme luy, [se] les practiquoient; car les droictz sont si confuz, si intricquez en cauillations par les gloses de diuers docteurs de contraires oppinions, qu'il n'est qui les sache bien practiquer, excepté ceulx qui par long temps et ans de practique les resoullent et accordent aux coustumes locales. Et si ie vueil qu'il sache qu'il vault mieulx pour vng iuge et vne assistence qu'elle soit de gens de bonne lumiere naturelle, que de clercz confuz sans resolution, quelques liures qu'ilz ayent apris. »

La tierce : « Se ie voulloye, ie te rescriproye encore plus amplement de ses ignorances, lesquelles i'ayme mieulx me taire, affin que l'en ne die que ie parle plus contre luy par enuye que pour dire la verité; pourquoy, toy qui congnoys la verité de ceste chose, tu pourras iuger l'equité et luy imposer silence en cecy et aux maulx qu'il dict de moy, en me recommandant tousiours a toy et me offrant pour toy, etc. »

Les lettres missiues expugnatiues de contemption pour soy deffendre de ce de quoy l'en est accusé ou reprins, se partent en trois.

En la premiere, l'en faict exorde declarant que nous sommes incitez a responde a celuy qui a mal rescript de nous, et que ce n'est point nostre coustume de prendre altercation et, principallement, a meschans gens et ignorans ; et, n'estoit qu'il sembleroit que l'en accordast ce qu'ilz dient, nous ne daignerions responde a leur ignorance ; puis mettrons les raysons de nostre aduersaire et les confuterons a nostre pouoir.

En la seconde, nous monstrerons par opposite aulcunes ignorances de nostre aduersaire qui seront manifestes et claires, en le monstrant ignare ou inexpert.

En la derniere, nous dirons, combien que nous pourrons monstrer beaucoup de telles imbecilitez de luy, nous ne les voullons point declarer, a celle fin qu'il ne appere point que nous parlons contre luy plus par enuye que pour la verité, en disant que nous voulons que celuy a qui nous rescripuons soit iuge en ce cas ; au quel nous nous recommandons.

N. rescript a N. et se purge de l'inuective :

« Ie suis accusé par devant toy, N., iuste iuge, de la part de N., excellent docteur en ignorance, nonobstant tant en droict humain, mais en toutes choses qu'il appartient a homme de bien de sçauoir ; et me desplaist qu'il faille que a vng tel cocquart ie donne aulcune responce ; mais, affin qu'il n'apere pas que pour me taire ie consente a son erreur, ie suis desliberé de me purger deuant toy qui es en toutes choses bien entendu, et pource aussi que, en repulsant les vieilles iniures, il impose silence aux nouuelles. Le poure fol me accuse de auoir dict verité et en glose vne partie a son entendement. I'ay dict qu'il n'appartient a iuste iuge ne a assistence quelconques, tant ecclesiastique que seculiere, de iuger ou donner sentence de quelque matiere, si premierement n'est sainement ou clerement entendue. N'est il pas escript que les probations doibuent estre *luce clariores*? Et de cause non entendue, comme en discernera l'en le vray du faulx ? Et puis faict vne glose d'Orleans, qui dict couuertement que ie vueil corrumpre les iurisdictions des bailliages. C'est vng maistre pantoufle ; il cuide respondre aux pensees. Ie congnois [que] les iurisditions sont iuridicquement iuridicques desquelles n'est point question, mais ie vueil inferer que en toutes cours et iurisdictions, tant ecclesiastiques que seculieres, doibuent estre iuges discretz, assistence occulaire pour sçauoir discerner *inter leporem et lepram*.

« Item, il dict que ie le vueil chasser de sa practicque. Non faictz, mais ie dy que c'est grant danger de laisser practicquer telz ignorans comme luy, qui de leur muable obstination vueillent muer les proprietez des choses, et qui croient obscurement au conseil de leurs testes, qui n'ont raison que leur propre volunté, qui n'ont science que leur propre fauorisee oppinion, qui de argument fallacieux font necessaire demonstrance et qui de leur fol cuider donnent infaillible esperance et s'efforcent corrumpre tout escript, s'il n'est conforme a leur oppinion, doy ie dire a leur obstination. Ie ne daigneroys respondre a ce qu'il dict de vne assistence de vne seulle lumiere naturelle, mais ie dy que toute lumiere naturelle anoblie de science vault trop mieulx. »

La seconde : « Il me suffist ; a tant ie ne luy vueil plus rien dire ne monstrer, car son ignorance ne le sçauroit porter. Il est congneu a tous que par son ignorance il a perdu cent causes ; il est insatiable a tirer argent des poures gens ; il ne sçait a grant peine lyre et escripre et est grande charge de conscience de laisser vng tel asne postuler. Parquoy, i'ay consideré que ie n'auroye point d'honneur de escripre contre tel ignorant qui iamais n'apprint oultre son *a, b, c;* au fort, se plus i'en disoye, l'en diroit que ie parleroye plus par malice que pour dire la verité. »

La tierce : « Combien que ie luy en garde encore beaucoup d'aultres a dire vne autreffoys, s'il se demente plus de parler de moy, touteffoys, comme iuge d'equité, tu peux iuger de son ignorance en ce qu'il m'a accusé et de mon innocence, ainsi comme ie me suis excusé ; me offrant en tout humble seruice a toy et aux tiens, en te priant que tu luy imposes silence. »

Il conuient maintenant parler des lettres missiues domestiques qui se font en rescripuant de nostre estat et de noz negoces.

Se nous voulons rescripre de nostre estat ou santé ou maladie, ou de la santé d'aultruy, l'en part ses lettres en trois.

En la premiere, en ensuyuant Tulles, nous ferons comme luy ou semblable clause, en disant : *Si vales, bene est, equidem valeo.* « S'il t'est bien, Dieu soit loué, car nous sommes tous en bon point. »

En la seconde, nous reciterons nostre salut ou les causes de la reparation de nostre salut, se nous auons esté malades, ou de nostre amy comme il s'est porté en sa maladie, et par quelz moyens il est venu en prosperité, en remerciant Dieu qui ainsi en a disposé ; ou aussi, s'il nous est aduenu quelque fortune ou infortune, nous rescriprons de nostre condition et maniere de viure, poureté ou richesse, dignité ou depression, pour admonnester nostre amy a s'esiouyr ou douloir comme nous.

En la tierce, l'en dict communement non aultre pour le present, fors : Le saint Esperit vous vueille conseruer, etc., » ou aultre a la plaisance, ainsi comme aux aultres lettres.

« Se tu es sain, vaillant, i'en suis tresioyeulx, car, par la grace de Dieu iusques a ce iour, ie suis en assez bon estat et commences fort a venir a conualescence. Tu te es esmerueillé par auanture, pource que ie te soulloye souuent rescripre, et, depuis vng pou, ie ne t'ay point rescript, et peult estre que tu me accusoyes du crime de negligence ; certes, pour te dire la verité, ce n'a pas esté negligence, mais plustost maladie m'a empesché, car i'ay eu ces iours passez vne tresgrande fieure qui m'a tellement debilité que a grant peine i'auoye en moy esperit suffisant a me donner vie. Et combien que, en telle attenuation de moy, i'eusses recommandé a Dieu mon ame, et aux medecins mon corps, sans espoir de vie continuellement i'attendoye l'heure de mon trespas. »

La seconde : « Mais Dieu, qui de sa benigne grace de tout dispose, non sans grande difficulté et grande exposition de deniers, m'a remis a conualescence ; de quoy i'ay repris espoir et courage, esperant encore de iour en iour entrer en parfaicte santé. Ce sont les causes pourquoy ne t'ay peu rescripre. Mais puis que ie retourne en santé, au plaisir de Dieu, ie te rescripray plus souuent. »

La tierce : « Aussi, ie te prie, rescry moy de ta prosperité et de mon compaignon N. et s'il est riens que ie puisses, etc. » Non aultre, etc.

Lettres missiues domestiques de negoces familieres se partent en trois :

En la premiere et seconde partie, tout vng comme cy deuant, en rescripuant de nostre estat.

En la tierce, nous ferons nostre conclusion, disans que nous le voullons bien aduertir de telles negoces, pource qu'il est nostre amy, en nous offrant, etc., comme dessus, etc.

N. aduertit N. de vne cause qu'il a gaignee.

« Se tu es sain et en bon point, N., mon singulier amy, ce m'est bien, car, ainsi que ie suis sain et en bon point, grace a Dieu, ie desires que tu le soyes ; et sçais certainement que, en te rescriuant de mes negoces, que ie te fays autant ioyeulx, comme ie sçay que l'amour qui est entre nous deux nous a tousiours en toutes fortunes faict estre communs. »

La seconde : « Or, est il ainsi que tu sçais bien le temps, le trauail et la despence que i'ay mis en la cause de N. et quanteffoys i'ay mauldict l'heure que iamais i'en ouy parler. Et par plusieurs fois prest de tout quitter, touteffoys par fort et diligentement et quasi importunement solliciter mon bon droict, me fut mardy derrain adiugé par l'oppinion de tous en general, et non sans grande clameur de mon aduersaire en sa grande confusion. Parquoy, i'en rendz a Dieu graces immortelles, desirant demourer en son perpetuel seruice, car il m'a deliuré de toute sollicitude et soing et m'a remis en mon liberal arbitre. »

La tierce : « Et ie sçais bien que de mon bien, de mon honneur et de ma ioye, tu en es autant esiouy que moy, et, puis que mes aduersitez te portent desolation, c'est raison que mes prosperitez te donnent consolation, en te rescripuant la verité du cas. Fay la assauoir a tous noz amys, a celle fin que ilz participent de nostre ioye ; et, s'il te plaist rien me commander ou pour toy ou les tiens, tiens toy seur que tu as vng amy infallible en moy, tousiours te priant que tu me aymes, comme moy toy, non aultrement, etc. »

· Quant on n'a point matiere pour rescripre a son amy, et on le veult visiter par lettres en parlant de soy ou de ses negoces, ainsi qu'il est dict deuant, se l'en parle de soy, l'en diuise ses lettres en trois.

En la premiere, nous acquerrons la beniuolence a nostre personne, en disant, combien que nous n'ayon matiere pour rescripre, touteffoys l'amour que nous auons a luy nous incite a luy donner recreation pour la communication de noz lettres, et aussi nous puissons auoir plaisir a ce qui nous rescripra, attendu qu'il n'est rien qui plus approche amys, et les face estre presens que souuenante rescription par lettres missiues.

En la seconde partie, nous declareron, comme nous sommes sains et en bon point, desirans sçauoir de la santé et prosperité, priant Dieu qui le vueille garder, etc.

En la tierce, nous luy prieron qu'il nous vueille souuent visiter par lettres, a celle fin que, quant nous orron dire de son salut et prosperité, nous ayon cause de consolation, en nous offrant, etc.

N. rescript a N. de la prosperité et santé de luy et des siens :
« Combien que ie n'aye ne ie sçay matiere pour te rescripre, mon tresdoulx amy N., car en toute ceste ville, ne en-priué ne en publique, ie ne sache qu'il soit aduenu aucune chose de nouueau, touteffoys, pour la grant amour que ie sçay qui est entre nous deux, ie ne sçauroye laisser passer quelque petit messager que ie sache qu'il voyse par deuers toy, sans luy bailler des lettres, a celle fin que tu ayes aussy grant ioye de lire mes iettres que i'ay quant ie lys les tiennes. »

La seconde partie : « En te aduertissant que, par la grace diuine, moy et tout ma famille generallement sommes tous sains et en bon point, desirant tresaffectueusement sçauoir de ta prosperité et comme tous noz amys se portent par dela, car ie te aduise que ie ne sçay chose qui me soit plus aggreable, plus ioyeuse ne plus plaisante, que de sçauoir de ta santé et bonne fortune ; ce fait amour, mon amy, qui de ieunesse nous a conioinctz de ce lyen. »

La tierce : « Et pourtant, mon parfaict amy, ie te prie qu'il te plaise me souuent visiter et consoler par tes lettres, a celle fin que, nonobstant la distance de noz corps, noz courages puissent ensemble viure ioyeusement, en te priant de rechef souuent me rescripre, en me offrant a toy, comme ie fais tousiours, moy et les miens a ton service prestz et appareillez. »

Quant on n'a point de matiere pour rescripre et on veult visiter son amy par lettres, en luy rescripuant d'aulcunes petites negoces ou nouuelles qui sont de nulle utilité, il fault comme deuant, partir ses lettres en trois.

En la premiere, comme il est dict, nous desclareron la cause qui nous incite a rescripre, attendu que nous n'auons point matiere de rescripre, en demonstrant que c'est en conformant nostre amytié, qui par longue absence se pourroit amoindrir, et aussi que nous voullons luy rescripre a celle fin qu'il nous rescripue.

En la seconde partie, doulcement nous le saluerons et, se il est rien de nouueau, brefuement et entendiblement nous le declarerons, a celle fin qui luy apperre qu'il nous souuient de luy, et que nous le voullons bien aduertir des nouuelles de nostre pays.

En la tierce, ainsi que es autres, nous luy offrerons, etc., en nous recommandant a luy, luy priant qu'il nous recommande à tous.

N. rescript a N. des nouuelles :

« Iasoit ce, N., que il y a ia long temps que ic ne t'ay rescript, ce n'est pas pourtant que ie t'aye mis en oubly, mais ce a esté que ie n'ay eu quelque matiere ne cause pour rescripre ; et maintenant, pour ce que i'ay trouvé messagier competent, ie me suis desliberé de t'en renuoyer ces brefues lettres, par lesquelles tu pourras congnoistre que, par la bonté diuine qui de tout dispose, nous sommes tous sains et en bon point, a laquelle ie prie que semblablement puisse il estre de toy et de tous noz amys. »

La seconde partie : « Pensant en moy desquelles choses ie te sçauroye rescripre, ie n'ay rien trouué fors que le roy arriua mardy en ceste ville et fut repceu honnestement de noz bourgeoys et fist la proposition N. Ce fust si magnifique chose que ie vouldroye que tu y eusses esté, a celle fin que de toy tu eusses iugé la chose plus grande que l'en ne te sçauroit rescripre. »

La tierce : « Aultre chose ne te sçauroye rescripre pour le present, fors qu'il te plaise souuent me rescripre, et me aymes tousiours, en me recommandant singulierement a N. et a tous noz amys, ausquelz et a toy premierement ie me habandonne et tout mon bien entierement a vous complaire. »

Aprez la demonstrance de composer lettres simples, c'est a dire une seulle matiere, il reste a monstrer la composition de lettres mixtes qui sont de deux ou plusieurs choses. Et premierement de lettres missiues ioyeuses ou incitatiues a faire rire ou donner ioyé a celuy a qui l'en rescript, soit en farçant, raillant ou aultrement. Et affiert souuent que, en grans matieres, l'en mesle bien une clause de fassessie ioyeuse, lesquelles lettres se font quant on se ioue de soy ou d'aultruy. Se l'en se raille de soy, l'en part ses lettres en trois.

En la premiere, l'en dict ioyeusement la mocquerie ou la risee que l'en veult faire de soy, l'honneur tousiours gardé, pour inciter a plaisir celuy a qui l'en rescript.

En la seconde, l'en doibt laisser a se iouer et parler d'aultre matiere ou d'icelle serieusement, affin que de trop iouer l'en ne soyons reputez bateleurs. Voyés les choses qui incitent a ce ieu, feuillet XIII (p. 44).

En la tierce, en la maniere des aultres lettres, nous nous offrerons a tout service, etc.

N. rescript a son capitaine :

« Ie ne m'esbahy pas, redoubté capitaine, se tu t'esbahys comme ie seroye deliberé, se i'estoye en quelque rencontre des ennemys, la ou fut necessaire de le partir aux coups; car ie te promect que la paour qu'il n'aduiengne me faict desia trembler, attendu que iamais ie ne combaty que soubz la courtine ensemble le pot et le voirre, et croy que ie n'oseroye assaillir vng bibet s'il estoit armé, non pas le franc archer du Boscguillaume; au fort ie priseroye bien en tel cas sonner de retraitte, et alors ie me deffendroye de mon espee a deux piedz et yroye tout droit à l'auant garde chez le tauernier pour chermer le traict. »

La seconde : « Ce que ie dy, capitaine, c'est en me farçant; mais ie croy, sans aultruy blasmer, qu'il n'y a a la compagnie qui plus vaillamment mist la main aux armes que ie feroye. Car, par la foy que ie te doy et au roy, i'ay tant le bien publique deuant les yeulx et ay tant de pitié de la misere du poure peuple, que, en beuuant et mengeant et a toutes heures, ie suis deliberé a exposer ma vie en le deffendant et propulsant les ennemys, affin que, en ensuyuant les vaillans batailleurs, ie puisse acquerir gloire. »

La tierce : « Parquoy, vaillant capitaine, ne nous mectz point en danger sans cause ; mais, la ou il sera necessaire de soy monstrer, tu trouueras en moy de faict, ce que ie ne vueil dire de bouche, prest et appareillé faire tousiours ton bon vouloir. »

Quand on veult farcer, ou celuy a qui on rescript ou aultre de qui l'en rescript, il conuient faire comme dessus, excepté que la seconde partie doibt estre tousiours serieuse et dependante de la premiere.

Cicero se ioue a Valere :

« Considerant en moy ces iours icy, Vallere, mon parfaict amy, la grande negligence qui est en toy, et que, depuis que tu partiz d'icy, tu ne m'as riens rescript, ie ne t'ay sceu excuser sinon que de dire que tu es si cyragié et que les mains qui me soulloient legierement rescripre ne sçayuent plus tenir la plume. Parquoy, s'il est vray, recommande toy aux sainctz de paradis qu'ilz te vueillent ayder, ou aprent a escripre du pied, ce que tu sçauois bien faire de la main. »

La seconde : « Touteffoys, en bourdant et raillant, ie ne sache chose qui me fust plus aggreable ou en quoy tu me feisses plus de plaisir, que, entre les grandes charges et affaires que i'ay pour la chose publique, tu me donnasses aulcune consolation par lettres missiues, a celle fin que ic fusse certain de ta santé et prosperité. Tu congnois mon couraige et comme ie t'ayme, et ne vueil aultre chose impetrer de toy pour le present, sinon qu'il te plaise me rescripre souuent. »

La tierce : « Et s'il est rien en quoy pour toy ie me puisse employer, tu me peux commander comme a celuy qui ioyeusement est prest d'acomplir ton bon vouloir. »

Il est des lettres missiues de commission, quant on commect quelque negoce a aultruy en general ou en especial. Sy c'est en general, on part ses lettres en quattre.

En la premiere, nous acquerrons la beniuolence a la personne a qui nous rescripuons, demonstrans que pour la loyaulté qui est en luy et que nous tenons si bonne foy de luy, que pour l'amour de nous il traictera noz negoces comme les siennes, nous auons deliberé luy commettre noz negoces.

En la seconde, nous declarerons quelles negoces, comme ilz sont, et auec qui, et ce qu'il doibt faire.

En la tierce, nous mettrons l'auctorité que nous luy voullons donner sur noz negoces, avec toutes aultres clauses necessaires a l'expedition ou execution de nos negoces.

En la quarte, promettrons auoir aggreable ce que par luy sera faict sur l'obligation de nos biens ou aultrement, en mettant l'an et iour qu'ilz sont escrips, avec le signe acoustumé.

Cicero commect a Scipion sa puissance sur toutes ses negoces de Romme.

« Ie ne sache chose tant ardue ne tant difficille, Scipion, mon plus que trescher amy, *etiam* se mort s'en debuoit encourir, que pour toy ie ne feisse tres voulentiers, car ainsi le veult l'amour et beniuolence qui viscerablement nous ont vnis et ioinctz ; et croy de certain que pour moy tu feroyes en cas pareil, et que la ou tu me pourroys secourir, ie ne doubte point que ne feusses prest et appareillé.

« C'est pour quoy, quant i'ay consideré que i'ay plusieurs negoces a expedier a Romme la ou personnellement pour mes aultres affaires ie ne puis assister, il m'est de besoing de auoir quelque amy, qui soit personnellement resident et qui prengne la charge de mes affaires.

« Et, combien que ie les pourroye commettre a plusieurs gens mes amys, touteffois ie craindroye te offenser, et sembleroit que ie me separeroye de toy, se mes causes ie ne te commettoye en semblable, aussi se les tiennes tu ne me commettoyes, nostre honneur seroit diminué ; c'est pour quoy ie t'enuoye planiere procuration en mesdittes negoces, car ie sçay que rien ne perira en tes mains. »

La seconde : « Et, especiallement, ie t'enuoye procuration pour proceder a la cause qui est entre moy et N., de laquelle tu congnoys le grant tort de ma partie, par quoy ie n'en demande que la brefue expedition, et si ie te constitue mon procureur general pour contracter, appointer en toutes mes causes, tant a Romme que es parties d'enuiron. »

La tierce : « Te donnant planiere auctorité irreuocable de faire en mon absence comme faire ie pourroye, se g'y estoye en presence, promettant auoir aggreable en tout et par tout ce qui par toy sera faict ou dict, soubz l'obligation de tous mes biens, ainsi que par ledict instrument de procuration tu pourras plus a plain congnoistre. »

La quarte : « A toy doncques et soubz ta disposition moy et mes causes ie me submetz a en faire ta volunté, te priant que tu nous ayes pour recommandé, te offrant faire de ma possibilité pour tes affaires iusques a l'impossible. Escript a Rouen, le xvi. kal. mars et signé de mon propre signe, l'an mil. cccc. quattre vingtz et douze.

Et est cy a noter vng erreur incorrigible au langaige françoys de dire quattre vingtz et douze, ou l'en debueroit dire nonante et deux; car, en arismeticque praticquee en toute aultre latine nation, l'en dict : dix, vingt, trente, quarante, cinquante, soixante, septante, octante, nonante, cent, et les Françoys a soixante sont a la fin de leur compte en disant : soixante et dix, etc. Et m'esbahis comme, iusques a ce iour, la chancellerie du roy et de Paris n'ont corrigé en leur dabte cest erreur, mais plusieurs alleguent euasions en lieu de raison, pource que leur latin dict *sexaginta, septuaginta, octuaginta, nonaginta,* etc.

Se on faict lettres commissiues en especial, c'est quant on commect aulcun negoce particulier. L'en part en quattre, comme deuant, en la forme et maniere dessusdicte en general. Mais a la seconde partie l'en expose vng ou plusieurs negoces et affaires par ordre, et en chascun article les clauses particulieres qui sont de faire ou de dire, bien au long et entendiblement.

Appius constitue Cicero son recepueur en Cecille.

« L'integrité de la foy qui est en toy, mon loyal amy Tulles, et de laquelle tu vses enuers tous tes amys, ainsi que parfaictement ie l'ay congneu, ne me donne pas petite esperance, ioinct l'amour et beniuolence de quoy sommes lyez, que ta preudhommie et liberalle humanité ne prenne grant plaisir et felicité de s'employer en mes negoces, se aulcunes ie te commettoye. »

La seconde : « Et, affin que tu entendes a quoy pour le present i'ay besoing que tu besongnes pour moy, tu sçais bien comme a ta prouince i'ay presidé pour le senat rommain la ou m'est deu grant somme de deniers, et i'ay consideré que tu es present par dela, et sçais bien ta bonne volunté enuers moy; parquoy i'ay deliberé de te constituer mon procureur a recepuoir de N. cent, et de N. mil, desquelz ie t'enuoie les obligations. »

La tierce : « Et s'il y a recepueur publique ou aultre qui vueille resister, ie te donne plaine auctorité de les contraindre par la prinse de leur corps et de leurs biens et en faire plainement et du tout, comme ie pourroye faire et debueroye, se g'y estoye present. »

La quarte : « Et ie promectz auoir aggreable tout ce que tu feras, sur peines contenues en l'instrument passé deuant les tabellions et scribes de Romme, que par ce porteur ie t'enuoye auec mes autres papiers, lesquelles choses tresaffectueusement ie te recommande, en te aduertissant que tu as vng amy a moy present a ce qu'il te plaira commander. Escript a Romme le sixiesme none Iuillet en l'an nonante deux, et signé de mon propre signe. »

Il est vne aultre espece de lettres meslees, c'est quant ilz contiennent deux ou plusieurs especes ia deuant escriptes, selon l'exigence des negoces en icelles contenues; et, quant ilz contiennent deux especes, l'en part ses lettres en deux. En la premiere, l'en mect la plus necessaire des deux especes; mais est a noter que, en ceste maniere d'escripre, l'en faict tousiours l'exorde ou prohesme; come, se nous rescripuons a nostre amy, nous declarons que, combien que en plusieurs choses nous sommes occupez, toutteffoys, si le voullons nous par lettres visiter; et puis particulierement dire ce que nous voullons intelligiblement; et, se nous respondons aux lettres de nostre amy au commencement pour exorde, nous dirons auoir receu ses lettres lesquelles nous ont esté tresagreables, et auxquelles nous voullons par ordre donner responce; et en la fin pourrons mettre ce que nous voullons dire dauantage, en nous offrant, etc., comme es aultres.

Cicero rescript a Curio en se excusant de ses negoces.
« I'ay receu tes lettres, mon singulier amy Curio, par lesquelles i'ay esté tressingulierement resiouy quant i'ay entendu la santé et prosperité qui est en toy et aux tiens. Mais encore i'ay esté vng pou courroucé, quant ie me suis veu accusé du crime de negligence, que ie ne t'ay point si souuent rescript

comme tu desires; et certainement ie congnois qu'il y a grandement de ma faulte, car ie ne suis pas trop empesché, et si ie suis fort ioyeux, quant ie sçay que mes lettres te portent grande consolation; mais ie suis desliberé que doresnavant il ne yra par deuers toy messager quelconques qui ne soit chargé de mes rescripsions et ne plaindré point ma peine pour te complaire. »

La seconde : « Tu me rescrips que ie te face certain comme tes besongnes se font. Ie te certifie que iour et nuyct nous labourons a l'expedition, mais la cautelle de tes aduersaires est si tresgrande que force nous est de differer, en attendant l'heure que nous froisserons leur iniquité et romprons leur malice, et que tu seras en dignité restitué. A ce que tu mandes que ie t'enuoye des liures de droict, ie le feray tres voluntiers, mais a l'occasion de noz diuisions il n'est messager qui ose seurement marcher. Il fault encores attendre les choses plus pacifiques; tu auras ce que tu desires, et se tu desires aultre chose de moy, c'est a toy a commander sur moy et moy de obayr. »

Les lettres missiues meslees qui se font quant plusieurs especes de lettres ia deuant declarees sont ensemble, se doibuent departir en autant de parties qn'il y a d'especes contenues en icelles; et doibt l'en commencer a la greigneure et plus principalle, en gardant du tout les reigles ia en leurs chappitres baillees, puis a la plus necessaire aprés et ainsi iusques a la fin, ainsi que es speciaulx chappitres il est plus a plain coutenu; mais fault tousiours quelque exorde propre a la matiere, et a la fin ferons noz offres acoustumeez, en declarant aulcuns de noz negoces, se nous voullons. Et nota que l'en doibt tousiours mettre les premieres les negoces de son amy et puis les siennes après, pour monstrer que nous auons leurs negoces pour bien recommandees.

Marcus Tulius rescript a Pompillus missiues consolatoires graues et domestiques.

« I'ay entendu, Pompille, mon tresparfaict amy, par les lettres d'aulcun de noz amys, que ton vaillant pere est de ce monde decedé, et saches que, d'autant que nous sommes ioinctz en amytié, d'autant il m'a esté fort a passer et l'ay estimé comme ma propre aduersité, ainsi que doibuent faire amys. Mais, quant ie considere comme il a esté bien né et venu en mariage de nobles, sages parens, et par ses vertuz a eu tant de dignitez et auctoritez qui sont irrecitables la ou il est quasi impossible, il a esté tousiours en grace des seigneurs et du peuple, et quant il a consommé son cours de nature et qu'il est sainctement mort, ie n'ay cause de me doloser, mais de tout mon cueur rendre graces a Dieu qui luy a donné tant de dons de vertu en ce monde, et puis après plusieurs ans l'a de tenebres appellé a sa clere lumiere. »

La seconde : « Or, parlons d'aultre chose. Tu doibs entendre qu'il nous a esté rapporté en plain senat que les François preparent grant ost contre nostre chose publique et ont desia couru noz champs; parquoy a esté deliberé que virilement et de courage l'en yra contre eulx; et est estably Pompee, qui n'a en sapience, conseil et auctorité militaire point de second, pour conduire nostre armée. Ie te conseille que tu laisses Cumane et que tu viennes en ceste cité pendant l'expedition de ceste guerre, pour euader le dommage qui t'en pourroit aduenir. »

La tierce : « Tu me rescrips que ie reçoyue argent a tes debiteurs : ie le feray tresuoluntiers; mais durant ce tumulte ie ne decide cause ne en senat ne en pretoire iusques a ce que les choses soient plus pacifiques; et si ie te ose bien rescripre que, se tu viens par deça, tu pourras acquerir honneur et proffit, et verras quelle diligence i'ay faicte pour toy enuers tes crediteurs et a magnifier ton nom, en te aduertissant que du tout ie suis tien. »

Après la declaration des lettres qui se font des moindres aux greigneurs et de egaulx a leurs amys et compaignons, il en est l'aultre maniere de lettres missiues royalles, quant les greigneurs rescripuent par auctorité a moindre que eulx ; et touche ceste maniere cy de rescripre aux secretaires, tabellions, notaires et greffiers, lesquelz, combien qu'ilz ayent leur formulaire et stille de proceder, si en conuient il parler quelque pou en general en quatre manieres. La premiere, c'est lettre de foy, quant vng prince seculier ou ecclesiastique rescript a vng ou plusieurs la verité de la chose comme elle est, en faisant foy qu'il est ainsi. Et se partent en troys parties :

En la premiere, le prince mect son nom, son tiltre et les aultres conueniens a sa seigneurie.

En la seconde, l'en mect aulcun exorde approprié a la fin de quoy l'en veult parler.

En la tierce, l'en acquiert la beniuolence a la chose ou a la personne de quoy l'en veult parler et faire foy, en disant la verité qui est a recommander, ou les vertus de la personne, en la recommandant en equité ou aultrement.

Le duc de Venise faict foy de la preudhommie et science de N. :

« Augustin, par la grace de Dieu, duc de Venise, de.. etc., a tous ceulx qui ces lettres verront, salut et dilection. »

La seconde : « La maiesté d'vng prince et son auctorité magnifique n'est pas seullement a pugnir et corriger les vices, mais de son pouoir doibt deiecter et dechasser tous vicieux, et par semblable il luy est de iustice et de honnesteté, non seullement les bons et vertueux plains de sapience et de estude amplifier en biens et honneur, mais en toutes choses leur donner part, faueur et louenge. »

La tierce : « Et, pource qu'il y a ia plusieurs ans que nous auons eu en nostre congnoissance Georges Alexandre, docteur tresexpert tant en langaige grec que latin, amé et prisé de tous et honnoré pour la grauité de son eloquence et sapience, lequel, oultre les biens que nous luy auons faitz, voullons encore par tesmongnage de foy les vertus qui sont en luy estre a tous congneues, et a nostre relation magnifiés ; parquoy nous vous recommandons ledit Georges Alexandre en tout ses affaires, car la ville se peult tenir bien eureuse la ou il se vouldra tenir pour l'excellente doctrine qui est en luy. Et se aulcun seruice ou plaisir luy est faict a la faueur de nous, nous estimerons ce bien estre fait a nous mesmes pour en rendre graces perpetuelles. En tesmoing de ce, auons commandé ces presentes estre escriptes et garnies de nostre seel. Donné a Venise, etc. »

Et nota que l'en pourroit faire semblables lettres adressantes a la personne de Georges, mais la façon en est meilleure en tierce personne.

La seconde maniere se dict lettres de familiarité ; c'est quant aulcun prince, tant seculier que ecclesiastique, faict foy que telle personne est son seruiteur, familier, parent, etc. Et se font adressantes a ladicte personne ou quelque communité, ou vniuersellement a tous ; et se partent en trois.

En la premiere, le prince mect son nom, ses tiltres, auec salutation.

En la seconde, faict exorde, desclarant que tous vertueux ne doibuent pas estre tant seullement receupz au seruice des princes, mais les doibuent remunerer et les exalter pour leurs vertus ; et puis dict que, pour les grandes vertus et conditions de tel homme, il est incité a luy vouloir faire du bien ; parquoy il le prent pour son seruiteur et domestique familier.

En la tierce, fera foy de ceste familiarité en le recommandant a celuy et a ceux a qui il rescript, comme dessus.

Le cardinal de saint Marc enuoye son secretaire en Bourgongne.

« N., par la clemence diuine en saincte eglise rommaine euesque et cardinal, a N. salut. »

La seconde partie : « I'ay de coustume, magnifique duc, quant ie trouues entre mes familiers et seruiteurs aulcuns qui soient aornés de vertus et plus decorés de sapience et science que les aultres, ie les aymes, prises et honnoures, et ne cesses iamais de cercher leur prouision et magnifier leur bonne renommee. Et, auec ce que ie iuge que ainsi ie le doy faire, mon honneur et vtilité en croist, car mes aultres familiers domestiques se efforcent de aspirer a vertu, quant ilz congnoissent la promotion des bien meritez seruiteurs, esperans paruenir a semblable premiation. »

La tierce : « Et pource que Iehan de Venise, mon secretaire, qui est endoctriné sans egal a luy, s'en va a ton pais pour expedier aulcunes de ses matieres, i'ay bien volunté donner a congnoistre que, entre les plus premiers de mes familiers, ie l'ayme viscerablement et ay moult cher, auquel, se a ma faueur tu luy faitz aulcun plaisir ou gratitude, ie l'airoys si tresaggreable que ie le reputeray estre faict a moymesmes. Parquoy, ie te le recommande come mon cher amy et aggreable familier, et, se tu as quelque affaire ou ie te puisse subuenir, ie le feray tresuoluntiers, etc. »

La tierce maniere de faire lettres missiues edictiues, c'est a dire quant vng prince tant ecclesiastique que seculier rescript generalement a tous ou a vne vniuersité ou ville, cité ou pays, ou a quelque personne publique, come pour traicter de paix, de guerre, d'appointemens, etc., on les diuise en trois, comme dessus.

En la premiere, l'en met le nom du prince et tous ses tiltres, auec salutation.

En la seconde, l'en met la cause incitatiue par quoy nous rescripuons, demonstrans comme se elle est iuste, honneste et profitable, ce que nous prouuerons tant par raisons que par deprimer nostre aduersaire, en monstrant que nous desirons tousiours iustice et equité a qui nous rescripuons.

En la tierce, nous dirons ce que nous entendons soit de paix, de guerre, etc., auecques clauses finales et conuenientes a nostre propos tendantes a conclusion.

L'empereur faict paix au roy de Hongrie.

« Frederic, par grace diuine empereur des Rommains, de Anstrie, Scirie, et duc, conte, etc., a Mathieu, roy de Hongrie, salut. »

La seconde : « Combien qu'il y ait plusieurs raisons qui me incitent a te faire guerre plus que ie n'en trouue qui me persuadent a te faire paix, lesquelles seroient longues a reciter, aussi n'en est il ia besoing, tu les sçaiz bien ; mais, affin que a toy et aux tiens ie monstre plustost ma liberalité que vouloir venger vostre ingratitude, i'ay deliberé du tout faire paix auec toy, a celle fin que, quant nous aurons laissé noz armes, que nos batillans qui sont fort d'vne part et d'aultre trauaillez, puissent retourner a leurs maisons en leur desiré repos, pour restaurer leurs choses discipées. »

La tierce partie : « Parquoy, par ces presentes ie te signifie que auiourd'huy doresenavant, secluse toulte discorde et simulation que par cy deuant a esté entre nous, ie vueil auec toy faire ferme paix par les manieres et conditions passees et accordees de nos ambassadeurs ; parquoy ie te admonneste que toy et les tiens soyez prestz, ioyeulx et de bon vouloir a recepuoir ceste paix tresdesiree et la gardez de vostre part inuiolablement, ainsi que nous auons commandé et commandons par les conditions dessusdictes estre obseruée, a celle fin que tu congnoisses le bien que ie te veulx que tu pourras conuertir en grande amitié, se tu loyallement gardes ma paix sans l'enfraindre. »

Lettres missiues inhibitores ou commandement de deffense, c'est quant vng prince rescript a aulcun ou plusieurs luy deffendant qu'il ne parface quelque chose ia encommencee ou qu'il n'entreprenne la chose ia deliberee. Se partent en trois comme deuant.

En la premiere, son nom et ses tiltres auec salutation.

En la seconde, il desclare come il a entendu que celuy ou ceulx a qui il rescript ou [ont] ia entrepris ou veullent entreprendre vne chose qui n'entend point qu'elle soit parfaicte ou mise a execution, en desclarant les causes et raisons vrayes ou semblables qui le incitent a deffendre que telle chose ne se face.

En la tierce, il met son inhibition en brefz termes et bien entendus ainsi qu'il appartient a prince, en ioignant menaces royalles se l'en contredit. Et nota que telles menaces doibuent estre moderees de humanité et non point empraintes de rigueur, a celle fin que par telles menaces ne soit pas entendu que le prince parle de colere ou qu'il se courrouce, ce que sage home ne doibt faire. Et enfin mettre le lieu, le iour, dabte, et cetera.

Le pape deffend au roy Ferrand l'edification d'vng chateau.

« Innocent, euesque, serf des serfz de Dieu, a nostre filz Ferrand, roy de Puylle, salut et apostolique benediction. »

La seconde partie : « Par les lettres de nostre venerable frere le cardinal de Saint Pierre ad vincula, par nostre commandement gouuerneur de tout le champ picenim et legat, auons entendu que, es fins et termes de ton royaulme de Puylle vers nostre champ picenim qui nous appartient, contre les apointemens et concordatz fais entre nous, tu veulx edifier de fortes places et chateaux, ainsi come il dict le sçauoir par plusieurs gens dignes de credence qui en sont venus, qui ont ia veu les preparatores. Et ainsi que ta discretion sçait que telle maniere de chateaux que l'en ediffie de nouueau et especialement es lieux de frontiere ou l'en peult donner plus grande occasion de nuyre, induisent l'homme a suspition de mal et penser quelque mauluaise conspiration, c'est parquoy nous ne nous pouons assez esmerueiller que contre nous tu voulsisses aulcune chose machiner. »

La tierce : « Et pour ce nous deprions ta sacree maiesté qu'il te plaise de desister a telz chateaux et forteresses contre nous edifier, se tu veulx auec nous auoir paix perpetuelle. Et se par auanture tu ne vouloys cesser tes edifices, saches que pour certain nous serons contrainctz de repulser l'iniure que tu nous commences ou cuides faire, car force par force se doibt rebouter. Mais nous auons confiance que tu ne feras chose qui nous puisse porter preiudice et que tout bon roy ne puisse faire. Donné a Romme, le iiij, etc. »

La quarte et derniere lettre missiue se dict promotiue, quant aulcun seigneur rescript pour la promotion de aulcun, ou il escript a celuy qui veult promouuoir ou a aultre que il pouruoye a la personne de tel. Il les diuise en trois.

En la premiere, comme es autres il promet son nom et ses tiltres auec brefue salutation.

En la seconde, il acquiert beniuolence a la personne que il veult promouuoir, en le louant de aulcune vertu particuliere qui reluise en luy, disant que pour telle et aultres vertus, il merite estre en la grace de tous.

En la tierce, il acquiert beniuolence a sa personne, disant que pour ces causes il est incité a luy faire toute faueur et grace. Et puis ioindra que tel benefice vaccant ou office, etc., il luy veult bien bailler, combien qu'il ne soit pas suffisant a remunerer telles vertus, mais prendre en gré plus le bon voulloir que la chose donnee, en offrant comme dessus, etc.

Le duc de Millan prouient N. en la conté de Aquedoulce.

« Iohannes Galeas Maria, par la grace de Dieu duc de Millan, conte de Pauye et seigneur de Gennes, a l'angelicque N. salut. »

La seconde : « L'excellente iubilation et incredible armonie et science musicalle en quoy tu precelles non seullement les aultres chantres de nostre chappelle, mais n'est viuant qui a toy soit comparé, auec les aultres grandes et innumerables vertus pour lesquelles de tout le peuple non point en recele, mais publiquement tu es loué, prisé et reueré, telles choses me incitent et me inclinent a te porter toute faueur, ayde et confort en telz bons desirs, comme de coustume nous le faisons a noz seruiteurs et familiers, affin de inciter les aultres a vertu et bien faire quant ilz voyent les vertueulx estre premiez et honnorez. »

La tierce : « A celle fin que plus a plain il te appere la grande affection et bonne amour que nous auons en toy, conte en nostre pays nous te constituons a la conté de Aque doulce a nous appartenante auec ses dependences, fruictz, rentes et aultres esmolumens quelconques, liberallement nous te donnons et par ces presentes ainsi le voullons et declarons, te suppliant qu'il te plaise nostre don benignement recepuoir, lequel est trop moindre a estre comparé a tes vertus. Esperant après cecy, se nous auons pouoir et faculté, que tu congnoistras comme nous desirons la promotion de noz bons seruiteurs, en magnifiant leurs vertus, en offrant, etc. »

TABULA

TABULA

Ensuit la table de la rethorique prosaïque de Maistre Pierre Fabri. Premierement.

	Folios	Pages
Adam, Eue et Abel en leurs prieres........	I.	9
Art de rhetorique en cinq parties..........	IIII.	15
Auctorité prouuee......................	VI.	23
Artificielle maniere.....................	XII.	41
Adioinctz des personnes.................	XVII.	55
Adioinctz des choses	Ibid.	Ibid.
Artifice souuerain......................	Ibid.	Ibid.
Acquerir beniuolence...............	XVIII. XIX. XX.	57 à 63
Argument en lieu propre et lieu commun...	XXV.	79
Aiax, fils de Palemon...................	XXVIII.	86
Aristote, maistre de Allexandre............	XXIX.	90
Acoustumance.........................	XXX.	91
Argument............. XXXI. XXXII. XXXIII. XXXIII.		95 à 104
Amplification.....................	XXXV et XLI.	106 et 123
Admonition.........................	XXXVII.	113
Acreus tué par Egistus...................	XXXVIII.	Ibid.
Argument	XXXVIII. XXXIX et XL.	114 à 121

Adultaire doibt estre pugny..............	XLVI.	136
Article	LVIII.	168
Argumentation	LIX.	171
Antipophore	LXVI.	191
Apostrophe	Ibid.	192
Anthonomasia........................	Ibid.	Ibid.
Babilone edifiee de Semyramis............	II.	9
Brief et long en cause...................	XXXVII.	112
Briefueté	LXIIII.	187
Beniuolence se acquiert en quatre manieres .	LXXI.	208
Cicrops..............................	II.	10
Continuation en matiere.................	V.	19
Conditions requises a vng orateur..........	V.	18
Changement de langage impropre..........	IIII.	16
Conseil vtille.........................	IX.	33
Conseil en dissuadant en particulier........	Ibid.	33
Coustume............................	IX.	34
Continence...........................	X.	34
Clemence	Ibid.	34
Chose honneste et deshonneste............	XIII.	43
Chose doubteuse	XV.	50
Chose obscure........................	XVIII.	53
Croistre son compte ou oraison en plusieurs manieres...........................	XVIII.	70
Circonlocution........................	XXIII.	70
Comparaison	Ibid.	71
Confirmation........................	XXV et LXIIII.	77 et 186
Constitution en trois manieres............	XXV.	79
Constitution iurisdicialle.................	XXVII.	83

Contraict..........................	*Ibid.*	84
Constitution coniecturalle...............	*Ibid.*	84
Cas.............................	XXX.	91
Contraires choses....................	XXXI.	94
Complexion....................	XXXII et XXXVIII.	98 et 114
Choses acoustumees et que l'en cuide qu'ilz soient...........................	XXXIII.	100
Confession du cas.....................	XXXV.	106
Contennement.......................	XXXVIII.	113
Conclusion.........................	XLI.	122
Consideration de meffaict...............	*Ibid.*	124
Confiance en quatorze manieres...........	*Ibid.*	124
Confirmation et confutation en gerre deliberatif............................	XLVI.	138
Confirmation et confutation en gerre demonstratif.........................	XLIX.	147
Clemence et misericorde................	LII.	151
Couleurs et figures de rhetorique..........	LIIII.	154
Contemption.......................	LVI.	162
Contraire..........................	LVIII.	168
Continuation.......................	*Ibid.*	169
Consonance........................	*Ibid.*	169
Correction.........................	LX.	173
Coniunction........................	*Ibid.*	174
Conduplication......................	*Ibid.*	175
Commutation.......................	*Ibid.*	176
Conclusion.........................	LXI.	178
Commoration......................	LXIII.	183
Circuition.........................	LXV.	188

Correction de parler par imperatif en epistre.	LXVII.	195
Consideration de matiere dont l'en rescript..	LXXI.	205
Dauid.................................	II.	10
Disposition de matieres.................	V.	18
Diminution de louenge..................	VIII.	30
Dissimulation..........................	XIII.	44
Declamation en apostrophe	XXIII.	71
De saillir de son hystoire................	Ibid.	72
Demonstration.........................	Ibid.	72
Disgression............................	Ibid.	73
De croistre ou diminuer aorneement son compte ou ornation...................	XXIIII.	73
Diuisions en deux manieres..............	Ibid.	75
Distribution...........................	Ibid.	76
Dyalectique et rhetorique................	XXV.	79
Deliberation...........................	XXIX.	90
Deffence de argument necessaire..........	XXXVII.	111
Diffinition	LIX.	172
Disionction............................	LX.	174
Doubtance	Ibid.	176
Dissolution............................	LXI.	177
Distribution...........................	Ibid.	178
Diminution............................	LXII.	181
Description............................	Ibid.	Ibid.
Diuision	LXIII.	182
Demandant remuneration en trois lieux....	LXXVII.	222
Demonstrance	LXV.	187
Exposition de l'escripture saincte en quatre manieres.............................	III.	12

Eloquence	VI.	21
Elocution en trois manieres	VI.	22
Exornation	Ibid.	25
Enrichissement de matiere	Ibid.	26
Equalité et faict iugié	IX.	34
Excusation en general	X.	35
Espece disputatiue	Ibid.	36
Espece dispositiue	XI.	37
Espece narratiue	Ibid.	37
Exorde ou salutation	Ibid.	38
Exorde en general	XII.	40
Exorde au millieu de l'hystoire	Ibid.	42
Exorde par prouerbe	Ibid.	42
Exorde couuert	XIII.	43
Exorde par negation	XIIII.	46
Estude	XXIX.	88
Enumeration	XXXII.	98
Epiloguer	XLI.	122
Exorde en gerre iudicial	XLIIII et XLV.	131 à 136
Exemple de Romme	XLVII.	140
Exemple de Eschines au conseil de Athenes.	XLVIII.	141
Exemple par Demades	Ibid.	142
Exemple par Demostenes	Ibid.	143
Exorde en gerre demonstratif	XLIX.	145
Exemple Demostenes au roy Alexandre	LII.	150
Exornations	LIII.	154
Exclamation ou figure prophonesis	LVI.	163
Equalité	LVIII.	169
Enseignement	LIX.	171

Emendation	LX.	173
Expedition	LXI.	177
Effection	LXIIII.	185
Ethimologie	LXVI.	191
Emphasis	Ibid.	193
Epistres ou lettres missiues aux trois estatz	LXVII.	194
Epistre a egal a soy	Ibid.	195
Epistre a mendre de soy	Ibid.	196
Epistre a ceulx de bas estat et les marris	Ibid.	196
Epistre est ou de doctrine ou de ieu ou de grauité	LXVIII.	198
Epistre est partie en trois	Ibid.	199
Exemple des trois parties de epistre	LXIX.	199
Exemple de Denys tyrant aux bourgeois de Naples	LXX.	202
En toutes les lettres y a salutation, superscription et subscription	LXXI.	206
Exemple en recommandant aultruy pour obtenir dignité	Ibid.	208
Exemple de requeste de conseil	LXXIIII.	215
Erreur au langaige françoys touchant le nombre	XCIX.	280
Fortune	XXIX.	90
Force en deux manieres	XXX.	93
Fin de la chose	XXXI.	95
Folie de respondre	XXXVIII.	113
Frequentation	LXIII.	182
Gerre de parler en deux manieres	VII.	27
Gerre demonstratif	VIII.	32

Gradation ou figure climay	LIX.	172
Haulte matiere en bas termes	VIII.	31
Homme mort	XXIX.	90
Habit	Ibid.	90
Job Ydimee en sa consolation	II.	10
Jesuchrist parlant par parabolles	III.	12
Justice	IX.	34
Jugement des sages hommes	XXXVI.	110
Intermission	Ibid.	112
Indignation par auctorité	XLI.	123
Interrogation	LVI et LVII.	163 à 165
Interpretation	LX.	175
Imitation	LXIIII.	185
Image ou collaudation	Ibid.	186
Intellection	LXV.	188
Langaige nud	VI.	21
Langaige elegant approuué	Ibid.	22
Langaige françois	VIII.	30
Louenge generale	Ibid.	32
Loy escripte	IX.	34
Louenge et blasme	X.	35
L'effaict de exorde	XVIII.	57
Loy pour passer par dessus les murs	XXVI.	80
Loy pour les marchans	Ibid.	81
Loy pour tesmoingz	XXVI.	81
Loy soubz le signe	Ibid.	82
Loy d'enqueste ou renommee	Ibid.	82
L'opinion des hommes deceue	XXVIII.	86
L'effect de toute exorde	XLVI.	136

Lucius Silla	XLVI.	140
Louenge de vertus, de artz et de villes......	L.	149
Licence.............................	LXII.	179
Lettres missiues a plus grant de soy........	LXVII.	194
Lettres patentes.......................	Ibid.	196
Lettres missiues en deux manieres..........	LXVIII.	197
Les François ne parlent point l'vng à l'aultre par toy..............................	LXXII.	210
Lettres missiues de rendre graces pour aulcun don de chose incorporelle...............	LXXIIII.	215
Lettres de octroy de chose corporelle.......	LXXV.	216
Lettres de petition de chose corporelle......	LXXV.	218
Lettres de remercier de chose corporelle	LXXVI.	220
Lettres de louenge soubz le gerre demonstratif................................	LXXVII.	224
Lettres de vituperation soubz le gerre demonstratif................................	LXXVIII.	226
Lettres d'amour vertueuse et d'amour vitieuse	LXXIX.	227
Lettres de Eurial a Lucresse...............	LXXX.	230
Lettres de lamentation de iniures'..........	Ibid.	232
Lettres a son amy de reconfort et consolation.	LXXXI.	234
Lettres de complaincte de chose perdue.....	LXXXII.	235
Lettres a son amy de consolation de chose perdue...............................	Ibid.	238
Lettres de lamentation de exil.............	LXXXIII.	239
Lettres consolatiues de exil	LXXXIIII.	242
Lettres testimoniales....................	LXXXV.	243
Lettres aduertissantes de choses nouuelles ...	Ibid.	245
Lettres de notice, de meurs et conditions		

d'aulcun	LXXXVI.	246
Lettres de proficiat, ou congratulation	LXXXVII.	248
Lettres de santé recouuerte, ou venu sain de quelque voyage	Ibid.	249
Lettres exortatiues on suasiues a ioye	LXXXVIII.	251
Lettres dissuasiues de ioye	Ibid.	253
Lettres exortatiues a douleur	LXXXIX.	254
Lettres dissuasiues de douleur	XC.	256
Lettres de inuectiue de crime	Ibid.	258
Lettres contre inuectiue de crime	XCI.	261
Lettres inuectiues de contemption	XCIII.	264
Lettres expugnatiues de contemption	Ibid.	267
Lettres domestiques de nostre estat	XCV.	269
Lettres domestiques de negoces familiaires	XCV.	271
Lettres a son amy quant on n'a de quoy rescripre	XCVI.	272
Lettres visitatiues de petites negoces	XCVII.	274
Lettres mixtes et incitatiues a faire rire	Ibid.	275
Lettres pour farcer aulcun	XCVIII.	277
Lettres de commission	Ibid.	278
Lettres commissiues en especial	XCIX.	280
Lettres meslees contenantes plusieurs especes	C.	282
Lettres meslees	Ibid.	285
Lettres missiues royalles	CI.	285
Lettres de familiarité de princes	Ibid.	287
Lettres edictiues	CII.	288
Lettres inhibitoires	Ibid.	290
Lettres promotiues	CIII.	292
Moyses, inuenteur de l'art d'escripture	II.	10

Maistre Alain Charetier	III.	11
Memoire	VI.	25
Manieres de parler en controuersie	X.	35
Modestie	Ibid.	35
Matiere desprisee	XIII.	45
Maulius Torquatus	XIIII.	46
Mort de Egistus et de Clithemestra	XXXV.	105
Mitigation	XXXVII.	112
Misericorde en saize manieres	XLII.	127
Minerue, Mercure, Apolo	L.	147
Membre	LVIII.	168
Metaphore	LXVI.	192
Naturelle maniere de parler	XII.	41
Narration	XX. XXI et XXII.	64 à 74
Nombre de la chose	XXXI.	94
Nourriture	XXIX.	89
Notation	LXIIII.	185
Negation de remuneration	LXXVII.	223
Ordre de termes	IV et V.	17
Ordre de matieres	V.	18
Ordre en composition	VI.	23
Ordre assemblé	Ibid.	24
Ordre par comparaison	Ibid.	24
Ordre par accroissement	Ibid.	24
Ordre par diminution	Ibid.	24
Ordre de composition de termes	VII.	29
Ordre de composition	Ibid.	29
Oraison en deux manieres	XI.	37
Occupation	LX.	174

Octroy de grace	LXXIIII.	215
Orace	XXXIII.	101
Prologue de l'acteur	I.	5
Poetes soubz la tutelle de Apollo	III.	12
Pronunciation	VI.	25
Prudence	IX.	34
Patience	X.	34
Perseuerance	Ibid.	34
Petition en demandant particulierement	Ibid.	36
Petition en excusant generallement	Ibid.	36
Petition en deffendant particulierement	Ibid.	36
Prouerbe	XII.	42
Plusieurs exemples de acquerir beniuolence	XIII.	48
Palamedes	XXVIII.	87
Proprietez a la personne sont neuf	XXIX.	88
Proprietez adherantes en toute la chose	XXX.	91
Proprietez a la chose faisant	Ibid.	92
Proprietez ioinctes a la chose	Ibid.	93
Pompilius	XXXVI.	108
Philosophes stoiques et siniques	XXXIX.	118
Parler par commiseration	XLIIII.	130
Parentheses	LIIII et LXVI.	156 et 191
Permission	LXI.	176
Precision	Ibid.	176
Pollisseure	LXIII.	183
Proprieté	LXIIII.	186
Prosopeya	LXVI.	192
Pleonasmos	Ibid.	192
Pour recommander aultruy en negoce civille	LXXII.	211

Pour recommander aultruy en cause criminelle.	LXXIII.	212
Pour obtenir grace..................	*Ibid.*	214
Rhetorique....................	IIII.	15
Revestement de langaige nud	VI.	21
Reduplication...................	XXIII.	73
Remonstrance de prouffit et de la vie.......	XXVIII.	86
Ratiocination...................	XXXI.	95
Remotion de crime................	XXXVI.	107
Refutation ou confutation...............	*Ibid.*	108
Retrorsion....................	XXXVIII.	113
Ramenteuoir toute la besongne...........	XLII.	125
Romulus......................	XLVIII.	141
Repetition ou figure epymone	LV.	160
Reprehension...................	LXI.	178
Salomon......................	III.	10
Science de rhetorique est tresantique	III.	11
Signe demonstratif.................	XXXIII.	100
Sulpitius.....................	XXXVI.	107
Segregation...................	XXXVII.	112
Superlation....................	LV.	159
Scipion......................	*Ibid.*	160
Subiection....................	LVII.	166
Sentence.....................	*Ibid.*	166
Signification ou liptote	LXII.	180
Similitude....................	LXIII.	183
Sermocination..................	LXIIII.	185
Sarcosmos....................	LXVI.	191
Superscriptions des dignitez permanentes....	LXVII.	197
Six manieres de remercier aultruy.........	LXXVI.	222

Trimegistus	II.	10
Termes extraictz du latin	IIII.	15
Termes non dependans du latin	Ibid.	16
Termes signifiant aultrement que le latin ne sonne	Ibid.	16
Trois manieres de parler	VII.	27
Trois manieres de termes	Ibid.	28
Termes appliquez a la substance	VIII.	29
Temperance	X.	34
Terme absolut et terme bien ordonné	XXIIII.	76
Terme court et terme general	XXV.	76
Transumption, fleur de rhetorique	LIIII.	157
Traduction	LVI.	161
Transition	LIX.	173
Vitupere general	LX.	32
Vitupere particulier	Ibid.	32
Vices de exorde en huit manieres	XVIII.	56
Variation de argumens	XXXII.	98
Vertu et estude	LVI.	162
Vng pape ou roy peult parler en plurier	LXXII.	210
Ymage ou colaudation	LXIIII.	186
Yronie	LXV et LXVI.	189 et 190

ROUEN. — IMPRIMERIE E. CAGNIARD

www.ingramcontent.com/pod-product-compliance
Lightning Source LLC
Chambersburg PA
CBHW071507160426
43196CB00010B/1447